한글고전총서
3

유 향 찬집
임동석 옮김

이야기 마당

한글 설원(說苑)

하

동문선

설 원

무력을 지휘함

제15장 지무(指武)

동문선

《사마법(司馬法)》에 이렇게 실려 있다.

『나라가 비록 강대하나 싸움을 좋아하면 반드시 멸망하게 마련이며, 천하가 비록 편안하나 전쟁을 잊고 살면 반드시 위험한 경우를 당한다』

또 《주역(周易)》에는 『군자는 무기를 정비하여 뜻밖의 사변을 경계한다』라고 하였다.

무릇 무력이란 즐길 수 있는 일이 아니다. 이를 자주 즐기면 위엄이 없어진다. 그렇다고 없앨 수도 없다. 없애면 적이 쳐들어오기 때문이다.

옛날 오(吳)나라 임금 부차(夫差)는 싸움을 좋아하다가 멸망하였고, 서(徐)나라의 언왕(偃王)은 군대를 없앴다가 멸망하였다. 따라서 어진 임금이 나라를 다스림에 있어서 위에서는 무력을 즐겨서는 안 되고, 아래에서는 무력을 폐기해서는 안 된다.

《주역(周易)》에는 『편안할 때에 위망(危亡)을 잊지 말라』고 하였다. 그래야 자신도 안전하고 국가도 보전할 수 있다.

진(秦)나라의 소왕(昭王)이 조회를 하면서 이렇게 탄식하였다.

「무릇 초(楚)나라는 그 병기(兵器)는 날카롭고, 창우(倡優)는 어리석다 합니다. 무기가 날카롭다는 것은 병사들이 날래고 용감하다는 뜻이요, 창우가 뛰어나지 않다는 것은 그 나라 지도자의 사려가 깊다는 뜻이지요. 나는 그런 초나라가 바로 우리 진나라를 삼킬 뜻을 가진 게 아닌가 걱정스럽습니다.」

이 말은 길(吉)한 때에 흉한 경우를 염두에 두고, 평상시에 위망(危亡)을 잊지 않는다는 뜻이다. 그 때문에 진나라는 마침내 천하를 제패할 수 있게 된 것이다.

· 창우(倡優): 여령(女伶)을 창(倡), 남령(男伶)을 우(優)라 한다. 여기서는 여악(女樂)이 뛰어나지 않아 지도자가 그에 빠지지 않는다는 뜻.

 왕손려(王孫厲)가 초(楚)나라의 문왕(文王)에게 이렇게 말하였다.

「서(徐)나라의 언왕(偃王)은 인의지도(仁義之道)를 행하기를 좋아하여 한수(漢水)의 동쪽 32개국이 모두 그에게 복종하고 있습니다. 임금께서 만약 쳐부수지 않으면 우리 초나라도 그 서나라를 섬겨야 할 것입니다.」

그러자 문왕이 「진실로 도가 있는 나라라면 칠 수가 없습니다」라며 반대하였다.

그러나 왕손려의 의견은 달랐다.

「큰 나라가 작은 나라를 치는 것, 강한 나라가 약한 나라를 치는 것은 마치 큰 물고기가 작은 물고기를 삼키는 것과 같고, 호랑이가 돼지를 잡아먹는 것과 같습니다. 어찌 그런 일에 이치가 맞지 않을까를 걱정하십니까?」

이에 문왕이 군대를 일으켜 서나라를 쳐서 잔폐시키고 말았다. 서나라의 언왕이 죽음에 이르러 이렇게 한탄하였다.

「나는 문덕(文德)만 있으면 되는 것으로 여겨 무비(武備)는 소홀히 하였다. 인의지도를 행하면 될 줄 알았지, 사람을 속이는 마음을 가진 자도 있다는 것을 알지 못하였다. 그래서 이 지경에 이르고 말았다.」

그러니 옛날 임금 노릇을 하는 자가 어찌 무비(武備)가 없을 수 있겠는가!

오기(吳起)가 원(苑) 땅의 수령이 되어 현(縣)을 순찰하는 도중 식현(息縣)에 들러 굴의구(屈宜臼)에게 물었다.

「임금께서는 제가 불초한 줄 모르시고, 이렇듯 저를 원 땅의 수령으로 임명하셨습니다. 선생께서 제게 무슨 가르침을 주시지 않겠습니까?」

그러나 굴의구는 아무런 대답을 하지 아니하였다.

그로부터 1년이 지나 임금이 다시 오기를 영윤(令尹)으로 삼았다. 이에 오기가 다시 식현에 들러 굴의구에게 물었다.

「제가 선생께 질문을 하였었는데, 선생께서는 아무런 가르침을 주시지 않았습니다. 지금 다시 임금께서 제가 불초한 줄 모르시고 이렇듯 영윤으로 삼으셨습니다. 선생께서는 저를 보시기에 어떤지 말씀해 주십시오!」

그제서야 굴의구가 이렇게 물었다.

「그대는 장차 어떤 일을 하시렵니까?」

이에 오기가 이렇게 대답하였다.

「이 초(楚)나라 관직을 고르게 하여 그 녹(祿)을 평등하게 할 것입니다. 남은 것을 덜어 부족한 것에 보태 주는 것이지요. 또 군대를 잘 훈련시켜 때를 보아 천하를 두고 한 번 다투어 보려 합니다.」

이 대답에 굴의구는 이렇게 일러 주었다.

「내가 듣기로 옛부터 그 나라를 잘 다스리는 자는 옛것을 마구 변혁시키지 않으며, 평상의 일을 바꾸지 않는다고 하였습니다. 그런데 지금 그대는 초나라 관직을 균등히 하며, 그 봉록을 평등하게 하고, 남은 것을 덜어 부족한 것에 보탠다고 하니, 이는 옛것을 바꾸고 평상을 고치는 일입니다.

또 내가 듣기로 무력은 흉기(凶器)요, 전쟁은 역덕(逆德)이라 하였습니다. 흉기를 즐겨 쓰면 이는 백성들이 싫어하게 되지요. 이는 역덕의 가장 큰 상태이며, 하고 싶은 대로 할 때의 일입니다. 이를 실행하면 이롭지 못합니다.

그리고 그대는 노(魯)나라 군대를 지휘할 때 옳지 않은 방법으로 뜻을 얻어 제(齊)나라를 물리쳤습니다. 게다가 위(魏)나라 군대를 통솔할 때도 옳지 않은 방법으로 뜻을 얻어 진(秦)나라를 물리쳤습니다.

내 듣기로『흉악한 사람이 아니면 흉악한 일을 저지르지 않는다』고 하였습니다. 내가 진실로 이상하게 여기는 것은, 우리 임금이 자주 천도(天道)를 거역하였는데도 아직껏 화(禍)가 내리지 않았다는 것입니다. 아! 내 장차 그대의 하는 일을 두고 보겠습니다.」

이 말에 오기가 두려워하며 물었다.

「그러면 지금이라도 고칠 수 있겠습니까?」

그러나 굴의구는「안 됩니다」라고 답하였다.

이에 오기가「내 그럼 이를 위해 모책을 세워 보겠습니다」라고 말하였다.

그러자 굴의구가「이미 형벌이 결정된 사람은 이를 변경시킬 수 없는 법, 그대는 오직 돈독과 사랑의 마음으로 이를 독실히 실행하십시오. 지금 초나라에서는 어진 이를 추천하는 일보다 더 급한 것이 없습니다」라고 하였다.

《춘추(春秋)》에는 나라의 존망을 기록하여 뒷
사람들이 이를 잘 살펴보도록 하였다. 즉 비록
토지가 넓고 인구가 많으며, 무력이 뛰어나고 무기가 훌륭하며,
또한 뛰어나고 용맹스런 장군이 있다 하더라도 사졸(士卒)들이
이를 잘 따라 주지 않으면 전쟁의 승리나 공을 세우는 일은 있
을 수 없다는 것이다.

옛날 진후(晉侯)는 한(韓)나라에 포로로 잡혔고, 초(楚)나라
의 자옥득신(子玉得臣)은 성복(城濮) 싸움에서 패하였으며, 채
(蔡)나라 군대는 적이 오기도 전에 스스로 궤멸하고 말았다.

그래서 속어에 「어질기가 주(周)나라 문왕(文王) 같다 해도
백성과 친해지지 않으면 부릴 수 없고, 지모(智謀)가 선진(先
軫) 같다 해도 훈련되지 않은 사졸로는 싸울 수 없으며, 조보
(造父)나 왕량(王良)같이 수레를 잘 모는 자라 해도 낡은 수레
에 일어설 줄도 모르는 말로는 빨리 그리고 멀리 몰아갈 수 없
고, 유궁후예(有窮后羿)나 봉몽(逢蒙) 같은 명사수라도 굽은 화
살 약한 활로는 멀리의 희미한 표적을 맞힐 수 없다」라고 한
것이다.

그러므로 강약(强弱)과 성패(成敗)의 요체는, 사졸들이 얼마
나 믿고 따르는가 하는 문제와 이들을 어떻게 훈련시켰는가에
달려 있을 따름이다.

국내 정치가 안정되지 않았을 때는 밖을 정벌
하겠다고 나서서는 안 된다. 또 근본의 은혜가
온 백성에게 고루 입혀지지 않았을 때도 그 끝을 제어하려 들

어서는 안 된다. 그래서 《춘추(春秋)》는 경사(京師)를 우선으로 하고 제하(諸夏)를 나중으로 미루었으며, 제화(諸華)를 먼저 하고 이적(夷狄)을 뒤로 돌린 것이다.

주(周)나라 혜왕(惠王) 때에 이르러서는 혼란한 시대에 직면하여 선왕(先王)의 체계를 계승하여야 함에도 강한 초(楚)나라가 왕을 참칭하자, 제후들이 모두 반기를 들어 선왕의 명령을 먼저 펴고 천하를 일통(一統)하자고 요구하기에 이른 것이다.

그러나 도리어 경사를 잘 길러 안정시킨 다음 이것이 제하에 미치도록 하고, 그 제하에서 다시 이적까지 퍼져 나가도록 하지는 않고, 내치(內治)가 안정되지도 않은 상태에서 화만 내면서 자신의 역량과 권형(權衡)을 헤아려 보지도 않고 군대를 일으켜 강한 초나라 정벌에 나섰다. 그리하여 결국 군대는 크게 패배하고 모욕만 당한 채, 임금의 명령도 실행되지 못하여 천하의 죽음을 당해 웃음거리만 되고 말았다. 다행히 제(齊)나라 환공(桓公)이 나타나 다시 평안과 존왕(尊王)의 명분을 겨우 얻게 되었을 뿐이다.

그러므로 내치가 안정되지 않은 상태에서는 밖을 정벌하는 것이 아니며, 본래의 은혜가 널리 입혀지지 않은 상태에서 그 끝을 제압하려 들어서는 안 되는 것이다.

· 경사(京師): 종주국(宗主國)인 주(周)나라의 도읍 근처.
· 제하(諸夏): 주(周)나라를 둘러싼 지역의 나라. 옛날에는 이를 하(夏)라 하였다.
· 제화(諸華): 하(夏)나라를 둘러싼 나라. 전통적으로 중국의 초기 민족 형성을 하화족(夏華族)이라 보고 있다.
· 이적(夷狄): 중국, 즉 하화(夏華) 밖의 이민족.

군대를 거느리도록 명령받은 자가 장차 임금에게 부하를 인솔하여 들어갈 때에는, 군의 관리들도 모두 따라 들어가 북면(北面)하여 재배계수(再拜稽首)하고 명령을 받는다. 이때 천자(天子)는 남면(南面)하여 도끼를 주고는 동쪽으로 몇 발걸음을 한 다음, 다시 서면(西面)하여 읍(揖)을 한다. 이는 곧 군대의 작전에 간섭하지 않겠다는 뜻이다. 따라서 명을 받들고 출전하였을 때에는 나라안의 일을 잊어버려야 하며, 싸움중에는 집안의 일도 잊어버려야 한다.

진격의 북소리를 들으면, 오직 이기지 못할까를 걱정하여 자신의 몸까지도 잊고 필사의 각오로 싸워야 한다. 그러나 필사(必死)는 낙사(樂死)만 못하고, 낙사는 감사(甘死)만 못하며, 감사는 의사(義死)만 못하고, 그 의사는 시사여귀(視死如歸)만 못하니 바로 이를 두고 이른 말이다.

그러므로 한 사람이 필사적으로 싸우면 열 사람이 이를 이겨내지 못하고, 열 사람이 필사적으로 싸우면 1백 사람이 이겨내지 못하며, 1백 사람이 필사적으로 싸우면 1천 사람이 이겨내지 못하고, 1천 사람이 필사적으로 싸우면 1만 사람이 이겨내지 못하며, 1만 사람이 필사적으로 싸우면 천하를 마음대로 휘저을 수가 있다.

명령하면 행동하고 금지하면 그치는 것, 이것이 곧 임금된 자가 거느려야 할 군대이다.

· 북면(北面) : 신하의 예.
· 남면(南面) : 제왕의 예. 남쪽을 향해 앉아 명령함.
· 서면(西面) : 이곳의 내용으로 보아 천자(天子)가 군대에게 명령할 때

의 예.
· 필사(必死): 죽기를 각오한 마음.
· 낙사(樂死): 죽기를 즐거워하는 마음.
· 감사(甘死): 죽음을 달게 여기는 마음.
· 의사(義死): 의롭게 죽는다는 마음.
· 시사여귀(視死如歸): 죽는 것을 돌아가는 것으로 여김.

 전단(田單)이 제(齊)나라의 상장군(上將軍)이 되어 10만 병력을 일으켜 적(翟)나라를 공격할 계획을 세워 놓고 먼저 노중련자(魯仲連子)를 만났더니, 그가 이렇게 말하는 것이었다.

「장군의 이번 적나라 공격은 틀림없이 성공하지 못할 것입니다!」

이에 전단이 물었다.

「저는 5리밖에 안 되는 성(城)에 10리의 곽(郭)으로 제나라를 수복하였습니다. 어찌 적나라 같은 작은 나라의 공격에 실패한단 말입니까?」

그리고는 수레에 올라 더 이상 말도 아니하고 돌아가 적나라를 공격하기로 결정하였다. 과연 석 달이 되도록 적을 함락시키지 못하였다. 이때 제나라 어린이들이 이런 노래를 불렀다.

큰 모자를 마치 키〔箕〕같이 쓰고 *
긴 칼로는 턱만 받치고 있네.
적(翟)을 공격하여 이기지도 못하면서
오구(梧丘)에 내려가 보루만 쌓고 있네. *

이에 전단은 노중련의 예언이 두려워 다시 그를 찾아가 물었다.

「선생께서는 어떻게 하여 제가 적나라를 이기지 못하리라는 걸 아셨습니까?」

그러자 노중련이 이렇게 설명하였다.

「무릇 장군께서 즉묵(卽墨)에 있을 때에는 앉으면 삼태기를 삼고 서면 삽질을 하며, 병사들과 괴로움을 같이하면서 이렇게 독려하였지요. 『종묘가 망해 간다. 혼백도 다 사라졌다. 돌아간들 우리 편은 아무도 없다』 그래서 장수들은 결사의 심정이었고, 병사들은 살아 돌아가겠다는 생각이 없었습니다.

그러나 지금 장군께서는 동쪽으로는 액읍(掖邑)의 봉지가 있고, 서쪽으로는 치상(淄上)의 보배가 있으며, 황금의 띠를 두르고 치수(淄水)다 승수(澠水)다 마음 놓고 수레를 몰아 즐길 수가 있습니다. 이 때문에 신나게 살고 싶지 죽고 싶은 생각이 없는 것입니다.」

이 말을 들은 전단은, 이튿날 머리를 묶고 화살이 직접 날아오는 곳에 똑바로 서서 북채를 잡고 북을 울렸다. 그제서야 적(翟)나라를 물리칠 수 있었다.

그러므로 장수는 바로 병사들의 심장이며, 병사들은 장군의 지체(肢體)와 같아서 심장이 머뭇거리면 지체가 움직여 주지 않는 것과 같다. 바로 전단 같은 경우를 두고 한 말이다!

*『키를 쓴 것처럼 권위만 내세워 싸움터에서의 행동에 걸맞지 않다』는 뜻.
*『오동나무 언덕에 참호를 파고 싸울 의지를 보이지 않는다』는 뜻.

진(晉)나라의 지백(智伯)이 정(鄭)나라를 치자, 제(齊)나라의 전항(田恒)이 정나라를 도우러 나섰다. 그는 수레 꼭대기까지 올라가 선 채로 지휘를 하였고, 수레와 보병이 앞으로 진격하지 못하는 경우를 보면 반드시 명령을 내려 돕도록 하였다.

그리고 보루가 다 완성된 후에야 자기의 처소를 정하였으며, 우물과 솥걸이가 다 완성된 후에야 감히 밥을 먹을 정도로 부하들을 아꼈다. 이를 알고 지백이 이렇게 말하였다.

「내 들으니 전항은 새로이 나라를 얻어, 그 백성을 지극히 사랑하고 있다 하였다. 그래서 안으로는 그 재물을 같이 쓰며, 밖으로는 그 노고를 같이한다고 하였다. 군대를 다스리는 것도 이와 같으니, 많은 무리가 따르는 것도 당연한 일일 터이다. 가히 그를 대항할 수 없다.」

그리고는 군대를 풀어 되돌아가고 말았다.

《태공병법(太公兵法)》에 이렇게 실려 있다.

『자애로운 마음을 다하고, 무위(武威)의 전공을 세워 그 무리를 다 모으며, 그들이 정예롭게 되도록 훈련시키고, 그들의 절의(節義)를 잘 닦고 갈아 사기를 드높여야 한다.

군대를 다섯 개로 나누어 뽑아서, 그들의 깃발과 휘장을 각각 달리하여 서로 혼란이 일어나지 않도록 해야 한다. 대오(隊伍)의 행군을 견고하게 하되 십오(什伍) 단위를 연좌(連坐)시켜 부당한 일이 발생하지 않도록 해야 한다』

보루(堡壘) 설치의 순서, 병마와 수레의 보관 장소, 군대를 휘어잡는 태세, 군대 내의 법령, 상벌의 시행 등에 따라 병사들은 불속이나 칼날일지라도 뛰어들어 상대 진지를 무너뜨리고 장수를 잡아오는 것, 죽어도 발걸음을 뒤로 물리지 않는 것 등의 일을 하도록 할 수 있다.

이상이 바로 지금 장수들과의 많은 차이점이다.

· 태공병법(太公兵法): 강태공(姜太公, 呂尙)의 병법서(兵法書)라고 전하는 《육도(六韜)》를 흔히 《태공병법》이라 한다. 지금의 《육도》에는 이런 구절이 실려 있지 않다.
· 십오(什伍): 고대의 군편제(軍編制)로서, 5명을 단위로 오(伍)라 하며 10명(二伍)을 십(什)이라 하는 군단위. 연좌법(連坐法)으로 이들을 책임지웠다.

 한(漢)나라 소제(昭帝) 때의 일이다. 당시의 북군감어사(北軍監御史)가 불법으로 북문의 담장을 뚫고, 그 자리를 시장으로 만들어 이익을 누리고 있었다. 한편 호건(胡建)이라는 자는 수북군위(守北軍尉)의 벼슬에 있으면서, 매우 가난하여 거마(車馬)도 없이 걸어다니며 사람들과 같이 기거하였기 때문에 자연히 자기 부하들을 아끼고 사랑함이 지극하였다.

이 호건이 감어사의 비리를 보고서, 그를 죽여 버리겠노라 마음먹고 자신의 부하들과 이렇게 약속하였다.

「내가 그대들과 더불어 어느 한 사람을 주벌(誅罰)할 것이다. 내가 붙잡으라 하면 붙잡고, 죽이라 하면 목을 쳐버려라!」

이에 병사와 말[馬]을 선출하는 날이 되어 감어사의 호위군과 여러 장교 들이 당황(堂皇)에 줄을 맞춰 앉아 있고, 감어사도 역시 그 위에 앉아 있었다. 이때 호건이 사졸을 거느리고 급히 그 당에 이르러 아래에서 배알(拜謁)한 다음, 다시 당상으로 올라갔다. 데리고 간 사졸들도 역시 따라 올라갔다.

호건이 무릎을 굽혀 감어사를 가리키며「저자를 잡아라!」하자, 사졸들이 그를 당 아래로 끌어내렸다. 다시 호건이「목을 쳐라!」하자, 사졸들이 그의 목을 쳐버렸다.

호위군과 여러 장교 들이 모두 놀랐지만 어찌할 바를 몰랐다. 호건은 그 나름대로 이미 임금에게 올릴 주서(奏書)를 품고 있었다. 이것을 꺼내어 임금에게 이렇게 올렸다.

「제가 듣기로 군법(軍法)이란 무(武)를 세워 사악한 자를 처벌하고, 그런 일을 금지하기 위해서 있는 것이라 하였습니다. 지금 북군감어사는 공공연하게 성을 헐어 자신의 이익을 위한 시장을 열어 병사들과 거래를 하고 있었습니다.

그는 강무지심(剛武之心)이나 용맹지의(勇猛之意)는 염두에 두지도 않았으며, 사대부의 솔선이 되어야 함에도 공리(公理)를 저버렸습니다. 제가 듣기로는 《황제이법(黃帝理法)》에『성벽이 모두 정비되었는데도 바른 길로 걷지 않는 자를 간악한 사람이라 하며, 그 간악한 자는 죽여야 한다』고 하였습니다. 저는 그래서 이자를 참수한 것입니다. 죽음을 무릅쓰고 감히 아뢰옵니다.」

그러자 임금이 이렇게 말하였다.

「《사마법(司馬法)》에『나라가 편안할 때는 군법을 민간에게 사용하지 않고, 군대가 편안할 때는 민간의 법을 군대에 적용하지 않는다』고 하였소. 호건은 무엇을 의심하는가?」

호건은 이 일로 해서 이름을 날리게 되었고, 뒤에는 위성(渭

城)의 현령에까지 올랐다. 그리하여 그가 죽고 난 지금까지도 위성에는 그의 사당이 남아 있다.

- 당황(堂皇): 연무대(練武臺). 군대의 의식을 치르는 네 벽이 없는 당(堂).
- 황제이법(黃帝理法): 헌원황제(軒轅皇帝) 때에 만들어졌다고 전하는 법률서. 《이법(李法)》이라고도 하며, 6편이 전하였다고 한다.

노석공(魯石公)의 검법(劍法)은 가까이 가면 곧 감응이 나타나고 느끼면 곧 행동이 나타나서, 그 미세함이 무궁하고 그 변화를 무어라 형용할 수가 없다. 그의 검법은 다시 부드럽고 이끌리듯 하며, 마치 그림자나 소리와 같으며, 삽살개가 집을 지키는 것과 같고 바퀴가 말이 끄는 대로 따라가는 것 같으며, 메아리가 소리에 응해서 나고 그림자가 실체의 형상을 따르는 것과 같다.

창— 하는 큰 북소리는 탑! 하는 작은 북소리만 못하고, 그 소리를 따를 수 없으며, 내뱉는 숨은 들이마시는 숨을 따를 수 없고, 다리를 드는 것은 그 몸을 모아들인 것을 따르지 못한다.

나은 것과 못한 것의 차이는 얇은 매미날개처럼 작지만 팔꿈치와 등허리, 눈썹과 속눈썹처럼 큰 것으로 작은 것을 어찌할 수 없고, 작은 것으로 큰 것을 어찌할 수 없는 것과 같다.

용병(用兵)의 도란 바로 이런 것이 아닌가? 이것이야말로 그 어떤 적이라도 대적할 수 있는 것이다.

아무리 그렇다 해도 이것도 어떤 형태가 갖추어지기 전에 미리 적의 투지를 없애 버리는 것만은 못하다. 어떤 이는 사당에

서 서로 읍양(揖讓)하면서 만백성에게 은혜를 베푸는 경우가
있다.
  그러므로 평상시에는 변란이 일어나지 않게 하고 싸움이 났
다 해도 피를 흘리지 않게 하는 것, 이것이 바로 탕(湯)·무
(武)의 병법이 아닌가?

  공자(孔子)가 노(魯)나라 북쪽 지역을 유람하
다가 동쪽의 농산(農山)에 올랐다. 이때 자로(子
路)와 자공(子貢)·안연(顏淵) 세 제자도 함께 하였다. 공자가
위연히 탄식하며 이렇게 말하였다.
  「높은 곳에 올라 저 아래를 보니 마음이 슬프구나. 너희들
각각의 마음을 말해 보아라. 내가 좀 들어보자꾸나!」
  이에 자로가 맨 먼저 나섰다.
  「저는 달빛 같은 흰 깃털, 해와 같은 붉은 깃털을 꽂은 깃발
에 하늘을 찌를 듯한 북소리! 그리고 끝없이 펄럭이는 깃발이
저 아래에 맴돌고 있는 모습을 연상합니다. 제가 거기에 있어
그 군대를 이끌고 치면 1천 리쯤은 금방 점령할 수 있을 것 같
습니다. 이는 오직 저만이 할 수 있는 일입니다. 이 두 사람은
그때 저의 시종(侍從)이나 시키면 되겠지요!」
  이 말에 공자는 「용감하도다! 이는 강개분분한 자가 할 수
있는 일이지!」라고 하였다. 다음에는 자공이 말을 받았다.
  「저는 제(齊)·초(楚) 두 나라가 저 넓은 들에서 싸움이 붙
은 것을 연상합니다. 두 군대가 서로 보루를 쌓고, 그 깃발이
서로 마주 보이며, 티끌과 먼지가 구름같이 일어나 지금 막 싸
우고 있습니다. 제가 그곳에 내려가 흰 옷에 흰 모자를 쓰고,

칼날이 오가는 그 사이를 다니면서 설득의 말을 늘어 놓아 두 나라의 환난을 풀어 드리고 싶습니다. 이것은 저밖에 할 수 없는 일입니다. 이 두 사람은 그때에 나를 위해 시중이나 들게 하지요!」

이 말에 공자가 이렇게 평하였다.

「말도 잘하는구나! 이는 일을 쉽게 처리할 수 있는 자가 해 낼 수 있지!」

그러나 다음 차례인 안연은 아무런 말이 없었다. 공자가 물었다.

「안회(顔回)야! 너는 아무것도 바라는 것이 없느냐?」

그러자 안연이 겨우 이렇게 말하였다.

「문무(文武)에 관한 일은 두 사람이 이미 말해 버렸으니, 제가 감히 무슨 말을 하겠습니까?」

그렇지만 공자가 재촉하였다.

「너는 두 사람의 말을 비루하게 여겨서 참여하고 싶지 않은 게로구나. 그러나 차례가 되었으니 무언가라도 말해 보렴!」

그제서야 안연은 이렇게 말하였다.

「제가 듣기로 냄새나는 말린 물고기는 난초와 한 바구니에 넣어 보관하지 않으며, 요(堯)·순(舜)은 걸(桀)·주(紂)와 같은 나라에서 정치를 할 수 없다고 하였습니다. 앞의 두 사람의 말은 저의 뜻과는 다릅니다. 저는 명왕(明王)·성주(聖主)를 만나 그의 재상이 되어 성곽도 짓지 못하게 하고, 구지(溝池)도 파지 못하게 하며, 칼이나 창을 다 녹여 농기구로 바꾸게 하여 천하로 하여금 1천 년 동안 전쟁의 근심이 없도록 하고 싶습니다. 그렇게 되면 자로의 강개분분이나 자공의 편한 언변이 무슨 소용이 있겠습니까?」

공자는 이 말에 「훌륭하도다! 그 덕이여. 덕 있는 자가 할 수 있는 일이로다!」라고 극찬하였다.

그러자 자로가 손을 들어 질문을 하였다.

「그럼 선생님의 뜻은 어떤 것입니까?」

이에 공자는 이렇게 대답하였다.

「내가 바라는 바는 안회의 계획과 같다. 나는 옷보따리를 짊어지고 안씨 집의 아들을 따르리라!」

· 구지(溝池) : 방어용 도랑과 연못.

 노(魯)나라의 애공(哀公)이 중니(仲尼)에게 물었다.

「저는 나라가 약소할 때는 지키기에 힘쓰고 나라가 강대해지면 남을 공격하여 국세를 펴고 싶은데, 어떻게 생각하십니까?」

중니가 이렇게 대답하였다.

「만약 조정에 예의가 있고 상하가 서로 친하게 되면, 그 밑에 있는 백성은 곧 임금이 보살피는 식구들과 같은데 누구를 공격한다는 말입니까? 그러나 조정이 무례하고 상하의 친함이 없으면, 백성은 모두 임금의 원수와 같은데 누구와 더불어 지켜낸다는 말입니까?」

이 말을 듣고 애공이 택량(澤梁)의 통금을 폐지하고,* 관시(關市)의 정세(征稅)*를 낮추어 백성에게 그 혜택이 돌아가도록 하였다.

*못의 고기를 잡지 못하게 하는 법과 다리의 통행을 금지시킨 법 등.

＊관(關)은 국경(國境)의 관세(關稅), 시(市)는 시장(市場)의 세금.

문왕(文王)이 물었다.

「내 무력을 쓰고자 한다. 누구를 치면 될까? 밀수씨(密須氏)는 나에게 의심받을 짓을 하고 있다. 먼저 그 나라를 치리라!」

그러자 관숙(管叔)이 이렇게 반대하였다.

「안 됩니다. 그 나라 군주는 천하의 명군입니다. 이를 치는 것은 의롭지 못한 일입니다.」

그러나 태공망(太公望)의 의견은 달랐다.

「제가 들으니 선왕들께서는 왜곡된 자는 치고 순종하는 자는 치지 않았으며, 험악한 무리는 치되 쉬운 것은 치지 않았고, 과실 있는 자는 치고 미치지 못한 자는 치지 않았다고 하였습니다.」

문왕은 이 말에 「좋습니다」 하고는, 드디어 밀수씨를 쳐서 멸망시켜 버렸다.

무왕(武王)이 장차 주(紂)를 칠 준비를 하면서 태공망(太公望)을 불러 물었다.

「나는 싸우기도 전에 승리를 알고, 점을 치지 않고도 그것이 길(吉)하리라는 것을 알며, 우리 나라 사람이 아닌 자를 부려서 일을 성사시키고 싶습니다. 그럴 방법이 있겠습니까?」

태공이 이렇게 대답하였다.

「방법이 있지요. 임금께서 민중의 마음을 얻은 다음, 도가 없는 상대를 치시면 싸우기도 전에 승리를 확신할 수 있습니다. 또 어진 자로서 불초한 자를 치는 일이라면 점을 쳐보지 않아도 길하리라는 것을 알 수 있습니다. 저들에게 해가 되고 우리에게 이익이 되는 일임을 알려 주면, 비록 우리 백성이 아니더라도 그들을 부릴 수 있습니다.」

무왕은 이 말을 듣고 「좋습니다」 하고는, 이번에는 주공(周公)을 불러 물어보았다.

「천하의 일을 도모하는 자들은 모두 은(殷)나라를 천하의 종주국으로 여기고, 우리 주나라는 그의 제후국으로 여기고 있다. 제후국으로서 천자국을 쳐서 이길 수 있는 길이 있겠는가?」

그러자 주공이 이렇게 대답하였다.

「은나라가 진실로 천자국이고, 우리 주나라가 진실로 제후국이라면 이길 수 있는 길은 없습니다. 어찌 공격하려 하십니까?」

이 말에 무왕이 분연히 화를 내며 물었다.

「너는 무슨 말을 그렇게 하는가?」

이에 주공이 다시 설명하였다.

「제가 듣건대 예(禮) 있는 자를 공격하는 것을 적(賊)이라 하고, 의로운 자를 공격하는 것을 잔(殘)이라 하며, 백성을 통제할 힘을 다 잃게 만드는 것은 바로 필부(匹夫) 하나로 시작된다고 하였습니다. 임금께서는 그 백성을 잃은 주(紂)라는 인물을 치는 것이지, 어찌 천자를 친다고 여기십니까?」

그러자 무왕이 「옳다」 하고, 이에 무리와 군대를 일으켜 은나라와 목야(牧野)에서 싸워 크게 쳐부수었다. 그리고 나서 무왕은 은나라의 당(堂)에 올라 옥(玉)이 있는 것을 보고 물었다.

「이것은 누구의 것인가?」

「주(紂)임금이 제후의 옥을 빼앗은 것입니다.」

이에 무왕은 그 옥을 다시 그 제후에게 돌려 주었다.

천하가 이 소식을 듣고서 「무왕은 재물에 욕심이 없다」라고 입을 모았다.

그리고 다시 집에 들어가 많은 여자들이 있는 것을 보고 물었다.

「누구의 여자들인가?」

「제후의 미녀들을 징집한 것입니다.」

이에 무왕은 그 여자들을 원래의 제후에게 돌아가도록 하였다.

다시 천하가 이 소식을 듣고서 「무왕은 여색(女色)에 관심이 없다」라고 칭하였다.

이에 무왕은 거교(巨橋)의 창고에 쌓아둔 식량과 녹대(鹿臺)의 재물을 다 흩어 그 금전을 사민(士民)에게 나누어 주고, 전거(戰車)를 폐기하고, 갑옷과 병기를 다 풀어 더 이상 전쟁을 벌이지 않을 것임을 알렸고, 말은 화산(華山)에 소는 도림(桃林)으로 보내어 역시 전쟁에 사용하지 않겠다는 것을 보여 주었다.

천하에 이 소문을 들은 자는 한결같이 무왕이 천하에 의를 실행하고 있다고 하였으니, 그 어찌 위대하지 않은가?

· 거교(巨橋): 은(殷)나라가 곡식을 모아 보관한 장소.

· 녹대(鹿臺): 은(殷)나라가 재물과 보화를 보관하던 창고.

· 화산(華山): 말을 풀어 놓았던 산.

· 도림(桃林): 도원(桃源). 혹은 부산(父山)이라 하며, 소를 놓아 풀어 주었던 곳.

 문왕(文王)이 숭(崇)나라를 치려 하면서 먼저 이렇게 선언하였다.

「내 듣기로 숭후(崇侯) 호(虎)는 부형(父兄)을 모멸하고 장로(長老)를 공경하지 않으며, 재판도 공정치 못하고 재물의 분배도 고르지 못하다고 한다. 백성은 죽을 힘으로 애쓰면서도 의식(衣食)조차 해결하지 못하고 있다. 내가 장차 이를 정벌코자 하는 것은 오직 그 백성을 위해서이다.」

이에 드디어 숭나라를 치면서 군사들에게 절대로 사람을 죽이지 말 것과 남의 집을 파괴하지 말 것, 우물을 메우지 말 것, 나무를 베지 말 것, 육축(六畜)을 마음대로 잡지 말 것을 명하고, 이 명령을 지키지 않는 자는 용서 없이 사형에 처하겠노라고 하였다. 숭나라 백성이 이 소식을 듣고서 모두 항복을 요청해 왔다.

 초(楚)나라의 장왕(莊王)이 진(陳)나라를 치자, 오(吳)나라가 진나라를 구원하겠노라고 나섰다. 그런데 열흘 밤낮을 비가 오다가 그제서야 개었다. 이에 좌사(左史) 의상(倚相)이 이렇게 말하였다.

「오나라의 병사들이 오늘 밤에 습격해 올 것입니다. 우리의 갑옷이 물에 젖어 찢어지고, 보루가 허물어진 것을 저들이 알고 있기 때문입니다. 어찌하여 어서 행렬을 정비하고 북소리를 울려 경계토록 하시지 않습니까?」

그날 밤 과연 오나라 병사들이 와서, 초나라가 이미 진(陣)을 완성시켜 놓은 것을 보고는 발길을 되돌렸다. 그러자 의상이 「추격하라」는 명령을 내렸다.

오나라는 60리의 먼길을 행군한데다가 아무런 공도 세우지 못하자, 그 임금은 피곤해 지쳤고 사졸들은 잠이 들고 말았다. 이때 오나라를 공격하여 그들을 패배시켰다.

 제(齊)나라 환공(桓公) 때였다. 장마가 석 달 열흘이 넘도록 그치지 않고 계속되었다. 환공이 소릉(溹陵)을 정벌하고자 하였을 때, 그 성이 비를 만나 아직 채 마무리를 하지 못하고 있었다. 관중(管仲)과 습붕(隰朋)이 군대를 이끌고 환공의 성문에 다다르자, 환공이 물었다.

「이 무리를 무엇하러 이끌고 왔습니까?」

이에 관중이 대답하였다.

「제가 들으니, 비가 내리면 변고(變故)가 있다고 하였습니다. 소릉은 큰비에 견딜 수 없을 것이니 공격을 요구하려고 데려 왔습니다.」

그러자 환공이 「좋습니다」 하고는, 군대를 일으켜 그를 정벌 하러 나섰다.

그러나 그 나라에 이르러 보니, 많은 병졸들이 밖에 있으면서 선비들을 그 안에 보호하고 있는 것이었다. 이를 본 환공이 「아 마도 이 나라에는 성인이 있는가 봅니다」 하고는, 깃발을 돌려 되돌아오고 말았다.

 송(宋)나라가 조(曹)나라를 공격하였지만 이기 지 못하고 있었다. 이에 사마자어(司馬子魚)가 송 나라 임금에게 이렇게 말하였다.

「옛날 문왕(文王)이 숭(崇)나라를 쳤을 때, 숭나라는 30일이 되도록 투항하지 않았습니다. 그러자 문왕은 물러나서 스스로 수양을 쌓고, 병사들을 다시 교련시킨 다음에 그를 쳤지요. 그때 숭나라는 비록 견고한 보루가 있었지만 투항하고 말았습니다. 지금 임금의 덕에 어떤 결함이 있는 것은 아닌지요. 왜 물러나 그 덕을 쌓고 결함을 없앤 다음 다시 공격하지 않습니까?」

오왕(吳王)나라 임금 합려(闔廬)가 백거(柏擧)에서 초(楚)나라와 전투를 벌여 크게 이겼다. 군대가 초나라 수도인 영(郢)의 교외에 이르기까지 다섯 번 싸워 모두 승리하였다. 이때 합려의 다섯 신하가 나서서 간언(諫言)을 하였다.

「깊이 들어와 멀리 복수하는 일은 임금에게 유리하지 못합니다. 임금께서는 되돌아가심이 어떨는지요?」

그리고 다섯 신하는 자신들의 의견이 받아들여지지 않자 스스로 목을 베어 죽겠노라고 하였다. 그래도 합려가 아무런 대답을 하지 않자, 다섯 신하의 머리가 말 앞에 떨어져 나뒹굴었다. 합려는 놀라 오자서(吳子胥)를 불러 상의하였다.

그러자 오자서가 「다섯 신하들이 두려워서 한 짓입니다. 무릇 다섯 번이나 초나라를 참혹하게 무찌르고 이곳에 왔으니, 그 두려움이 극에 달하였을 것입니다. 임금께서는 그래도 조금씩 전진하셔야 합니다」라고 말하였다.

그래서 합려는 드디어 수도인 영 땅까지 진입하여 남으로는 강수(江水), 북으로는 방성(方城)까지 사방 3천 리의 땅을 차지하여 모두 오에게 복종시키게 되었다.

　　전성자상(田成子常)과 재아(宰我)가 싸움을 벌였다. 재아가 밤에 전성자의 집 근처에 병졸들을 매복시켜 놓고, 그를 공격할 준비를 갖추었다. 그리고는 병졸들에게 이렇게 명령하였다.

「깃발이 보이지 않거든 모두 일어서지 말라!」

치이자피(鴟夷子皮)가 이를 알고서 전성자에게 일러 주었다. 이에 전성자가 깃발을 만들어 이를 들자 재아의 병졸들이 모여들었다. 그 틈에 재아를 공격하여 드디어 죽여 버리고 말았다.

제(齊)나라 환공(桓公)이 북쪽의 산융씨(山戎氏)를 정벌하려고 노(魯)나라에게 병력을 요청하자, 노나라가 이에 응하지 아니하였다. 환공이 노하여 노나라를 치려 하자, 관중(管仲)이 이렇게 만류하였다.

「안 됩니다. 우리는 이미 북방의 여러 제후들을 치고 있는데, 지금 노나라를 공격하면 이것이야말로 불가한 것이 아닙니까? 그렇게 되면 노나라는 반드시 남쪽의 초(楚)나라를 섬길 것입니다. 이는 우리의 한 가지 행동으로 두 가지를 잃는 셈이 됩니다.」

이 말에 환공이 「옳습니다」 하고, 노나라 공격을 철회해 버렸다.

성인(聖人)이 천하를 다스림에는 문덕(文德)을 먼저 쓰고, 무력(武力)은 뒤로 미루었다. 대저 무력을 써야 할 경우란 복종하지 않을 때이다. 문교(文敎)와 덕화(德化)로도 고쳐지지 않을 때라야 주벌(誅罰)을 가하게 된다.

무릇 어리석어 교화되지 않고, 순수한 덕으로 해도 더 이상 변화가 나타나지 않을 때라야 무력을 사용하는 것이다.

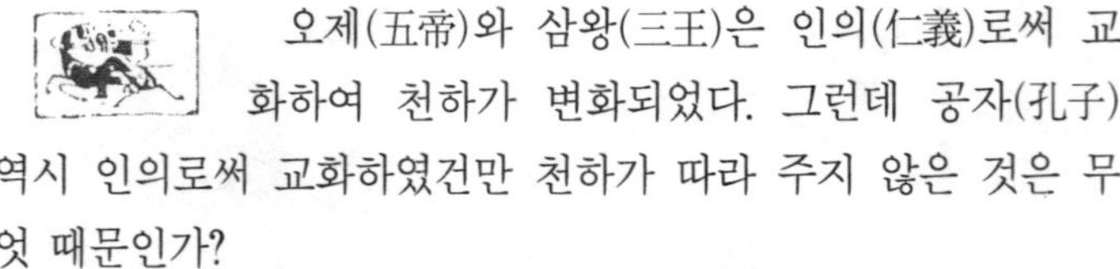

옛날 요(堯)임금은 사흉(四凶)을 주벌하여 악을 징계하였고, 주공(周公)은 관숙(管叔)과 채숙(蔡叔)을 죽여 난을 미리 막았으며, 자산(子産)은 등석(鄧析)을 죽여 사악한 행동에 쐐기를 박았고, 공자(孔子)는 소정묘(少正卯)를 죽여 백성을 변화시켰다.

아첨과 적해(賊害)하는 자를 죽여 없애지 않으면 난이 생기는 지름길이 나타난다.

주역(周易)에 『작은 악에 위협을 가하지 않고 큰 잘못에 징벌을 내리지 않으면, 소인들은 이를 복인 줄 잘못 알게 된다』라고 하였다.

·사흉(四凶): 요(堯)임금 때의 네 명의 악인. 곧 공공(共工)·환두(驩兜)·삼묘(三苗)·곤(鯀).

오제(五帝)와 삼왕(三王)은 인의(仁義)로써 교화하여 천하가 변화되었다. 그런데 공자(孔子)역시 인의로써 교화하였건만 천하가 따라 주지 않은 것은 무엇 때문인가?

옛날 훌륭한 임금은 어진 이는 관직을 주는 것으로 높이고,

악한 이에게는 부월(斧鉞)을 가하는 방법으로 막았다. 그래서 그 상(賞)은 지극히 높았으며, 그 형벌도 지극히 가혹하였다. 이 때문에 천하를 변화시킬 수 있었던 것이다.

그러나 공자는 안연(顔淵)을 그렇게 어질다고 칭찬만 하였을 뿐 아무런 상을 내릴 수 없었고, 선비를 헐뜯는 자에게 비애를 느꼈지만 그들에게 벌을 내릴 방법이 없었다. 이 때문에 천하 사람을 따르게 할 수 없었던 것이다.

그러므로 도는 권위가 없으면 설 수 없고, 위세(威勢)가 없으면 실행시킬 수 없다. 이는 도란 높여진 연후라야 시행되기 때문이다.

· 부월(斧鉞): 옛날 참형(斬刑)의 도구.

 공자(孔子)가 노(魯)나라의 사구(司寇)가 된 지 7일 만에 소정묘(少正卯)를 동관(東觀) 아래에서 처형해 버렸다. 문인(門人)들이 이 소식을 듣고 모두 달려갔다. 도착한 자들이 모두 말은 하지 않았지만 놀란 표정은 하나 같았다. 자공(子貢)이 가장 뒤늦게 도착하여 달려가 물었다.

「소정묘는 이 노나라에 널리 알려진 인물입니다. 선생님께서 정사를 맡은 지 얼마 되지도 않으셨는데, 어찌하여 그를 가장 먼저 죽이십니까?」

이 말에 공자는 이렇게 설명하였다.

「사(賜)야! 너는 알지 못한다. 무릇 임금된 자가 죽여야 될 인물은 다섯 가지 유형이 있는데, 도둑질한 자는 그 속에 포함되지 않는다.

첫째 마음을 거꾸로 하고 있으면서 음험한 자, 둘째 말에 사기성이 있으면서 달변인 자, 셋째 행위가 편벽되면서 고집만 센 자, 넷째 뜻은 어리석으면서 지식만 많은 자, 다섯째 비리에 따르면서 혜택만 누리는 자이다. 이 다섯 가지는 모두 말 잘하고 지식 있고 총명하며 통달하였다는 이름이 널리 알려지나, 그 속을 들여다보면 진실이 없다.

그 행위는 사기투성이이며, 그 지혜는 족히 군중을 마음대로 몰고 다닐 수 있고, 그 강함은 족히 홀로 설 수 있을 정도이다. 이는 바로 간악한 무리의 영웅이다. 죽이지 않으면 큰일을 저지른다. 무릇 다섯 가지 중에 한 가지만 가졌어도 죽음을 면치 못하는데, 지금 소정묘는 이 다섯 가지를 다 가지고 있다. 그래서 가장 먼저 죽인 것이다.

옛날 탕(湯)임금은 촉목(蠋沐)을 죽였고, 태공(太公)은 반지(潘阯)를 죽여 없앴으며, 관중(管仲)은 사부리(史附里)를, 자산(子産)은 등석(鄧析)을 처형해 버렸다. 이 네 사람은 죽여 없애지 않으면 안 되었기 때문이다.

소위 꼭 죽여야 될 사람은, 낮에는 강도짓을 하고 밤에는 담을 뚫고 들어가는 그런 도둑이 아니다. 바로 나라를 뒤엎을 그런 자가 죽음을 당하는 것이다. 이는 바로 군자들로 하여금 의심을 품게 하는 자들이며, 어리석은 자로 하여금 미혹에 빠지게 하는 자들이다.

《시경(詩經)》에 『마음속에 초초하게 근심이 있네. 불만 많은 군중들 원망만 하네』라고 하였으니, 바로 이를 두고 한 말이다.」

제(齊)나라 사람 왕만생(王滿生)이 주공(周公)을 만나러 가자, 주공이 밖으로 나와 그를 맞이하였다.

「선생께서 이렇듯 먼길을 오셨으니, 제게 무엇을 가르쳐 주시렵니까?」

그러자 왕만생이 물었다.

「나라안의 일을 토론하고 싶으시면 안으로 들게 하고, 나라밖 일을 토론하고 싶으시면 이렇게 밖에 서 있지요. 나라안의 일을 말할까요? 아니면 나라밖의 일을 거론할까요?」

이에 주공이 그를 안내하여 안으로 모셨다. 왕만생이 「좋습니다」 하고 안으로 들어갔다. 자리가 펴졌으나 주공이 앉으라고 하지를 않자, 왕만생이 다시 물었다.

「대사(大事)이면 앉아서 말씀드리고, 소사(小事)이면 이렇게 기댄 채로 말씀드리지요. 소사를 듣기를 원합니까? 아니면 대사를 듣기를 원합니까?」

주공이 자리에 앉도록 인도하자, 그가 자리에 앉았다.

주공이 다시 「선생께서 제게 가르쳐 주실 것은 무엇입니까?」라고 묻자, 왕만생이 이렇게 말하였다.

「제가 들으니 성인은 말이 없어도 알고, 성인이 아니라면 말씀드려도 모른다고 하였습니다. 지금 말을 할까요, 아니면 말을 하지 말까요?」

주공도 이 질문에는 고개를 숙이고 잠깐 생각에 잠긴 채 대답을 하지 못하였다. 왕만생은 약속대로 말을 하지 않고, 필독(筆牘)을 꺼내어 이렇게 적었다.

『사직이 장차 위험할 것이다』

그리고 나서 이를 가슴에 붙였다.*

주공은 이 글씨를 쳐다보고 이렇게 말하였다.
「알았습니다. 명령대로 하겠습니다.」
그리고 이튿날 관숙(管叔)과 채숙(蔡叔)을 주살해 버렸다.

·필독(筆牘): 당시에는 종이가 없었으므로 간독(簡牘)에 글씨를 씀.
＊그 위험이 가슴까지 급박하게 닿았다는 뜻을 보이기 위한 것.

이야기 모음

제16장 담총(談叢)

동문선

임금된 자가 낮은 곳에 임해서 백성를 다스려야 한다는 바를 알고 있으면, 신하들이 두려워 복종하고 만다. 또 남의 말을 들어 주고 사물을 수용해야 하는 바를 알고 있으면, 임금을 가리거나 속이는 일은 일어나지 않는다.

그리고 만민을 편안함과 이익으로 이끌어야 하는 바를 알고 있으면, 해내(海內)가 틀림없이 안정된다. 또 충효(忠孝)로써 윗사람을 섬겨야 하는 바를 알고 있으면, 신하나 자식된 자가 올바른 행동을 저절로 구비하게 된다.

무릇 위협과 살인으로 하는 것은, 도술(道術)이 곧 신하를 제어하는 방법이라는 원리를 모르는 자가 하는 것이다.

· 해내(海內): 사해지내(四海之內), 온 천하.

무릇 관리가 자기 직책을 충분히 이겨내면 일이 잘 다스려지고, 일이 잘 다스려지면 이익이 생긴다. 그러나 그 직책을 감당해 내지 못하면 일에 난(亂)이 일어나고, 일에 난이 일어나면 손해가 생긴다.

수없이 많은 일에는 1만 가지 변화가 솟아난다. 혹은 스스로 겸허함을 지키려 하고, 혹은 그 실적만 차지하려 한다. 또는 부유(浮遊)를 좋아하는 자가 있는가 하면, 성의와 간절함을 좋아하는 자도 있다. 그런가 하면

편안하게 실행하는 자가 있고, 급하고 빠르게 서두르는 사람
도 있다.

　이로 보면 천하는 하나로 묶을 수가 없다. 다만 성왕(聖王)
만이 천하에 임하여 능히 하나로 통일시킬 수 있다.

　사람의 생각은 두 가지를 한꺼번에 날카롭게
볼 수가 없고, 일이란 두 가지가 동시에 융성할
수 없다.

　한쪽이 성하면 다른 한쪽은 쇠하기 마련이며, 왼쪽이 길면
오른쪽은 짧을 수밖에 없다. 밤에 누워 뒤척이기를 좋아하는
자는 아침 일찍 일어날 수가 없는 것이다.

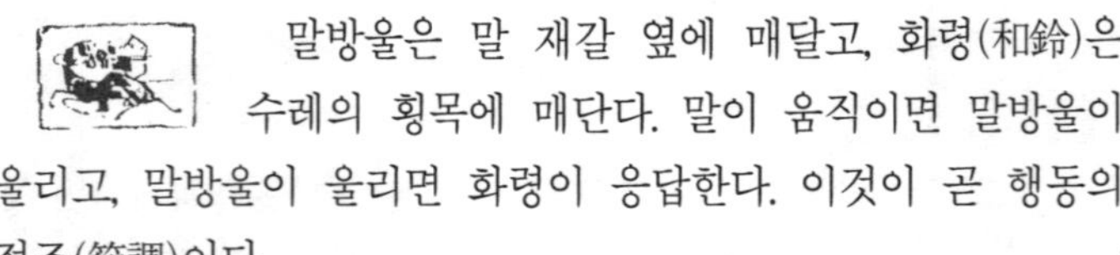
　말방울은 말 재갈 옆에 매달고, 화령(和鈴)은
수레의 횡목에 매단다. 말이 움직이면 말방울이
울리고, 말방울이 울리면 화령이 응답한다. 이것이 곧 행동의
절조(節調)이다.

　부유하지 않으면 크게 될 수가 없고, 베풀지
않으면 친해지지 않는다. 친척이 멀어지면 해를
입게 되고, 무리를 잃으면 실패하게 된다. 가르쳐 주지도 않으
면서 벌만 내리는 것을 학(虐)이라 하고, 경계시키지 않고 책임
만 묻는 것을 포(暴)라 한다.

무릇 물은 산에서 나서 바다로 흘러들고, 곡식은 밭에서 나서 창고에 갈무리된다. 성인은 그것이 어디서 생기는가만 보고도 그것이 어디로 돌아가는가를 안다.

하늘의 도는 널리 퍼져 순리대로 행해지며, 사람이 이를 취하여 이용하는 것이다. 그런데 물건을 많이 저장만 해두고 쓰지 않으면 원부(怨府)라는 말을 듣게 된다. 따라서 물건이란 한 곳에 치우쳐 모여서는 안 된다.

· 원부(怨府) : 뭇사람의 원한의 대상으로 되는 단체나 기관.

한 아름밖에 안 되는 나무가 1천 균(鈞)의 집을 지탱하며, 5촌(寸)밖에 안 되는 자물쇠가 그 집을 통제한다. 이는 그 재료가 어찌 그 큰 것을 감당하랴만 바로 처한 위치가 긴요하기 때문이다.

무릇 작은 즐거움은 의(義)를 해치고, 작은 지혜는 도(道)를 해치며, 낮은 판단은 치(治)를 그르치고, 구차스런 마음은 덕(德)을 해친다. 큰 정치일수록 험악함이 없다.

 교룡(蛟龍)이 비록 신령하나 밝은 낮에 구름을 만들어 탈 수는 없고, 회오리바람이 비록 빠르다고 하나 구름 끼고 비 오는 날에 먼지를 일으킬 수는 없다.

 동네 이름이 승모(勝母)라 하여 증자(曾子)는 들어가지 않았고, 물 이름이 도천(盜泉)이라 하자 공자(孔子)는 마시지 않았다. 이는 그 명칭을 추하게 여겼기 때문이다.

· 승모(勝母): 〈어머니를 이기다, 어머니보다 낫다〉라는 뜻의 지명.
· 도천(盜泉): 〈도둑 샘〉이라는 뜻의 수명(水名).

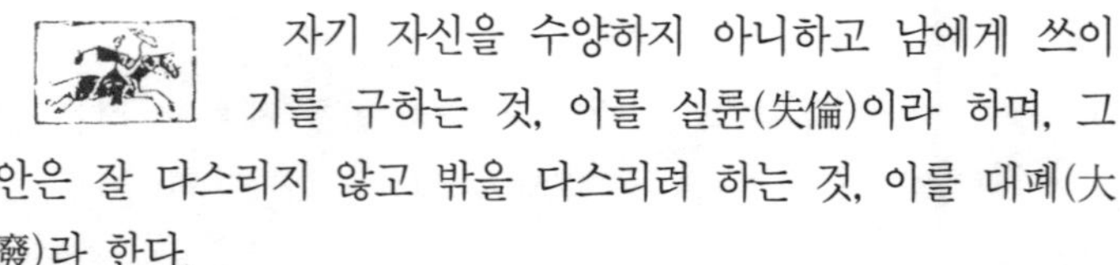 부인의 입은 남을 내쫓을 수도 있고, 부인의 주둥이는 남을 죽이거나 일을 그르칠 수도 있다.

 자기 자신을 수양하지 아니하고 남에게 쓰이기를 구하는 것, 이를 실륜(失倫)이라 하며, 그 안은 잘 다스리지 않고 밖을 다스리려 하는 것, 이를 대폐(大廢)라 한다.

무겁게 실어 위험하게 해놓고, 채찍을 들고 뒤만 따르는 행위는 온전한 것이라 볼 수 없다.

 선비가 길에서 죽어 사지도 덮을 수 없다면, 이는 선비의 허물이 아니라 그런 선비가 태어난 나라의 수치이다.

그 나라의 임금이 장차 창성(昌盛)하려면 하늘이 도(道)를 내려 주고, 대부가 장차 창성하려면 하늘이 선비를 내려 주며, 서인이 장차 창성하려면 반드시 훌륭한 아들이 있게 마련이다.

어진 스승과 훌륭한 친구가 그 곁에 있고, 시(詩)·서(書)·예(禮)·악(樂)이 앞에 진설(陳設)되어 있는데도 이를 거들떠보지 않고 공부하지 않아 불선(不善)을 저지르는 자는 드물다.

 의사(義士)는 자기 마음을 속이지 않고, 인인(仁人)은 아무렇게나 생명을 포기하지 않는다.

모책(謀策)이 누설되면 공을 이룰 수 없으나, 계획 자체를 세우지 않으면 아무 일도 이루어지지 않는다.

 현사(賢士)는 그릇된 바를 섬기지 않는 것일 뿐 섬김이 없는 것이 아니다.

 어리석은 자는 행동에 틈이 생길수록 고집을 부리고, 비루한 자는 거짓을 꾸밀수록 더욱 야만스러워진다.

 소리는 가늘다고 해서 들리지 않는 것이 아니고, 행위는 숨긴다고 해서 밝혀지지 않는 것이 아니다.

 지극히 신령스러움은 변화가 없는 것이 없고, 지극히 현명함은 추이를 따르지 않는 것이 없다.

 위에는 믿음이 없고 아래에는 충성이 없어 상하가 불화하면, 비록 편안해 보이더라도 반드시 위험하다.

 도리에 맞게 구하면 얻지 못할 것이 없으며, 때에 맞추어 하면 이루어 내지 못할 것이 없다.

 때가 이르지 않았을 때는 억지로 일을 만들 수 없고, 일을 끝까지 궁구(窮究)하지 않으면 억지로 성취시킬 수가 없다.

 정절(貞節)이 있고 선량한데도 망함이 있는 경우는 그 선조들의 여앙(餘殃)이 있기 때문이요, 못 되고 악한데도 살아나는 경우는 그 선조들이 남긴 덕이 있기 때문이다.

 권세를 얻으려면 큰 것을 잡아야 하고, 은혜를 베푸려면 길게 베풀어야 한다.

 재주가 충분하나 맡은 임무가 가벼우면 이름을 날리게 되지만, 재주가 모자란데도 맡은 임무가 크면 몸도 죽고 이름도 망치게 된다.

선비는 이익 때문에 행동을 옮기지 않으며, 걱정 때문에 의지를 바꾸지도 않는다. 효(孝)·경(敬)·충(忠)·신(信)의 일에 섰을 때는 비록 죽어도 후회하지 않는다.

지혜로우면서 그 지혜를 사사로운 데에 쓰는 것은, 어리석으면서 그 어리석으나마 공(公)에 쓰는 것만 못하다. 그래서 교위(巧僞)는 졸성(拙誠)만 못하다고 하는 것이다.

· 교위(巧僞): 재주가 뛰어나지만 위선을 부림.
· 졸성(拙誠): 졸렬하나 성실함.

배우고 묻는 일을 게을리 하지 않아야 자신을 다스릴 수 있고, 가르치고 깨우쳐 주는 것을 싫어하지 않아야 남을 다스릴 수 있다. 또 허무(虛無)를 귀하게 여겨야 변화에 응하고 때에 합당함을 얻을 수 있다.

갓은 아무리 낡아도 머리에 쓰는 것이요, 신은 아무리 새것일지라도 발에 신는 것이다. 이처럼 상하가 구분되어 있으니 서로 어그러뜨릴 수 없다.

한 가지 마음이면 1백 임금도 섬길 수 있으나, 1백 가지 마음이면 한 임금도 섬길 수 없다. 그래서 너의 마음을 바르게 가지고, 너의 말을 적게 하라고 한 것이다.

 만물이 그 근본을 얻으면 살고, 백사(百事)가 그 도를 얻으면 이루어진다.

도가 있는 곳에 천하가 귀의하며, 덕이 있는 곳을 천하가 귀하게 여긴다. 또 인이 있는 곳이면 천하가 이를 사랑하고, 의가 있는 곳이면 천하가 이를 두려워한다.

집이 새면 사람들은 이를 버리고 떠나며, 물이 얕아지면 고기가 여기서 도망 간다. 그러나 나무가 높으면 새가 둥지를 치고, 덕이 두터우면 선비들이 그를 따른다. 또 예가 있으면 백성이 두려워하고, 충과 신이 있는 곳에 선비는 죽음도 꺼리지 않고 받든다.

 옷이 비록 낡았어도 그 행동은 수양이 있어야 하며, 머리가 비록 헝클어졌어도 그 말은 교양이 있어야 한다.

 때는 그것이 맞아떨어질 때가 있고, 행동은 그에 분명한 이유가 있다.

 마땅히 쳐야 할 것을 쳐 그 복이 다섯 가지라면, 쳐서는 안 될 것을 치면 그 화가 열 가지이다.

반드시 귀하여지고자 한다면 천한 것을 근본으로 삼을 것이요, 반드시 높아지고자 한다면 낮은 것을 기본으로 삼아야 한다. 하늘이 무엇을 주고자 하면 반드시 먼저 괴롭히고, 하늘이 무엇인가를 헐어 버리고자 하면 반드시 먼저 쌓게 해준다.

부모에게 효도하고 친구에게 믿음이 있으면 10보밖에 안 되는 작은 못일지라도 반드시 향초(香草)가 자라며, 열 집밖에 안 되는 고을일지라도 충사(忠士)가 나게 된다.

초목은 가을이 되면 다 죽지만 송백(松柏)만은 홀로 푸르다. 물은 모든 것을 다 떠내려가게 하지만 옥석(玉石)은 그대로 머물러 있는다.

배고프고 목마를 때 먹을 것을 얻으면 그 누군들 기뻐하지 않으리요! 궁한 사람, 급한 이를 구제해 주면 무엇을 얻지 못할까 근심하리요!

그 되어가는 바의 까닭을 잘 살펴보고 그가 시키는 바를 관찰하면, 이를 통해 곧바로 그 사람됨을 알 수 있다.

 수레나 말을 타면 1천 리도 힘들이지 않고 갈 수 있고, 배를 타고 가면 헤엄을 칠 줄 몰라도 강해(江海)를 가로지를 수 있다.

 지혜는 의심나는 곳을 그대로 비워 두는 것만한 게 없고, 행동은 후회 없는 일을 하는 것보다 큰 것이 없다.

 집안을 어떻게 다스려 나가고, 그 자식에게 어떤 이름을 지어 주는가를 보면 그의 선비됨을 족히 알 수 있다.

 이익은 두 가지를 같이 잡을 수 없고, 상은 두 배로 받을 수 없다.

 급하고 경홀하게 만든 모책은 쓸 수가 없고, 불안해하는 마음으로는 길게 성공시킬 수 없다.

 하늘이 주는데도 받지 않으면 도리어 허물을 쓰게 되고, 때가 이르렀는데도 맞이하지 않으면

도리어 재앙을 만나게 된다.

 하늘과 땅은 따로 친한 이가 없으되 언제나 착한 이와는 함께 한다.

 하늘의 도는 상법(常法)이 있어 요(堯)임금이 훌륭하다고 해서 존속하는 것도 아니며, 걸왕(桀王)이 포악하다고 해서 사라지는 것도 아니다.

 선을 쌓은 집에는 반드시 경사가 넘치고, 악을 쌓은 집에는 반드시 재앙이 넘치리라.

한 번 잘못하여 목이 메이면 그 때문에 밥을 먹을 수 없게 되고, 한 번 넘어져 다리를 삐게 되면 그 때문에 걷지를 못한다.

마음이 하늘과 땅 같은 자는 명(明)하고, 행동이 먹줄 같은 자는 장(章)하게 된다.

　지위가 높고 도(道)도 큰 자는 남이 따르게 되고, 일은 크나 그를 처리하는 도가 협소한 자는 흉(凶)하게 된다.

　말에 의심스러움이 많은 자는 남이 그를 가까이하기 어렵게 하고, 행동에 의심스러움이 있는 자는 남이 그를 따라 주지 않는다.

　좀벌레는 작으나 기둥과 대들보를 엎어지게 하고, 모기와 등에는 작지만 소와 양을 도망 가게 한다.

　찾아가 물었을 때 지나치게 캐고 쪼개어 일러 주거든 상대하지 말고, 괴상하고 허황된 말이거든 대칭(對稱)하지 말라.

　일보다 계획을 먼저 세우면 성공하려니와 일이 계획보다 빠르면 망치리라!

　음일(淫佚) 때문에 생업을 버리지 말며, 빈천하다고 해서 스스로 경홀히 굴지도 말라. 자기의

좋아하는 바 때문에 몸을 해치는 일이 없어야 하며, 기호나 욕
심 때문에 생명에 방해되는 일도 없어야 한다. 또 사치가 곧
명예인 줄 잘못 알아서도 안 되며, 부귀하다고 해서 교만에 가
득 차서도 안 된다.

　　　　　부당하게 기쁨과 노기를 나타내는 것을 불명
(不明)이라 한다. 부당하게 포악과 학대를 일삼
다가는 도리어 적해(賊害)를 입으리라. 원망은 보답을 아니한
데서 생겨나고, 화는 복에서 생겨난다.

　　　　　한 마디 말 잘못 내뱉으면 네 필 말도 뒤따를
수 없고, 한 마디 말이 급하지 않은 것 같으나
네 필 말도 뒤쫓기 어렵다.

　　　　　기러기는 바람에 순응하여 날면서 그 기력(氣
力)에 도움을 받고, 입에 갈대잎을 물어서 화살
에 대비한다.

　　　　　거울이 깨끗하고 밝으면 예쁘고 미운 모습을
스스로 보고 인정할 수 있고, 저울이 공평무사하
면 가볍고 무거움을 스스로 터득하게 된다.

쑥이 대마 가운데 자라면 붙들어 주지 않아도 곧게 자라고, 흰 모래가 검은 진흙 속에 들어가면 모두가 함께 검어지고 만다.

시간이여! 시간이여! 일을 도모할 틈을 주지 않는구나.

지극히 중요한 시간에 잠시 쉴 틈도 없구나.

힘써 일하며 쉬지 않으니, 장차 스스로 쉴 틈이 오리라.

베푸고도 스스로 가지지 않으니, 이것이 장차 스스로 가진 것이로다!

무엇이든 하는 자는 능히 이루지 못하는 것이 없고, 무엇이든지 다 하고자 하는 자는 얻지 못하는 것이 없다.

바른 행동을 쌓아두면 미치지 못할 복이 없으며, 사악한 행동을 쌓아두면 나타나지 아니하는 화가 없다.

노력은 가난을 이기고 조심함은 화를 이기며, 삼감은 해를 이기고 경계(警戒)함은 재앙을 이긴다.

착한 일을 하는 자는 하늘이 이를 덕으로써 보답하고, 불선(不善)을 저지르는 자는 하늘이 이를

화로써 갚는다.

 　군자는 때를 만나면 물처럼 순종하고, 소인은 때를 만나면 불처럼 날뛴다.

 　자기 자신을 비방하고 미워하는 자는 마음에 죄가 있기 때문이요, 스스로 도를 높이고 위하는 자는 마음속에 역행(力行)의 뜻이 있기 때문이다.

 　마음에 원리를 터득하면 만물도 그를 어찌하지 못하며, 마음에서 모든 것을 잃으면 자기 마음도 지켜낼 수 없다.

 　자식이 불효하면 내 아들이 아니며, 사귐에 믿음이 없으면 이는 나의 친구가 아니다.

 　그 입으로 음식을 먹어야 온 몸 구석구석이 살찌고, 그 근본에 물을 주어야 지엽(枝葉)이 무성해진다. 근본이 상하면 가지가 마르게 마련이고, 뿌리가 깊으면 그 끝이 무성하게 마련이다.

 선을 행하는 자는 도를 얻게 되고, 악을 행하는 자는 도를 잃게 된다.

 입으로는 악한 말을 내뱉지 말고, 귀로는 구차한 말을 남겨두지 말라.

 거짓에 힘쓰면 길게 갈 수 없고, 헛된 것을 좋아하면 오래 갈 수 없다.

 의로운 선비는 자기 마음을 속이지 않으며, 청렴한 선비는 마구 취(取)하지 않는다.

 재물은 초개(草芥)처럼 여기고, 몸은 보배처럼 여겨라. 어리고 작은 사람에게는 인자함을 베풀고, 나이 많은 노인에게는 공경을 다할지니라.

 개가 짖어도 놀라지 않는 것을 열명(兌命)에 금성(金城)이라 하였고, 항상 위태함을 대하는 것을 열명(兌命)에 불회(不悔)라 하였다.

· 금성(金城) : 튼튼하여 끄떡 없음을 말한다.

· 불회(不悔) : 후회하지 않음.

    부유할 때는 반드시 가난을 염두에 두며, 장년 (壯年)일 때는 노년을 생각하라. 나이가 비록 어 릴지라도 염려는 이르지 않다.

    예가 있는 자는 서로 위하다가 죽고, 예가 없 는 자도 역시 서로 위하다가 죽는다.

    부귀는 교만과 약속을 하지 않았는데도 교만 이 스스로 찾아오고, 그 교만은 망함과 기약을 하지 않았는데도 망함이 스스로 찾아온다.

    앉은뱅이는 밤낮으로 한번만 서서 걸어 보았 으면 하고, 장님은 밤낮으로 눈을 떴으면 하는 소원을 잊지 않는다.

    지혜로운 자는 시작은 깨달음으로부터 하고 마침은 화해(和諧)에서 끝내고, 어리석은 자는 즐거움에서 시작하여 슬픔으로 마친다.

 높은 산은 우러러보아야 하고, 훌륭한 행동은 따라 하여야 한다. 힘으로는 비록 미치지 못하더라도 마음으로는 힘써야 한다.

 끝낼 때는 시작할 때의 마음으로 하여 항상 경계(警戒)하라. 전전율률(戰戰慄慄)하여 날마다 그 일에 조심하라.

·전전율률(戰戰慄慄): 전전긍긍(戰戰兢兢)과 같다.

 성인이 세상을 바르게 하는 데에 안정(安靜)만한 것이 없다. 어진 이의 다스림은 그 때문에 일반 대중과는 다른 것이다.

 남의 악을 들추기 좋아하면 남도 나의 악을 들출 것이요, 남을 미워하기를 즐기는 자, 그 역시 남으로부터 미움을 받으리라.

 의식이 풍족하여야 영화와 욕됨을 알고, 창고가 가득 차야 예절을 알게 된다.

 강하(江河)의 넘침도 사흘을 넘지 못하고, 회오리바람·폭풍우도 잠시면 멈춘다.

 복은 미미한 데서 생겨나고, 화는 경홀(輕忽)히 하는 데서 생겨난다. 밤낮으로 두려워하여 타고난 생(生)을 제대로 마치지 못할까 두려워하라.

 이미 쪼고 다듬은 것도 질박(質樸)한 곳으로 되돌아간다. 물질은 서로 반복하여 결국 그 근본으로 돌아간다.

 물의 흐름을 따라 내려가면 쉽게 이를 수 있고, 바람을 등지고 달리면 멀리까지 쉽게 갈 수 있다.

 전쟁이란 미리 정해진 것이 아니다. 적을 대비할 준비가 없고, 계책이 염려보다 앞서지 않으면 갑작스러운 경우에 대응할 수가 없다.

 마음이 모가 나서도 안 되고, 이름을 드러내기 좋아해서도 안 된다.
밖을 둥글게 하지 않는 것이 곧 화의 문이다.

너무 곧기만 하여 굽힐 줄 모르면 큰 임무를 맡을 수 없고,
모만 나서 둥글지 못하면 오래 존속할 수가 없다.

오직 자기 자신에게 조심하여 쓸데없이 운운하
지 말라.

미친 이가 하는 말이라도 성인은 그 중에 쓸
만한 말을 골라서 받아들인다.

어떤 부끄러움도 능히 참는 자는 편안할 것이
요, 그 어떤 욕됨도 능히 참는 자는 오래 존속하
리라.

입술이 없으면 이가 시린 법, 하수(河水)가 메워
지는 것은 그 흙이 산에서 흘러내리기 때문이다.

지혜에 해독(害毒)을 끼치는 것으로 술보다 더
한 것이 없고, 일을 그르치게 하는 것으로 즐거
움보다 더한 것이 없다.

또 청렴을 해치는 것으로 색(色)보다 더한 것이 없으며, 강직
(剛直)을 꺾는 것은 도리어 자기 스스로가 약해지기 때문이다.

 부유함이란 만족을 아는 데에 있고, 귀함이란 물러섬을 구하는 데에 있다.

 일에 먼저 근심을 가지고 시작하는 자는 뒤에 즐거움을 얻지만, 먼저 오만부터 부리는 자는 뒤에 근심이 있게 된다.

 복이란 남의 충간(忠諫)을 받아들이는 데에 있다. 이것이 존속할 수 있는 지름길이다.

 공경히 하고 겸손히 양보하며 청렴에 힘써 남을 헐뜯지 말라. 인자한 마음으로 남을 사랑하면 반드시 그 상을 받으리라.

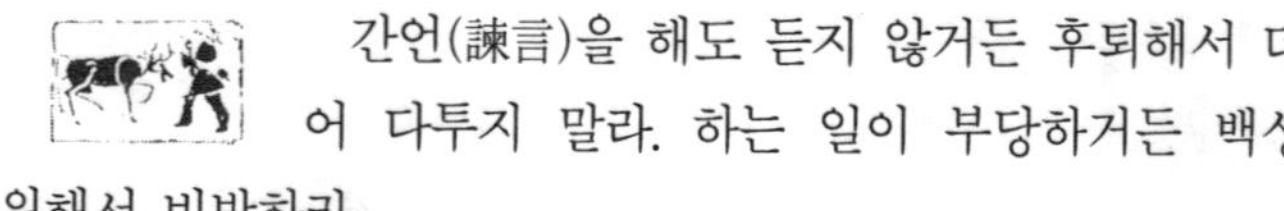 간언(諫言)을 해도 듣지 않거든 후퇴해서 더불어 다투지 말라. 하는 일이 부당하거든 백성을 위해서 비방하라.

후회는 망령된 행동에서 비롯되고, 근심은 남보다 먼저 떠들어댄 것에서 시작된다.

 포차(蒲且)가 활줄을 수리하니 오리·기러기가 슬피 울고, 방몽(逄蒙)이 활을 어루만지니 호표(虎豹)가 새벽부터 운다.

 하수(河水)는 뱀처럼 구불구불하기 때문에 능히 먼 곳까지 흐르고, 산은 천천히 높아지기 때문에 능히 높을 수 있는 것이다.

도는 자연에 순응하기 때문에 능히 변화가 있고, 덕은 순후하기 때문에 능히 호방(豪放)할 수 있는 것이다.

 남의 착함을 말해 주면 좋은 물에 목욕한 듯 즐겁고, 남의 악을 들추어 내면 모극(矛戟) 앞에 선 것처럼 고통스럽다.

· 모극(矛戟): 창. 병기(兵器).

 선을 행한다면서 정직하게 하지 않으면 끝내 곡해(曲解)를 입을 것이요, 추한 것을 해놓고도 해결하지 않으면 끝내 악함이 찾아오리라.

 죽고 살고 해보아야 친구의 우정을 알 수 있고, 가난해 보기도 하고 부유해 보기도 해야 친구의

태도를 알 수 있다.

또 귀해 보기도 하고 천해 보기도 해야 친구의 우정이 드러나며, 한 번 뜨고 한 번 가라앉아 보아야 친구의 우정이 어떻게 나타나는가를 볼 수 있다.

 먼저 덕의(德義)를 앞으로 내세우고, 용병(用兵)은 뒤로 미루라.

 새로이 머리를 감은 자는 반드시 관을 닦고, 새로이 몸을 씻은 자는 반드시 옷을 터는 법이다.

 패배한 장수는 용(勇)이라는 말을 입에 담을 수 없고, 나라를 망친 신하는 지(智)를 말할 수 없다.

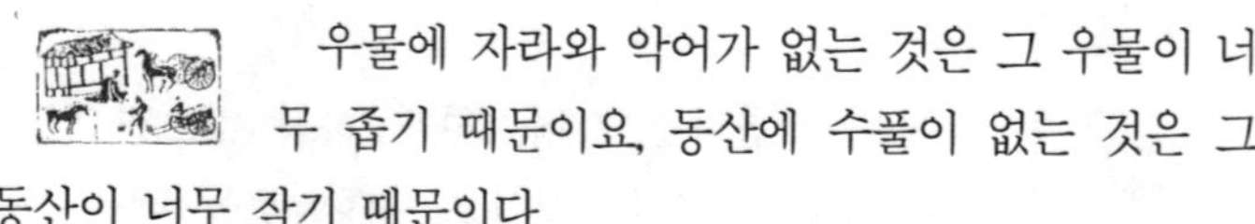 우물에 자라와 악어가 없는 것은 그 우물이 너무 좁기 때문이요, 동산에 수풀이 없는 것은 그 동산이 너무 작기 때문이다.

 작은 충성은 큰 충성의 해가 될 뿐이며, 작은 이익은 큰 이익의 방해만 된다.

 스스로에게 끊자고 하기는 쉽지만, 남에게 끊자고 청하기는 어렵다.

 물이 격랑이 되면 표한스럽고, 화살이 격하면 멀리 나간다. 사람은 명예를 소중히 여기면 그 성망(聲望)을 허무는 법이 없다.

 낮은 선비는 관직을 얻어서 죽고, 높은 선비는 관직을 얻어서 살아난다.

 화와 복이란 땅속에서 나오는 것도 아니요, 하늘로부터 내려오는 것도 아니며, 모두가 자기 스스로 만들어 내는 것이다.

 궁벽한 시골에는 곡학(曲學)도 많다. 조금 말 잘하는 것은 큰 지혜를 해치고, 교언(巧言)은 믿음을 폐하게 하며, 작은 은혜는 대의(大義)를 훼방한다.

· 곡학(曲學): 학문을 곡해(曲解)함.
· 교언(巧言): 잘 꾸며서 듣기 좋게 하는 말.

 곤박(困迫)하지 않음은 일찍 염려하여 헤아리는 데 있고, 궁색하지 않음은 일찍 예견하여 대비하는 데 있다.

· 곤박(困迫): 사세(事勢)가 곤궁하고 옴짝달싹할 수 없이 다급함.

 남이 알지 못하게 하려면 그 일을 하지 않는 것보다 확실한 게 없고, 남이 듣지 못하게 하는 데는 말을 하지 않는 것보다 나은 게 없다.

 하지 말아야 할 말을 하지 않으면 그 환난을 피할 수 있고, 하지 말아야 할 행동을 하지 않으면 그 위험을 피할 수 있다.

또 취하지 않아야 할 것을 취하지 않으면 남의 비방을 피할 수 있고, 다투지 말아야 할 것을 다투지 않으면 그 성토(聲討)를 피할 수 있다.

 명석한 자는 어두운 데에서도 보고, 일이 아직 나타나지 않았을 때 모책을 세운다.

또 총명한 자는 소리가 없을 때에 이미 듣고, 사려가 깊은 자는 아직 드러나지 않았을 때를 경계한다.

 세상이 혼돈스럽고 탁하나 나 홀로 맑고, 모든 사람이 다 취하였으나 나 홀로 깨어 있다.

 괴리(乖離)된 허물들 어디서나 생겨나네. 훼패(毀敗)의 단서가 이로부터 시작되네.
강하(江河)가 크다 하나 개미굴에 의해 터지고, 산이 높다 하나 작은 곳이 허물어지면서 크게 내려앉네!

 음란(淫亂)은 느리게 시작하나, 그 변화는 흥성하여 수(水)·화(火)·금(金)·목(木)이 서로 물려 돌고도네!

 낮으면서 바르게 있는 것은 보탬을 받을 것이요, 높으면서 기대어 있는 것은 무너지고 만다.
화살처럼 곧은 자는 오히려 죽기 쉽지만, 먹줄처럼 곧은 자는 칭찬을 받는다.

 화는 무엇을 얻고자 하는 데에서 생기고, 복은 스스로 그치는 데에서 생겨난다.

 성인은 마음으로 감지하여 귀와 눈을 인도하고, 소인은 귀와 눈으로 익혀 마음으로 전달한다.

 남의 윗자리가 된 자는 총명하지 못할까에 근심을 두고, 남의 아래된 자는 자신이 충성되지 못할까에 근심을 두라.

 사람은 밭에 거름은 줄 줄 알면서 자기 마음에 거름 줄 줄은 모른다. 몸과 행동은 단정히 하여 현재를 온전히 해야 한다.

 도망치는 것을 보면 남아 있는 것을 알고, 서리가 내리면 얼음이 얼 것을 안다.

 광대한 것은 화합을 좋아하는 데 있고, 공경은 어버이를 섬기는 데에 있다.

 때를 잘 순응하면 인(仁)을 쉽게 행할 수 있고, 도를 잘 순응하면 사람을 쉽게 통달시킬 수 있다.

 이익에 매달려 급급하면 환난을 만나기 쉽고,
가볍고 경솔하게 응낙하면 믿음이 줄어들게 된다.

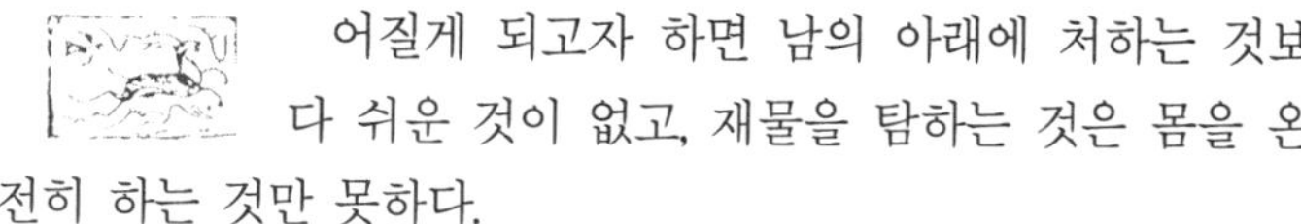 어질게 되고자 하면 남의 아래에 처하는 것보
다 쉬운 것이 없고, 재물을 탐하는 것은 몸을 온
전히 하는 것만 못하다.
　재물은 의를 높이는 것만 못하고, 권세는 덕을 후하게 하는
것만 못하다.

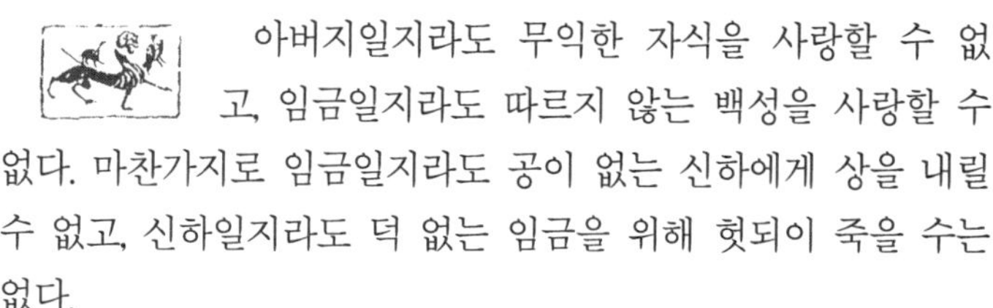 아버지일지라도 무익한 자식을 사랑할 수 없
고, 임금일지라도 따르지 않는 백성을 사랑할 수
없다. 마찬가지로 임금일지라도 공이 없는 신하에게 상을 내릴
수 없고, 신하일지라도 덕 없는 임금을 위해 헛되이 죽을 수는
없다.

 마부가 말을 잘 모는지는 말만큼 잘 아는 게
없고, 임금이 그 나라를 잘 다스리는지는 백성만
큼 잘 아는 이가 없다.

 스스로를 낮추는 것으로써 존귀함을 알고, 스
스로를 굽히는 것으로써 펴는 것을 삼아야 한다.
성인이 이렇게 하므로 해서 하늘로부터 법도(法道)를 받는 것

이다.

 군자는 덕을 행함으로써 자기의 몸을 온전히 하고, 소인은 탐욕을 행함으로써 자기의 몸을 망친다.

 서로 예로써 권면(勸勉)하고 서로 인으로써 강조하면, 그 몸에는 도를 얻고 남으로부터는 칭찬을 얻는다.

 명을 아는 자는 하늘을 원망하지 않고, 자기 자신을 아는 자는 남을 원망하지 않는다.

 사람으로써 사랑이 없으면 인을 행할 수 없고, 사랑을 받으면서도 공교(工巧)함이 없으면 믿음이 없게 된다.

 착한 말을 하되 자신에게 보답이 오기를 바라지 말며, 악한 말을 하되 남에게 그것이 미치지 않게 하라.

 윗사람이 청빈하고 욕심 없이 하면, 아랫사람도 바르고 백성 역시 순박해진다.

 다가올 일은 가히 좇아갈 수 있지만, 지나간 일은 더 이상 어쩔 수 없다.

 사려지심(思慮之心)이 없으면 달성할 수 없고, 서로 대화를 나누지 않으면 즐거움을 맛볼 수 없다.

 선은 거짓으로 한다고 해서 다가오는 것이 아니며, 악은 사양한다고 해서 떠나보낼 수 있는 것이 아니다.

 너무 가까운 시장에서는 물건을 사기가 어렵고, 농토만 있는 곳에는 빈 들이 없으며, 선한 사람은 나그네를 거역하지 못한다.

 인과 의, 그리고 굳센 무력이 없으면 천하를 평정할 수 없다.

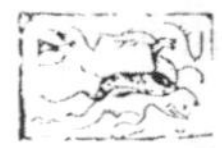 물이 그 근원을 배반하면 냇물이 마르고, 사람이 믿음을 배반하면 이름을 현달시킬 수 없다.

 의(義)로써 환난을 이기면 길하고, 환난이 의를 이기면 멸망한다.

 다섯 성현의 지모(智謀)라도 때를 잘 만남만 같지 못하고, 아무리 뛰어난 달변·지혜·총명·혜안이 있다 하더라도 세상을 잘 만남만 같지 못하다.

 비루한 마음을 가진 자에게는 형세의 편리한 기회가 주어져서는 안 되고, 바탕이 우둔한 자에게는 날카로운 무기가 주어져서는 안 된다.

 쉽게 한 일 실패가 많고, 많이 한 말 실수도 많다.

 갓과 신발은 함께 갈무리하지 않고, 어진 이와 불초한 이는 같은 직위에 앉힐 수 없다.

 관직이 높은 자는 근심도 깊고, 봉록이 많은 자는 책임도 크다.

 덕을 쌓음에는 작다고 아니할 수 없으며, 원망을 쌓음에는 큰 것만이 보복이 있다고 여겨서는 안 된다. 크건작건 반드시 응보가 있으니, 진실로 그것이 덕이냐 원망이냐의 형세에 따를 뿐이다.

 올빼미와 비둘기가 만났다. 비둘기가 물었다.
「그대는 장차 어디로 가려고 하는가?」
이에 올빼미가 「나는 장차 동쪽으로 옮겨가려 한다」라고 하였다.
비둘기가 다시 「무슨 까닭인가?」라고 묻자, 올빼미가 「이 고을 사람들은 누구나 나의 울음소리를 싫어한다. 그래서 동쪽으로 옮겨가려는 것이다」라고 하였다.
그러자 비둘기가 이렇게 말하였다.
「그대는 능히 그 울음소리를 바꿀 일이다. 그 울음소리를 바꾸지 않고는 동쪽으로 옮겨간 그대의 울음소리 또한 듣기 싫기는 마찬가지일 것이다.」

성인의 옷 입음은 그 몸체에 맞추어 편안하게 할 뿐이며, 그의 음식은 배를 편안히 할 뿐이다. 적합한 옷과 적당한 식사는 입과 눈의 요구를 들어 주는 것이 아니다.

 증자(曾子)가 이렇게 말하였다.
「매나 독수리는 산도 낮다고 여겨 더 높은 나무 꼭대기에 둥지를 틀고, 큰 자라와 악어·물고기와 작은 자라 등은 깊은 못도 얕다고 여겨 그 밑바닥을 뚫고 굴을 만든다. 그러나 이런 것들을 끝내 잡아낼 수 있는 것은 바로 미끼이다. 따라서 군자가 이록(利祿)에 눈이 어둡지 않아야 그 몸을 망치지 않는다.」

 증자(曾子)가 이렇게 말하였다.
「친압(親狎)이 지나치면 서로 간(簡)해지고, 엄숙이 지나치면 친할 수가 없다. 그러므로 군자의 친압은 서로 즐거움을 교환하는 것으로 족하고, 군자의 엄숙은 예를 이루는 정도로 족해야 한다.」

·친압(親狎): 버릇 없이 너무 지나치게 친함.
·간(簡): 예절을 간략히 하여 허투루 대함.

 증자(曾子)가 이렇게 말하였다.
「어느 한 나라에 들어갔을 때, 그곳 여러 신하들로부터 말의 믿음을 얻으면 머물러도 된다. 또 군신들로부터 충성된 행동을 인정받으면 벼슬하는 것도 가하며, 백성에게 은

택을 내리면 편안히 여겨도 좋다.」

입은 관문(關門)이며, 혀는 기계이다. 부당한 말을 내뱉고 나면 네 필 말이 끄는 속도로도 뒤쫓을 수 없다.

입은 관문이며, 혀는 무기이다. 부당한 말을 내뱉고 나면 도리어 자기 자신을 해친다. 말이 이미 자기 입에서 나간 후이면 다른 사람에게서 그치게 할 수 없고, 가까운 입에서 나왔지만 그 먼 곳에서도 그치게 할 수 없다.

무릇 언어와 행동은 군자의 추기(樞機)이다. 추기를 어떻게 발휘하느냐 하는 것이 영욕(榮辱)의 근본이다. 그러니 어찌 조심하지 않을 수 있으랴!

그 때문에 괴자우(蒯子羽)는 이렇게 말하였다.

「말은 활쏘기와 같다. 화살이 시위를 떠난 후이면, 비록 잘못 쏘았다고 후회해도 따라잡을 수가 없다.」

《시경(詩經)》에 『백규(白圭)의 흠은 갈아서 없앨 수 있지만, 이 말의 실수는 어쩔 수 없도다』라고 하였다.

· 추기(樞機): 중추가 되는 기틀. 쇠뇌의 발사장치.
· 백규(白圭): 희고 맑은 옥(玉).

나비 애벌레는 누에처럼 생겼고, 두렁허리는 뱀처럼 생겼다. 누구든 뱀이나 나비 애벌레를 보면 섬뜩하게 여기지 않는 이가 없다. 그러나 여자들은 누에를

치고, 어부들은 두렁허리를 잡으면서도 싫어하지 않는 것은 무
엇 때문인가? 바로 돈을 벌기 때문이다.

또 고기를 잡는 자는 물에 젖고, 사냥하는 자는 열심히 뛰어
야 한다. 이는 즐거워서 하는 일이 아니라 일의 방법이 그렇기
때문이다.

 높은 곳에 오르면 사람들은 멀리 바라보고 싶
어하고, 깊은 연못에 임하면 그 물속을 들여다보
고 싶어한다. 왜 그런가? 이는 그 처한 곳이 그렇기 때문이다.

또 말을 모는 자는 공손하게 하고, 활을 쏘는 자는 단정하게
한다. 어째서 그런가? 이는 그런 모양이 마땅하기 때문이다.

 사람이 죽는 원인은 다섯 가지가 있는데, 그 중
세 가지는 성인이 제거해 줄 수 있지만 두 가지
는 성인도 어쩌지 못한다.

즉 기갈(飢渴)로 죽는 것, 동한(凍寒)으로 죽는 것, 다섯 종류
의 병기(五兵)에 걸려서 죽는 것은 모두 제거할 수 있다. 그러
나 수명이 다하여 죽는 것, 옹저(癰疽) 같은 불치병으로 죽는
것은 없앨 수 없다.

기갈로 죽는 것은 먹지 못해 배가 차지 않았기 때문이요, 동
한으로 죽는 것은 밖〔외부〕이 가운데를 이기기 때문이며, 다섯
가지 병기에 걸려드는 것은 덕이 충실하지 못하기 때문이다.
그러나 수명이 다하여 죽는 것은 세수(歲數)가 끝났기 때문이
고, 옹저 같은 불치병에 걸리는 것은 혈기(血氣)가 다하여 생기

는 것이다.

그러므로 밖으로 음사가 나타나는 경우는 주로 원망과 남을 탓하는 데에서 비롯되어, 이처럼 원망과 탓이 많은 사람은 질병이 발생하게 된다.

따라서 청정무위(淸淨無爲)하여야 혈기가 평온을 얻게 된다.

· 오병(五兵): 다섯 가지 병기·흉기·무기. 그러나 여기서는 전쟁을 만나 수를 누리지 못하고 죽음을 말한다.
· 옹저(癰疽): 창병(瘡病)의 일종. 암과 같은 불치병.

1백 가지 행동의 근본은 한 마디 말로부터 시작된다. 말이 맞으면 적도 물리칠 수 있고, 말이 맞으면 나라도 지켜낼 수가 있다.

메아리는 소리 없이 스스로 날 수 없고, 그림자는 굽은 본체를 곧게 할 수 없다.

만물은 반드시 그 닮은 것을 따르는 법이니, 이 때문에 군자는 자기 입에서 나오는 말을 조심하는 것이다.

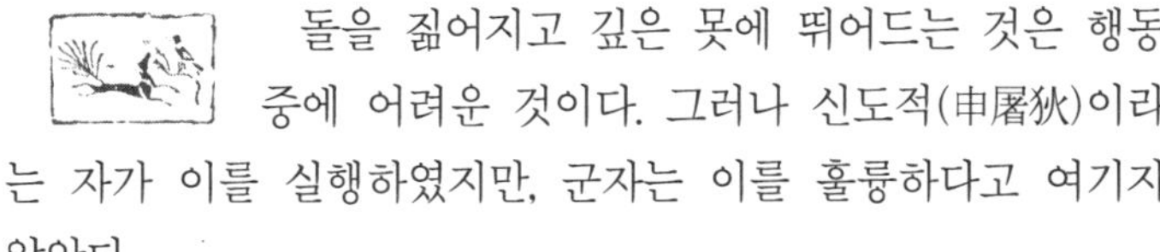

돌을 짊어지고 깊은 못에 뛰어드는 것은 행동 중에 어려운 것이다. 그러나 신도적(申屠狄)이라는 자가 이를 실행하였지만, 군자는 이를 훌륭하다고 여기지 않았다.

도척(盜跖)은 흉악하고 탐욕스러워 그 이름이 해와 달같이 모르는 사람이 없다. 그 이름 또한 순(舜)·우(禹)와 같이 세상에 전하면서 사라지지 않는다. 그렇다고 군자가 그 이름을 귀히 여기지는 않는다.

군자에게는 다섯 가지 수치가 있다. 아침에 조회에 나가 앉지도 않고 평상시에는 나라를 위한 의견도 내놓지 못하는 것, 자리만 차지하고 있으면서 그에 걸맞는 시정 방침을 내놓지 못하는 것, 말만 있고 실행은 없는 것, 이미 얻어 놓은 것을 다시 잃는 것, 땅에 여유가 있음에도 백성에게는 부족하게 하는 것, 이것이 군자가 수치스럽게 여기는 것이다.

군자는 비록 궁하여도 망국지세(亡國之勢)에 처하지 않으며, 비록 가난하여도 난군지록(亂君之祿)은 받지 않는다. 난세에 높임을 받고 폭군에 동조하는 것을 군자는 수치로 여기기 때문이다.

보통 사람은 자신의 형세가 무너지는 것을 수치로 여기고, 군자는 의가 허물어지는 것을 욕(辱)으로 여긴다. 보통 사람은 이(利)를 중히 여기고, 청렴한 선비는 명예를 중히 여긴다.

명철한 임금의 제도는 상을 중히 여기고, 벌은 가볍게 시행한다. 또 음식을 배급할 때는 그 양을 장년(壯年)에 맞추고, 사람을 섬길 때는 노인을 표준으로 한다.

 군자의 말은 적으나 실속이 있고, 소인의 말은 많으나 속이 비어 있다.

 군자의 학문은 귀로 들어와서 마음에 저장하고 몸으로써 이를 실천한다.

 군자의 다스림은 처음에는 별로 볼 만한 것이 아닌 것으로부터 시작하여, 끝에는 더 이상 따를 수 없는 데에서 그친다.

 군자는 복이 고루 미치지 못하면 어쩌나 걱정하고, 화는 1백 가지 중 하나라도 미치면 어쩌나 하고 염려한다.

 군자는 사람을 택하여 취하되 사람을 택하여 일을 주지는 않는다.

 군자는 충실할수록 빈 듯이 하고, 가졌으면 없는 듯이 한다.

 군자가 대비함이 있으면 아무 일이 없다.

 군자는 그 먹는 것을 부끄럽게 여기지 않으나, 욕된 것으로써 먹을 것을 얻지는 않는다.

 군자는 그 뜻을 얻는 것을 즐거워하고, 소인은 그 일을 얻는 것을 즐거워한다.

 군자는 자신이 좋아하지 않는 바를 좋아하는 바에 영향이 미치게 하지 않는다.

군자는 종신토록 해야 할 근심거리는 있으나 하루 아침에 겪어야 할 환난은 없다. 도를 따라 실천하고 이치에 따라 말을 하여 기쁠 때에 가벼이 굴지 않고, 화났을 때 남을 책난하지 않기 때문이다.

군자의 과실은 일식(日蝕)·월식(月蝕)과 같이 사소하다. 그 밝음에 무슨 큰 손실이 있겠는가? 소인이 비록 훌륭한 일을 하고자 하나, 이는 개가 도둑을 보고 짖는 것이나 살쾡이가 밤에도 눈이 잘 보이는 것과 같다.

그것이 무어 그리 선(善)에 도움이 되겠는가?

 무릇 지혜로운 자는 망령되이 행동하지 않으며, 참 용기를 가진 자는 마구 사람을 죽이지 않는다.

 군자는 모든 일을 의(義)에 비유하여 기준을 삼고, 농부는 모든 것을 곡식에 비유하여 기준을 삼는다.

 임금을 섬기면서 자신의 진언(進言)이 받아들여지지 않으면 그 작위를 사양하고, 그 의를 실천할 수 없으면 녹(祿)을 내놓아야 한다.

 사람들은 모두 가질 것은 가져야 한다는 것은 알면서, 주는 것이 곧 취하는 것이라는 바는 알지 못한다.

 정벌은 적을 부르고, 행동은 수치를 자초할 때가 있다. 하지 않았는데 스스로 찾아오는 일이란 천하에 아무것도 없다.

사나운 짐승이나 여우가 의심을 품고 머뭇거리는 것은 작은 벌이나 전갈이 독침을 쓰는 행동을 실천하는 것만 못하고, 높은 의론을 가졌으면서도 실행에 옮겨지지 않는 것은 낮은 의견이지만 공을 세우는 것만 못하다.

진(秦)나라는 같은 성씨를 분봉(分封)하여 임금 노릇을 하였지만, 쇠퇴하였을 때는 그 동성(同姓)을 바꾸지 않았기 때문에 몸도 죽고 나라도 망쳤다. 그러므로 임금된 자가 천하를 다스림은 법을 어떻게 운용하느냐에 달려 있지 동성을 믿는 데에 달려 있는 것이 아니다.

높은 산 꼭대기에 큰 나무가 없는 것은 많은 양기에 손상을 입기 때문이며, 큰 나무 아래에 좋은 풀이 자라지 못하는 것은 많은 음기에 손상을 입기 때문이다.

종자기(鍾子期)가 죽자 백아(伯牙)가 줄을 끊고 거문고를 부수었으니, 이는 세상에 거문고를 연주해 들려 줄 상대가 없음을 알았기 때문이다.

또 혜시(惠施)가 죽자 장자(莊子)는 깊은 명상에 잠겨 아무 말도 아니하였으니, 이는 세상에 더불어 말할 만한 상대가 없다고 여겼기 때문이다.

　　　　　　수신(修身)은 지혜의 창고이며, 애시(愛施)는 인(仁)의 실마리이다. 취하고 주는 것은 의(義)의 부절(符節)이며, 치욕이란 용감한가의 여부를 결정하는 단서이고, 이름을 세운다고 하는 것은 행동의 최고점이다.

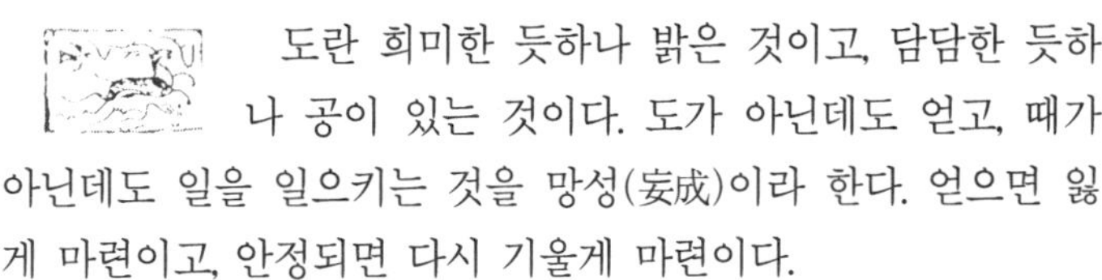　　　　　　어진 이를 추천하면 최고의 상을 받아야 하고, 어진 이를 가로막으면 가장 큰 벌을 받아야 하는 것이 옛부터 내려오는 통의(通義)이다.

또 조정에서는 작위를 내리는 일을 하고, 시정에서는 기시(棄示)된 자를 두고 의론하는 것이 옛부터 내려오는 통법(通法)이다.

　　　　　　도란 희미한 듯하나 밝은 것이고, 담담한 듯하나 공이 있는 것이다. 도가 아닌데도 얻고, 때가 아닌데도 일을 일으키는 것을 망성(妄成)이라 한다. 얻으면 잃게 마련이고, 안정되면 다시 기울게 마련이다.

　　　　　　복이란 화의 문이며, 옳다는 것은 그르다는 것의 인도자(引導者)이고, 치(治)라고 하는 것은 난(亂)의 선도자(先導者)이다. 일의 처음과 나중이 잘 정제(整齊)되어 있지 못한데도 환난이 미치지 않는 경우란 이제껏 듣지 못하였다.

가지는 그 뿌리를 잊을 수 없고, 덕을 입었을 때는 그 보답을 잊어서는 안 되며, 이로움을 보면 반드시 자신을 해칠 것이 아닌가를 염려하여야 한다.

그러므로 군자는 이 세 가지를 정신에 머물게 하고 마음에 깃들게 하여야, 그 길상(吉祥)이 후손에게까지 미치게 된다.

높은 것 두 가지는 함께 중시될 수 없고, 두 가지 다 큰 것은 한 곳에 용납될 수 없다. 또 두 가지 세력은 한 자리에 있을 수 없다. 두 가지 귀한 것은 한 쌍으로 존재할 수 없다.

무릇 같은 쌍이 함께 받아들여지면 반드시 그 공을 다투게 되어 있다.

따라서 군자는 기욕(嗜欲)을 절제하여 각각 그 족함을 지켜내기 때문에 능히 장구(長久)할 수 있는 것이다.

무릇 욕심을 절제하고 간언(諫言)을 받아들이며, 어진 이를 공경하여 경만(輕慢)하지 말며, 어진 이로 하여금 마음껏 능력을 발휘하게 하되 어진 이를 천하게 대하지 말아야 한다.

임금된 자가 이 세 가지를 능히 실천하면 그 나라는 반드시 강대해지고, 그 백성들도 흩어지지 않을 것이다.

침묵하는 자는 말에 실수가 없고, 간곡히 생각하는 자는 일을 그르치지 않는다.

목마(木馬)는 뛸 수 없지만 먹을 것을 소비하지 않는다. 그러나 기기(騏驥) 같은 천리마가 하루에 1천 리를 달리면서는 그

등에 채찍이 떠나지 않는다.

 한 촌(寸) 단위로 재면 한 장(丈)의 길이쯤에 이르러 차이가 있게 마련이며, 미세한 저울로 달다 보면 한 섬쯤 되면 반드시 착오가 있게 마련이다.

이를 한 섬 단위나 한 장 단위로 계산하면 빠르고도 과실이 적을 것이다. 실을 한 올씩 세거나 쌀을 낱알로 세면 번거롭기도 하고 정확하지도 않을 것이다. 따라서 크게 비교하면 쉽게 지혜를 얻을 수 있으나, 작은 문제를 말로만 곡변(曲辯)하면 지혜를 얻기 어렵다.

 배를 삼킬 정도의 큰 물고기라도 제멋대로 하다가 물을 잃으면 땅강아지와 개미에게조차도 제어를 당한다. 이는 그 자리를 떠났기 때문이다. 마찬가지로 원숭이도 나무를 잃으면 여우나 담비 같은 작은 짐승에게도 잡히고 만다. 이는 그 장소가 잘못되었기 때문이다.

따라서 하늘을 오르는 뱀은 안개를 타야 오를 수 있고, 하늘에 오르는 용은 구름을 타야 오를 수 있으며, 원숭이는 나무를 타야 재주를 부릴 수 있고, 물고기는 물을 만나야 힘차게 헤엄친다. 이는 모두 자신의 자리를 얻었기 때문이다.

 군자는 널리 배우고 나서는 이를 익히지 못할까 걱정하며, 익히고 나서는 이를 실행에 옮기지

못할까 염려하며, 이를 실행한 후에는 남에게 양보하지 못할까
걱정한다.

군자는 배우는 것을 부끄러워하지 않으며, 문는 것도 부끄러워하지 않는다. 남에게 묻는 것은
지식의 근본이며, 생각하고 헤아리는 것은 앎의 도(道)이다.

이 말은 남이 아는 것을 통해서 자기의 앎도 더하여지는 것
을 귀하게 여긴다는 뜻이며, 자기 홀로 아는 것을 이용해서 지
식을 얻는 것은 그렇게 귀하지 않다는 뜻이다.

천지(天地)의 도란 극에 달하면 돌아서게 되어 있고, 가득 차면 덜게 되어 있다. 오채(五彩)는
눈을 현란하게 하나 그 빛이 사라질 때가 있고, 무성한 나무와
풍성한 풀도 조락할 때가 있다. 만물은 성쇠(盛衰)가 있으니,
어찌 한결같기만 할 수 있으리요!

백성이 고통을 당하면 인이 실행되지 못하고, 노고를 당하면 속임수가 생겨나고, 안정되고 평
안하면 가르침이 행해지고, 위험에 빠지면 꾀만 늘어나게 된다.

또 극성하면 돌아서게 되고 가득 차면 덜게 되나니, 그 때문
에 군자는 가득 차거나 극한에 이르는 일을 하지 않는다.

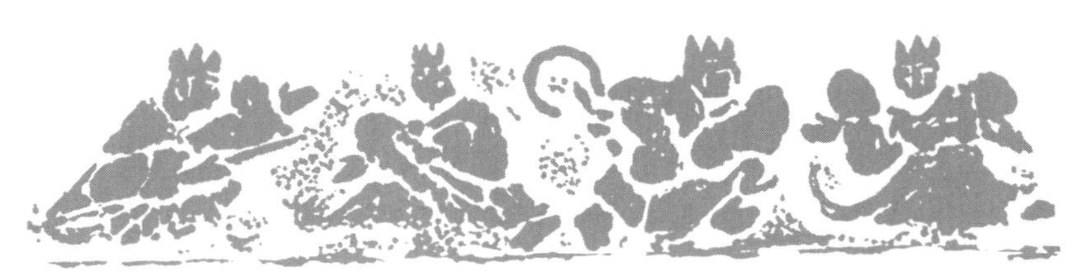

동문선

현인군자(賢人君子)라고 하는 이는 성쇠(盛衰)의 시기에 통달하고, 성패(成敗)의 단서에 명확하며, 치란(治亂)의 기강(紀綱)에 대한 명찰(明察)이 있고, 인지상정(人之常情)에 깊은 살핌이 있어, 그 거취할 바에 대하여 알고 있어야 한다.

그래서 비록 궁하더라도 나라가 망해 가는 형세에는 처하지 않으며, 아무리 가난해도 더러운 임금의 녹은 받지 않는 것이다. 이는 바로 태공(太公)이 나이 일흔이 되도록 스스로 겉으로 드러나지 않았고, 손숙오(孫叔敖)가 세 차례나 재상 자리에서 쫓겨나고도 후회하지 않은 까닭이기도 하다.

어찌 그럴 수 있는가. 자기가 바라던 사람이 아니라고 하였을 때는 억지로 합하려 들지 않았기 때문일 뿐이다.

태공이 한 번 주(周)나라에 합해지자 7백 년의 후(侯)를 그 후손이 이었고, 손숙오가 한 번 초나라에 등용되자 십세(十世) 동안 그 봉토를 후손이 이었다.

그러나 대부 문종(文種)은 망해 가는 월(越)나라를 일으켜 패자를 만들어 주었건만 월나라 임금 구천(勾踐) 앞에서 죽음을 당해야 하였고, 이사(李斯)는 진(秦)나라에 큰 공을 쌓았건만 마침내 오형(五刑)을 당하고 말았다.

태공(太公)과 손숙오(孫叔敖), 문종(文種)과 이사(李斯)의 경우는 다같이 진충우군(盡忠憂君)하고 위신안국(危身安國)한 공로는 하나로되, 혹자는 봉후(封侯)가 그 후손에게까지 끊이지 않고, 또 혹자는 당대에 죽음을 당하고 사형을 당하니, 이는 바로 그들이 사모하였던 것이 달랐기 때문이다.

그래서 기자(箕子)는 나라를 버리고 거짓 미친 체하였으며,

범여(范蠡)는 월나라를 버리고 이름조차 바꾸었고, 지과(智過)는 임금의 아우 자리를 버리고 자신의 성(姓)까지 고쳐 버렸다. 이들은 모두가 먼 앞날과 미세한 기미(機微)를 볼 줄 알았고, 능히 부귀나 권세를 버림으로써 화(禍)의 싹을 미리 피할 수 있었던 사람들이다. 어진 사람은 이처럼 부(富)와 권세를 버릴 수 있으므로 화(禍)가 생겨나는 싹을 피할 수 있는 것이다.

무릇 난폭한 임금을 만나면, 누가 능히 그 묶인 몸으로 함께 환난을 치러야 할 운명에서 벗어날 수 있으리요?

그러므로 어진 이는 죽음을 두려워하는 것이 아니라 그 해를 피할 뿐이다. 목숨을 바쳤는데도 나라에 이익이 없다면, 이는 임금의 포악함을 밝히는 행동일 뿐이다.

왕자 비간(比干)은 주왕(紂王)에게 죽음을 당하였으나 그 임금의 행동을 바로잡지 못하였고, 오자서(伍子胥)는 오나라 임금에게 죽음을 당하였으나 그 오나라의 망함을 막아 주지 못하였으니, 이 두 사람은 강직하게 간언하다가 죽음만 당해 결국 임금의 포악함을 세상에 널리 알리기에만 족하였을 뿐으로, 처음 시작에 그 임금의 과실이 털끝만큼 작았을 때 그것을 막아 주는 데는 아무런 이익이 되지 못하였다.

따라서 어진 이라면 자기 지혜를 감추고 자기 능력을 숨겨, 자신에게 맞는 상대를 기다린 연후에야 그와 합하는 것이다.

그러므로 말을 해도 들어 주지 않는 것이 없고 행동에는 의심받을 일이 없으며, 임금과 신하가 함께 참여하도록 하여야 종신토록 환난을 만나지 않게 된다.

그러나 지금은 그 때가 아닌데도 나서고, 그 사람이 아닌데도 합하여 곧바로 자기 뜻으로 해도 어쩌지 못하면서, 게다가 세상의 어지러움을 고민하고 임금의 위험을 근심하며, 값으로 따질 수 없는 귀한 몸을 가지고 꽉 막힌 길을 가려 하고, 참훼하는 사람들 앞을 경과하여 도량도 없는 임금을 만나 헤아릴 수도 없는 죄를 범하면서 천성(天性)을 손상시키고 있다면, 이 어찌 미혹(迷惑)한 일이 아니겠는가?

문신후(文信侯) 여불위(呂不韋)와 이사(李斯)를 천하 사람들은 모두 어질다고 한다.

나라를 위해 계책을 세우고 미세한 것과 감추어진 것을 드러내어 밝혔으니 정책에 과실이 없었다고 말할 수 있고, 전쟁에 이겨 공을 얻었으니 그에게 대적할 상대가 없다고 할 수도 있다.

그러나 공이 지극히 크고 권세와 이익이 지극하면서도, 어진 이를 등용하지 않고 참훼하는 자를 들어 쓰는 오류를 범하였다. 스스로도 불초한 이를 써서는 안 된다는 걸 알면서도 어진 척 이를 배제하지 않았던 것이요, 또한 적을 제압하여 공을 세우고 터럭만큼의 위험도 놓치지 않고 잡아내어 환난과 피해를 제거할 줄 알면서도 큰 언덕을 볼 줄 몰랐으니, 이는 바로 자기의 욕망을 쌓는 데 급급한 나머지 자기가 가장 싫어하는 곳으로 빠져드는 것을 몰랐던 까닭이다.

이것이 어찌 권세와 이익을 위한 미혹 때문이 아니리요!

《시경(詩經)》에 『사람은 하나만 알고 둘은 모른다』라고 하였으니, 바로 이를 두고 한 말이다.

• 오형(五刑): 고대 중국의 다섯 가지 형벌. 이마나 팔뚝에 글자를 새기던 묵형(墨刑), 코를 베던 의형(劓刑), 발뒤꿈치를 베던 월형(刖刑), 생식기를 거세하던 궁형(宮刑), 목숨을 빼앗던 대벽(大辟)을 말한다.

자석(子石)이 오산(吳山)에 올라 사방을 바라보며 위연히 탄식하였다.

「아, 슬프다! 세상에는 사정에 밝으면서도 남의 마음에 투합하지 못하는 경우가 있고, 남에게 잘 투합되지만 사정에 밝지 못한 경우가 있도다.」

이 말에 제자들이 물었다.

「무슨 뜻입니까?」

이에 자석은 이렇게 설명하였다.

「옛날 오(吳)나라 임금 부차(夫差)는 오자서(伍子胥)의 진충극간(盡忠極諫)을 듣지 않고 오히려 그를 죽여서 눈알을 빼는 허물을 입혔고, 태재(太宰) 비(嚭)와 공손락(公孫雒)은 부차에게 투합하여 그의 욕망을 부추겨 오(吳)나라를 괴패(懷敗)시켰으나, 월(越)나라 임금으로 하여금 오나라를 치게 하여 결국 멸망의 길로 인도하였다. 그뿐 아니라 두 사람 모두 강호(江湖)에 던져져 죽거나, 그 머리가 월나라 기에 매달려 효수당하였다.

또 옛날 비중(費仲)과 악래(惡來)·교혁(膠革)은 긴 코와 큰 귀로 주왕(紂王)에게 빌붙었고, 숭후(崇侯) 호(虎)는 주왕의 마음을 따라 그에게 투합되고자 노력하였다. 그러나 무왕(武王)이 주왕을 벌하자, 이 네 사람은 목야(牧野)에서 죽음을 당해 머리와 다리가 따로이 분리되고 말았다. 그런가 하면 왕자 비간(比干)은 충성을 다하였으나 그 심장을 해부당하였다.

지금 사정을 밝히려고 하다가는 눈이 후벼 패이고 심장이 해부당하는 화가 미칠까 두렵고, 남의 마음에 투합하고자 했다가는 머리와 다리가 따로 떨어지는 환난을 당할까 두렵다.

이로 말미암아 보건대, 군자의 길이란 좁기만 하다. 특히 현명한 군주를 만나지 못하였을 때는, 그 좁은 길 중에 위험이

길을 막고 있어 더 이상 빠져 나갈 구멍조차 없게 된다.」

 기사자(祁射子)가 진(秦)나라의 혜왕(惠王)을 만나자, 혜왕이 아주 기뻐하였다. 그러나 당고(唐姑)가 그의 험담을 늘어 놓자, 그뒤 기사자를 다시 만나서는 노기를 품은 채 그를 대접하는 것이었다. 이는 기사자의 유세가 달라진 것이 아니라, 혜왕이 들었던 말이 바뀌었기 때문이다.

그러므로 치음(徵音)을 우음(羽音)으로 여기는 것은 그 현(絃)의 죄가 아니며, 단것을 쓰다고 여기는 것도 그 맛의 잘못이 아니다.

미자하(彌子瑕)가 위(衛)나라 임금의 총애를 받고 있을 때였다. 당시 위나라의 법은 임금의 수레를 훔쳐 타면 발꿈치를 잘리는 형벌을 받게 되어 있었다. 그런데 미자하의 어머니가 급한 병에 걸렸다는 소식을 어떤 이가 듣고서 밤에 그에게로 가서 알리자, 미자하가 다급한 나머지 임금의 수레를 타고 그 어머니에게로 달려갔다. 임금이 이 소식을 듣고서 미자하를 어질게 여겨 이렇게 칭찬하였다.

「효자로다. 그 어머니를 위하여 월형(刖刑)의 죄도 두려워하지 않고 달려갈 정도이니…!」

또 한편 임금이 동쪽 과수원에 놀이를 갔을 때였다. 미자하가 복숭아를 먹다가 그 맛이 매우 달자 다 먹지 아니하고 그 먹던 것을 임금에게 주었다. 임금이 이번에도 그를 칭찬하여 이렇게 말하였다.

「나를 이렇게 사랑하여 그 먹고 싶은 맛을 잊어야 할 정도로다!」

그러나 미자하의 그 곱던 얼굴도 추해지고, 결국 사랑도 해이해져서 그만 임금에게 죄를 짓고 말았다. 그때 임금은 옛일을 떠올리며 이렇게 뒤집어씌웠다.

「그래, 그놈은 사실 내 수레를 거짓으로 속여 훔쳐 탔던 거야. 또 제가 먹다 남긴 더러운 복숭아를 내게 먹였어.」

그렇다. 미자하의 행동은 처음과 변함이 없건만 과거에는 어질다 칭찬받았다가 나중에 죄를 얻고 만 것은, 애증의 변화에서 생겨난 일이다.

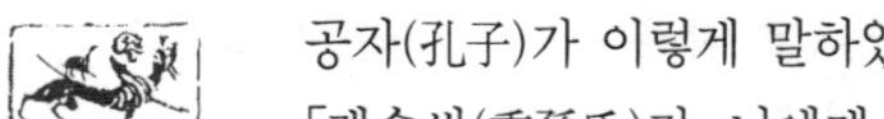 순(舜)임금이 한갓 농사를 짓고 있을 때에는, 그 이웃 사람에게조차 아무런 이득을 줄 수 없었다. 그러나 그가 천자(天子)가 되자, 천하가 모두 그의 은덕을 입게 되었다.

따라서 군자는 궁할 때는 스스로 자신을 잘 수양하고, 현달하면 천하에 도움이 되는 것이다.

공자(孔子)가 이렇게 말하였다.

「계손씨(季孫氏)가 나에게 천종(千鍾)의 많은 봉록을 내린 이후로 친구들이 더욱 몰려왔고, 남궁경숙(南宮敬叔)이 나에게 수레를 마련해 준 이후로 나의 도가 더욱 실행되고 있다.

그러므로 도란 때를 만난 이후라야 소중함을 얻게 되고, 세력을 만난 이후라야 실행되는 것이다. 두 사람이 내려 주지 않았더라면 나의 도가 하마터면 폐기될 뻔하였다.」

 태공(太公)이 농사를 지을 때에는 그 종자조차 갚을 길이 없었고, 고기를 잡을 때에는 그 그물 값조차 갚을 길이 없었다. 그러나 천하를 다스릴 때에는 그 지혜가 남아돌 정도였다. 또한 문공(文公)은 쌀을 뿌리어 심었고, 증자(曾子)는 양(羊)을 탔다. 손숙오(孫叔敖)는 초(楚)나라 재상이 되어 3년이 지나도록 액(軛)이라는 것이 수레의 채끝에 댄 횡목인 줄도 몰랐다.

이처럼 큰일에 매달린 사람은 작은 일을 잊는 법이다.

지백(智伯)은 주방장이 죽순을 넣지 않고 요리한 것까지 알 정도로 세심하였지만, 한(韓)·위(魏)가 자신을 배반하는 큰일은 알지 못하였다. 또 한단자양(邯鄲子陽)이라는 사람은 과수원지기가 복숭아를 잃은 것은 알면서 자신이 망하는 것은 알지 못하였다.

이처럼 작은 것에 힘쓰는 자는 큰 것을 잊게 되는 법이다.

순우곤(淳于髡)이 맹자(孟子)에게 물었다.

「명실(名實)을 우선으로 여기는 것은 남을 위하는 일이요, 명실을 뒤로 하는 것은 자신을 위하는 일입니다. 선생께서는 삼경(三卿) 중에 계시면서 명실이 상하에 보탬이 되지 아니한 채로 떠나시니, 어진 이도 진실로 이와 같이 하십니까?」

이에 맹자가 이렇게 설명하였다.

「낮은 지위에 있으면서도 자기의 어짊으로 불초한 자를 섬기지는 못하겠다고 나선 자는 백이(伯夷)요, 다섯 번은 탕(湯)임금 같은 성인에게 다섯 번은 걸왕(桀王) 같은 폭군에게 나아간 자는 이윤(伊尹)입니다. 또 더러운 임금이라고 싫어하지도 않고, 작은 관직이라고 사양하지도 않은 자는 유하혜(柳下惠)입니다.

이 세 사람은 그 도(道)는 같지 않지만, 그 취향하는 바는 하나입니다. 취향하는 바가 하나라는 뜻은 무엇입니까? 바로 인(仁)이라는 것입니다. 군자라면 역시 한 가지 인(仁)이면 되었지, 그 길도 같아야 할 필요가 있겠습니까?」

그러자 순우곤이 다시 반박하였다.

「노(魯)나라 목공(穆公) 때에 공의자(公儀子)가 정치를 맡고, 자사(子思)와 자경(子庚)이 그 신하로 있었건만 노나라는 갈수록 삭약(削弱)해 갔습니다. 이런 일로 보면 현자(賢者)란 나라에 아무런 이익이 되지 않는 것 같습니다.」

그러나 맹자는 다시 이렇게 말하였다.

「우(虞)나라는 백리해(百里奚)를 등용치 않아서 망하였지만, 진(秦)나라 목공(穆公)은 그 백리해를 등용하여 패자가 되었습니다. 그러므로 어진 이를 쓰지 않으면 망하고 마는데 깎여서 약해지는 일이 어찌 있겠습니까?」

이에 순우곤이 다시 나섰다.

「옛날 왕표(王豹)가 기수(淇水)가에 살게 되자 그 근처 하서(河西) 사람들이 그의 영향으로 노래를 잘 불렀고, 면구(綿駒)가 고당(高唐)에 살게 되자 제(齊)나라 오른쪽 지역 사람들이 역시 노래를 잘하였으며, 화주(華舟)와 기량(杞梁)의 아내가 그 남편의 죽음을 슬퍼하여 울자 나라의 풍속이 변하고 말았습니다.

이처럼 안에 무엇인가를 가지고 있으면, 반드시 그것이 밖으로 어떤 형태를 보이게 마련입니다.

그런데 무슨 일인가를 했다면서 그 공적은 없다고 하는 경우를 저는 아직 본 적이 없습니다. 이렇게 보면 현자(賢者)가 없는 것이지요. 어진 이가 있다면 저는 반드시 식별해 낼 수 있습니다.」

맹자가 다시 말을 받았다.

「공자(孔子)께서는 노나라 사구(司寇)가 되었으나 충분한 대접을 받지 못하셨습니다. 제사에 참여하고도 그에게 번육(膰肉)이 돌아오지 않았습니다. 그러자 공자께서는 면관(冕冠)을 벗을 시간도 없이 떠나 버리신 것입니다. 옳지 못한 생각을 가진 자들은 공자의 이런 행동을 보고 고기 몇 점 때문에 그런 것이라고 하였지요.

그러나 이를 잘 아는 자들은 공자께서 예(禮)라는 명분 때문에 그런 것이라고 여겼습니다. 이는 공자께서 작은 죄과(罪過)이지만 떠나야 한다고 여긴 것이며, 구차스러운 일로 떠나고자 한 것이 아닙니다.

그러므로 군자의 하는 바를 보통 사람들은 진실로 알아내지 못하는 것입니다.」

· 삼경(三卿): 고대의 중요한 직책. 즉 사도(司徒)·사마(司馬)·사공(司空), 혹은 가재(家宰)·종백(宗伯)·사구(司寇)라고도 한다.
· 번육(膰肉): 교제(郊祭)에 쓰였던 구운 고기. 제사(祭祀) 후 대부(大夫)들에게 나누어 준다.

　　　　　양(梁)나라 재상이 죽자, 혜시(惠施)가 양나라
　　　　　로 가려고 하수(河水)를 건너다가 너무 급히 굴
어 그만 물에 빠지고 말았다. 노젓던 자가 그를 구해 놓고 물
었다.

「그대는 어디를 가려다 이런 일을 당하였소?」

이에 혜시가 이렇게 대답하였다.

「양나라에 지금 재상 자리가 비어 있소. 내가 가서 재상이
되려 하오!」

그러자 뱃사공이 이렇게 비꼬았다.

「그대는 이 배의 좁은 공간도 제어하지 못해 물에 빠졌소.
내가 없었더라면 죽고 말았을 거요. 무슨 능력으로 양나라의
재상이 된단 말이오?」

그러자 혜시가 이렇게 말하였다.

「그대의 말처럼 이 작은 배 안에서의 일은 내가 그대만 못하
오. 그러나 나라를 편안히 하고 사직을 온전히 하는 일에 있어
서는, 그대는 나에 비하면 어둡고 몽매하기가 마치 아무것도
보이지 않는 개와 같소!」

　　서려과(西閭過)가 동쪽으로 하수(河水)를 건너
　　　　　다가 그만 물 가운데에서 빠져 버렸다. 뱃사공이
다가가 그를 건져내며 물었다.

「지금 그대는 어디로 가려는 길이오?」

「나는 지금 동쪽의 제후와 임금 들에게 유세를 하러 가는 길
이오!」

뱃사공은 이 말에 입을 가리고 웃으면서 이렇게 말하였다.

「그대는 물 가운데에서 빠져 스스로 헤엄쳐 나오지도 못하면서, 어찌 능히 제후들에게 유세를 할 수 있다는 말이오?」

그러자 서려과가 이렇게 말하였다.

「그대의 능한 바로써 서로에게 상처를 주는 일은 없도록 하시오. 그대는 화씨지벽(和氏之璧)에 대한 이야기를 듣지 못하였소? 그 값이 천금이나 되지만, 이를 방추(紡錘)로 쓰게 되면 기와 조각이나 벽돌 조각만도 못하오. 또 수후지주(隨侯之珠)는 나라의 보배요. 그러나 이를 탄환(彈丸)으로 쓰면 진흙으로 만든 총알만도 못하오.

그런가 하면 기기(騏驥)와 녹이(騄駬) 같은 말은 형액(衡軛)을 갖춘 수레를 끌면 하루에 1천 리를 달려 지극히 빠르지만, 이들에게 쥐를 잡으라고 시키면 오히려 1백 전(錢)이면 살 수 있는 살쾡이만도 못하오.

또 간장(干將)과 막야(鏌鎁) 같은 명검은 종을 쳐도 울리지 않고 물건을 베어도 느낌이 없을 정도이나 그 칼날은 다른 금속조차 베어 버리며, 깃을 베듯이 쇠도끼도 자를 수 있소. 천하에 날카로운 칼이지요. 그러나 이 칼로 신을 수리하는 데에 쓴다면, 이는 두 전짜리 송곳만도 못하오.

지금 그대가 노와 삿대를 잡고 배를 몰아 이 넓은 물 속에 처하여 양후지파(陽侯之波)에 맞서 어떤 물결도 감당해 내는 것, 이것은 바로 그대만이 능히 할 수 있는 일이오. 그러나 그대에게 만약 동쪽으로 가서 제후와 임금 들에게 유세를 하라고 한다면, 한 나라의 임금만 만나도 그대는 몽매하기가 마치 아무것도 보지 못하는 개와 다를 바 없을 것이오!」

• 화씨지벽(和氏之璧): 춘추시대 초(楚)나라 사람 변화(卞和)가 형산(荊

山)에서 얻은 구슬이 든 돌을 초나라 여왕(厲王)에게 바쳤다가, 구슬이 아니라 하여 왼쪽 발을 잘리었다. 무왕(武王)이 자리에 오르자 또 이를 바쳐 이번에는 오른쪽 발을 잘리었으나, 문왕(文王)에 이르러 이를 닦았더니 과연 구슬이었으므로 이름하여 화씨(和氏)의 벽(璧)이라고 하였다.

· 수후지주(隨侯之珠): 수(隨)나라 임금이 어느 날 커다란 뱀이 큰 상처를 입은 것을 보고 불쌍히 여겨 약을 발라 살려 주었더니, 그 뱀이 뒤에 큰 구슬을 물고 와서 보답하였다고 한다.

· 형액(衡軛): 수레의 앞뒤 횡목(橫木). 〈잘 만들어져 말이 끌기 좋게 된 수레〉라는 뜻.

· 간장(干將)과 막야(鎮鋣): 고대의 두 자루의 명검(名劍). 간장(干將)은 오(吳)나라의 도장(刀匠)이고 막야(鎮鋣)는 그의 아내로서, 오왕(吳王) 합려(闔閭)를 위하여 음(陰, 막야)·양(陽, 간장)의 두 칼을 만들었다고 한다. 전하여 널리 명검의 뜻으로 쓰인다.

· 양후지파(陽侯之波): 양후(陽侯)는 전설상의 고대 제후(諸侯)로서, 죄를 짓고 스스로 물에 빠져 죽은 다음 수신(水神)이 되었다 한다.

 감무(甘戊)가 제(齊)나라에 사신으로 가면서 하수(河水)를 건너게 되었다. 뱃사공이 그에게 물었다.

「하수는 이곳과 저곳이 잠깐 끊겨 있는 짧은 간격입니다. 그대는 이런 곳도 스스로 건널 수 없으면서 능히 임금된 자들에게 유세를 할 수 있겠습니까?」

이에 감무는 이렇게 말하였다.

「그렇지 않소. 그대는 알지 못하오. 세상 만물은 각각 그 장단점이 있소. 조심하고 돈후(敦厚)하게 하여 임금을 섬기되 전쟁이 일어나지 않게 해야 하오.

　기기(騏驥)와 녹이(騄駬)는 족히 1천 리를 달리지만, 그를 궁
중에 가두어두고 쥐를 잡으라고 하면 살쾡이 새끼만도 못하오.
또한 간장(干將)은 천하에 그 이름이 알려져 있지만, 그 검으로
나무를 다듬게 하면 도끼만도 못하오.

　지금 삿대를 잡고 이런 물을 오르내리는 것이라면 내 그대만
못하나, 천승지군(千乘之君)　만승지주(萬乘之主)를　설득시키는
일이라면 그대 역시 나만 못할 것이오!」

　지금 세상이 달라지면 사리(事理)도 바뀌어야
하며, 사리가 바뀌면 시세(時勢)도 변하여야 한
다. 또 시세가 변하면 풍속도 바뀌게 마련이다. 그래서 군자는
먼저 그 토지를 잘 살펴보고 나서야 그에 맞는 도구를 이용하
여 개척에 임하며, 그 풍속을 잘 살펴보고 나서야 그에 맞는
풍속을 제정하여 중의(衆議)를 총괄, 교화(敎化)를 결정한다.

　어리석은 사람이 활쏘기를 배울 때에는 하늘만 향해 쏘기 때
문에 그 화살이 다섯 걸음 안에 떨어지고 마는 것이며, 이를
모르면 다시 쏠 때도 역시 하늘만 향해 쏘게 된다. 세상이 변
하였는데도 그 의견을 고치지 않는 것은, 비유컨대 마치 이런
활쏘기를 배우는 어리석은 사람과 같다.

　눈에 추호지말(秋毫之末)* 까지 보이는 자는 태산(太山)이 보
이지 않으며, 귀로 청탁지조(淸濁之調)* 까지 듣는 자는 우뢰
소리가 들리지 않는 법이다. 무슨 이유인가? 오직 그 뜻한 바
가 다르기 때문이다.

　1백 인이 실을 풀고 있을 때에는 아무리 단단한 실뭉치를 묶

으려 해도 불가능하며, 1천 인이 비방하여 옥에 갇히게 되면
아무리 곧은 법령이라도 먹혀들지 않으며, 1만 인이 모두 틀렸
다고 하는 곳에는 훌륭한 선비라고 자처할 수 있는 자가 없다.

* 〈털갈이하는 동물의 가을털은 미세하고 가늘다〉라는 뜻으로서, 그 끝
  이 더욱 미세함을 말한다.
* 청탁의 음조까지 구별해 냄을 말한다.

고라니와 사슴이 무리를 이루면 호표(虎豹)도
피해 가고, 나는 새가 무리를 이루면 매나 독수
리도 공격하지 못하며, 사람이 무리를 이루면 성인도 그들을
침범하지 못한다.

나는 뱀은 안개와 이슬 속에 유영(遊泳)하여 풍우(風雨)를
타고 다니되, 1천 리가 아니면 그치지 않을 정도이다. 그렇지만
이 뱀이라도 저녁때에는 미꾸라지나 두렁허리의 굴 속에 숨어
서 자니 어찌 그렇겠는가? 이는 바로 그 마음씀이 전일(專一)
하지 못하기 때문이다.

그러나 지렁이는 몸 속에 근육과 뼈의 강함도 없고 몸 밖에
는 손톱이나 이빨의 예리함도 없건만, 땅을 파서 황천(黃泉)을
마시고 위로는 굳은 흙조차 부드럽게 갈아낸다. 이는 어째서인
가? 그 마음씀이 전일하기 때문이다.

귀 밝은 자는 귀로 듣고, 눈 밝은 자는 눈으로 본다. 총명으
로 형태를 알아차리면 인애(仁愛)가 드러나고 염치(廉恥)가 분
별된다.

따라서 그 길이 아닌데도 가려고 들면 비록 수고를 다해도

이르지 못하며, 자기 가질 것이 아닌데도 구하려 들면 억지로 해도 얻지 못한다. 그러므로 지혜로운 자는 할 일이 아니면 하지 않으며, 염직(廉直)한 자는 가질 것이 아니면 구하지 않는다. 그리하여 원대한 포부로 포용하고, 그 이름을 빛나게 하는 것이다.

《시경(詩經)》에 『구하지 못할 것에 손해도 없으니 무슨 일을 한들 좋지 않으랴?』 하였으니, 바로 이를 두고 한 말이다.

초(楚)나라의 소왕(昭王)이 공자(孔子)를 모셔, 장차 그에게 정치를 맡기고 서사(書社) 7백 리(里)를 봉해 주고자 하였다. 그러자 자서(子西)가 소왕에게 이렇게 말하였다.

「임금의 신하 가운데 용병(用兵)에 자로(子路)만한 이가 있습니까? 제후에게 사신으로 보낼 만한 신하로서 재여(宰予)만한 이가 있습니까? 또 장관(長官)·오관(五官) 중에 자공(子貢)만한 이가 있습니까?

옛날 문왕(文王)은 풍(酆) 땅에 거하였고 무왕(武王)은 호(鎬) 땅에 거하여, 그 두 땅 사이는 불과 백승지지(百乘之地)밖에 되지 않았지만 윗사람을 쳐서 천자(天子)로 섰습니다. 그리하여 세상에서는 모두 그들을 성왕(聖王)이라 칭하고 있습니다.

그런데 지금 공자같이 어진 사람이 7백 리의 서사까지 얻고 세 사람의 보좌까지 받는다면, 이는 우리 초나라에 이로울 것이 없습니다.」

이 말에 소왕이 그 계획을 철회하고 말았다.

이렇게 보면 선악은 정말로 분간하기가 어렵다. 성인도 오히려 의심을 받는데, 하물며 현자(賢者)에게 있어서랴.

이 때문에 현자와 성인은 때를 만나기 어렵고, 아첨은 언제나 흥성하게 마련이다. 그래서 천세(千歲)의 난(亂)은 있으나 백세(百歲)의 치(治)는 없는 것이니, 공자 같은 이가 의심을 받은 것이 그 어찌 통탄스러운 일이 아니리요!

• 서사(書社) : 25가(家)를 1리(里)로 하고, 한 이(里)에 한 사(社)를 세워 그 호구(戶口)와 전지(田地)의 면적 등을 기록한 장부를 그 사에 보관하였으므로 이름.

 노(魯)나라의 애공(哀公)이 공자(孔子)에게 물었다.

「지혜로운 자는 오래 삽니까?」

이 질문에 공자는 이렇게 설명하였다.

「그렇습니다. 사람의 죽음은 세 가지가 있는데, 수명과 관계 없이 죽는 것은 스스로 택해서 일어나는 일입니다.

무릇 잠자는 것을 조절하지 않고, 음식을 절제하지 않으며, 헛된 일에 빠져 과로하는 자는 온갖 질병이 찾아와 그를 죽게 하지요. 또 아랫자리에 있으면서 위로 임금에게 간섭하고, 기호와 욕심이 지나쳐 끝없이 구하는 자는 형벌이 모여들어 그를 죽게 합니다. 다음으로 적은 수이면서 많은 자를 침벌하고, 약하면서 강한 자를 모멸하며, 분노에 빠져 자기 힘을 헤아리지 못하는 자는 전쟁이 그를 죽게 하는 것입니다.

이 세 가지는 모두 수명과 관계 없이 스스로 택하여 일어나는 결과입니다.」

《시경(詩經)》에 『사람으로서 의표(儀表)가 없으니 죽지 않고 어쩌리요?』라고 하였으니, 이를 두고 한 말이다.

공자(孔子)가 진(陳)·채(蔡)의 국경 근처에서 재난을 당한 나머지, 그 양식마저 떨어져 제자들이 배를 곯고 있을 때였다.* 그런데도 공자는 두 기둥 사이에서 노래를 부르고 있었다.

이에 자로(子路)가 들어가서 불평을 털어 놓았다.

「선생님께서는 지금 이 지경에서도 노래를 부르시니 그것도 예(禮)입니까?」

공자는 대답도 없이 노래를 다 마친 다음 이렇게 말하였다.

「유(由)야! 군자가 음악을 좋아하는 것은 교만을 덜기 위함이며, 소인이 음악을 좋아하는 것은 두려움을 없애기 위함이다. 누가 이런 깊은 뜻을 알겠느냐? 너조차 나를 알지 못하면서, 나를 따라다녀 무엇을 배우겠느냐?」

자로는 그래도 즐거운 마음이 들지 않아 방패를 들고 춤을 추다가 세 곡이 끝나자 나가 버렸다.

그로부터 7일이 되도록 공자는 여전히 음악을 그치지 않았다. 이에 자로가 다시 원망의 마음이 들어 공자를 뵙고 「선생님의 연주는 지금 이 때에 맞는 것입니까?」라고 불평하였다.

이번에도 공자는 대답을 않다가 그 음악이 끝나자 이렇게 말하였다.

「유야! 옛날 제(齊)나라의 환공(桓公)은 거(莒)에서 곤액을 치를 때 비로소 패자가 될 생각을 하였고, 구천(勾踐)은 회계산(會稽山)으로 쫓겨갔을 때 패자를 꿈꾸었으며, 진(晉)나라의 문공(文公)은 여씨(驪氏)에게 핍박받을 때에 패자가 될 것을 결심하였다.

따라서 유폐(幽閉)를 당해 보지 않으면 그 생각이 원대하지 못하고, 그 몸이 제약을 받아 보지 않으면 지혜가 넓어지지 않는다. 어찌 너는 지혜롭다 하면서 이 때를 찾아내지 못하고 불우하다고 여기느냐?」

그리고는 일어섰다.

이튿날 그 곤액(困厄)으로부터 풀려나게 되었다. 자공(子貢)이 수레의 고삐를 잡고 몰면서 「친구들이여! 선생님을 따르다가 이런 곤란에 빠졌으니, 어찌 잊을 수 있으리요!」라고 하였다.

그러자 공자가 이렇게 말하였다.

「그것이 무슨 말이냐? 속담에 이렇게 이르지 않았느냐? 『팔을 세 번 꺾어 봐야 양의(良醫)가 된다』 무릇 진채지간(陳蔡之間)의 일은 나에게는 큰 다행이었다. 그렇다면 너희들도 나를 따랐으니 모두 행복한 사람들이다.

내 들으니 남의 임금된 자가 곤경에 처해 보지 않으면 왕도를 이룰 수 없고, 선비로서 곤액을 겪어 보지 않으면 그 이름을 올릴 수 없다고 하였다.

옛날 탕(湯)임금은 여(呂) 땅에서 곤액을 당하였고, 문왕(文王)은 유리(羑里)에 유폐당하였으며, 진(秦)나라의 목공(穆公)은 효산(殽山)에서 곤액을 당하였고, 제(齊)나라의 환공(桓公)은 장작(長勺)에서 곤액을 당하였으며, 구천(勾踐)은 회계(會稽)까지 쫓겨갔고, 진(晉)나라의 문공(文公)은 여희(驪姬)에게 핍박을 받았다.

따라서 곤액이 도(道)를 낳는 일은, 찬 것이 따뜻한 것을 낳고 따뜻한 것이 찬 것을 낳게 하는 이치와 같다. 오직 현자(賢

者)만이 이를 알 뿐이며, 말로 표현하기는 어렵다.

《주역(周易)》에 『곤(困)은 형통하고 곧게만 하면 대인(大人)에게는 길하여 허물이 없으리라. 그러나 말을 해도 믿어 주지 않는다』라고 하였으니, 바로 성인이 남에게 일러 주고 싶어도 어떻게 설명할 수 없음을 말한 것이니 정말 맞는 말이로다.」

* 공자(孔子)가 제자들을 이끌고 가다가 길을 잃어 7일간 고통을 겪은 일.

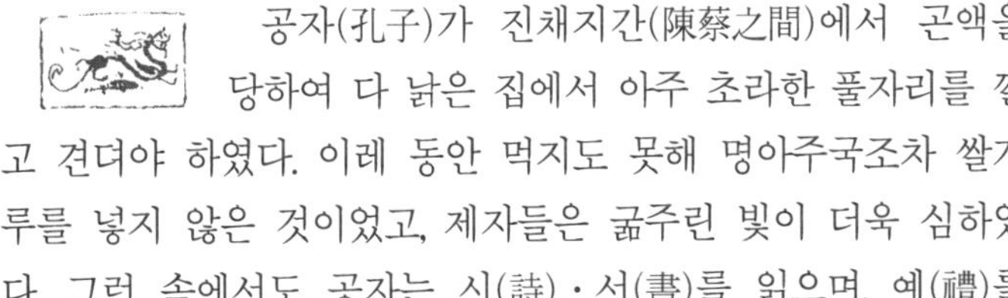 공자(孔子)가 진채지간(陳蔡之間)에서 곤액을 당하여 다 낡은 집에서 아주 초라한 풀자리를 깔고 견뎌야 하였다. 이레 동안 먹지도 못해 명아주국조차 쌀가루를 넣지 않은 것이었고, 제자들은 굶주린 빛이 더욱 심하였다. 그런 속에서도 공자는 시(詩)·서(書)를 읽으며, 예(禮)를 닦기를 쉬지 않는 것이었다.

이에 자로(子路)가 참다 못해 들어가 이렇게 간언하였다.

「무릇 착한 일을 하는 자는 하늘이 그에게 복으로 보답해 주고, 옳지 못한 일을 하는 자는 하늘이 그에게 화를 내린다고 하였습니다. 지금 선생님께서는 덕을 쌓고 착한 일을 실행한 지가 오래 되었습니다. 아직도 빠뜨리신 것이 있어서일까요? 어째서 아직 숨겨진 채 드러나지 않을까요?」

그러자 공자가 이렇게 달래었다.

「유(由)야! 이리 오너라. 너는 모른다. 앉아라. 내 너에게 일러 주마.

너는 지혜로운 사람은 모르는 것이 없다고 여기느냐? 그렇다면 왕자 비간(比干)은 어째서 심장을 해부당하고 죽었겠느냐?

또 간언이라는 것은 반드시 채택되고 만다고 생각하느냐? 그렇다면 오자서(伍子胥)는 어째서 눈을 빼어 오(吳)나라 동문(東門)에 달아 달라고 하였겠느냐?

다음으로 청렴한 자는 반드시 등용된다고 여기느냐? 그렇다면 백이(伯夷)·숙제(叔齊)는 어째서 수양산(首陽山) 아래에서 굶어죽었겠느냐?

또 충성된 자는 반드시 거용된다고 믿느냐? 그렇다면 포장(鮑莊)은 어찌하여 살이 마르도록 가난하게 살았고, 형공자고(荊公子高)는 종신토록 현달하지 못하였으며, 포초(鮑焦)는 나무를 껴안고 서서 말라죽었고, 개자추(介子推)는 산속으로 숨어 불에 타죽었겠느냐?

그러므로 군자 중에는 박학심모(博學深謀)하면서도 때를 만나지 못한 사람이 많은 법이다. 어찌 나만 그렇겠느냐?

어질고 어질지 못함은 재(才)요, 하고 아니하는 것은 인(人)이요, 만나고 못 만나는 것은 시(時)요, 죽고 사는 것은 명(命)이다. 재능[才]이 있으면서 때를 만나지 못하면, 비록 재(才)가 있다 해도 써볼 기회가 없다. 때만 만난다면 무엇이 어렵겠느냐?

그러므로 순(舜)임금이 역산(歷山)에서 농사를 짓고 강가에서 도자기를 구웠지만, 천자(天子)가 된 것은 바로 요(堯)임금을 만났기 때문이요, 부열(傅說)이 흙을 짊어져 나르는 일을 하다가 판축(板築)의 노역에서 석방되어 천자를 돕게 된 것은 무정(武丁)을 만났기 때문이다.

또 이윤(伊尹)은 본래 유신씨(有莘氏)의 잉신(媵臣)으로서 정조(鼎俎)를 짊어지고 오미(五味)의 음식을 만드는 인물이었으나, 천자를 보좌하는 자리에 오르게 된 것은 성탕(成湯)이 있는 시대를 만났기 때문이다.

그런가 하면 여망(呂望)은 쉰 살이 되도록 극진(棘津)에서 밥장수를 하였고, 일흔이 되도록 조가(朝歌)에서 소백정 노릇을 하다가 아흔 살에야 천자의 사(師)가 되었으니, 이는 바로 문왕(文王)을 만났기 때문이다.

또 관이오(管夷吾)는 몸이 묶이고 눈이 가려져 죄수 수레에 갇혔지만, 그 수레에서 스스로 일어나 나라의 중부(仲父)가 되었으니, 이는 제(齊)나라 환공(桓公) 같은 이를 만났기에 가능하였던 것이다.

그리고 백리해(百里奚)는 스스로 다섯 마리의 양가죽에 팔려 초나라에서 양치기를 하였지만, 백씨(伯氏)가 이를 경대부(卿大夫)로 삼을 만하다고 여기게 된 것은 진(秦)나라 목공(穆公)을 만났기 때문이다.

심윤(沈尹)이 그 이름이 천하에 알려진 영윤(令尹)이 되었지만, 그 자리를 손숙오(孫叔敖)에게 양보하게 된 것은 초(楚)나라의 장왕(莊王) 같은 이를 만났기 때문이다.

그러한 반면 오자서(伍子胥)가 먼저 많은 공을 세워 놓고도 뒤에 죽음을 당한 것은, 그의 지혜가 점점 쇠미해져서가 아니라 합려(闔閭)를 먼저 만나고 부차(夫差)를 나중에 만났기 때문에 생긴 일이다.

무릇 천리마가 소금 수레에 매달려 곤액을 치러야 하는 것은, 그 말이 천리마의 형상을 갖추지 못해서가 아니라 세상이 그의 능력을 몰라 주기 때문이다. 그 말을 왕량(王良)이나 조보(造父)로 하여금 부리게 한다면, 어찌 1천 리를 달리지 못하겠느냐? 지란(芝蘭)이 깊은 숲속에 났더라도, 사람이 없다고 해서 향기를 발하지 아니하는 것은 아니다.

그러므로 학자는 통달(通達)을 위할 것이 아니라 궁한 경우에도 좌절하지 않으며, 근심이 있어도 그 뜻을 쇠약하게 하지 않는 일에 힘써야 한다. 이렇게 하여야 화복(禍福)의 종시(終始)를 알아 마음에 혹(惑)함이 없어지기 때문이다.

성인의 깊은 염려는 독지독견(獨知獨見)하니 순(舜)임금 역시 어질고 성스러운 분이다. 그가 남면(南面)하여 천하를 다스린 것은 오직 요(堯)임금을 만났기 때문이다. 그러한 순(舜)임금으로 하여금 걸(桀)·주(紂) 같은 시대에 처하게 하였다면 능히 스스로 형륙(刑戮)으로부터 면하는 것만이 가한 일인데, 어찌 관직을 얻어 다스릴 수 있었겠느냐?

걸(桀)은 관룡방(關龍逄)을 죽였고, 주(紂)는 왕자 비간(比干)을 죽였다. 이때에 어찌 관룡방이 무지해서 그러하였겠으며, 비간이 자애롭지 않아서 그렇게 당하였겠느냐?

이는 걸·주의 무도한 세상이 그를 죽게 한 것이다. 그러므로 군자는 부지런히 배우고, 몸을 수양하며, 행동을 단정히 하여 모름지기 때를 기다려야 하느니라!」

·잉신(媵臣): 여자를 시집보낼 때 딸려보내는 남종.
·정조(鼎俎): 솥과 도마. 조리기구.
·형륙(刑戮): 죄지은 사람을 형벌에 따라 죽임.

공자(孔子)가 송(宋)나라로 가면서 광(匡) 땅을 지나게 되었다. 그런데 때마침 광간자(匡簡子)가 양호(陽虎)를 죽이려던 차에, 공자가 양호를 닮아 병사들이 공자가 묵고 있던 집을 에워쌌다. 그러자 자로(子路)가 노하여 창을 들고 나서서 그들과 싸우려고 하였다.

이에 공자가 이렇게 만류하였다.

「인의(仁義)를 배웠다면서 어찌 속됨을 벗지 못하느냐? 시(詩)·서(書)를 익혀두지 않고 예(禮)·악(樂)을 잘 닦지 않은 것, 이것이 나의 과실이다. 내가 만약 양호를 닮았다면, 이는 나의 죄가 아니라 운명일 뿐이다. 유(由)야! 노래를 부르렴. 내가 너에게 화답(和答)하마!」

이리하여 자로가 노래를 부르고, 공자가 답가를 하였다. 세 곡을 마치자, 병사들이 스스로 물러가고 말았다.

공자(孔子)가 이렇게 말하였다.

「높은 절벽에서 내려다보지 않으면 어찌 추락할 근심이 있겠으며, 깊은 물가에 가까이 가지 않으면 어찌 물에 빠질 염려가 있겠으며, 바닷가에서 노닐지 않으면 어찌 풍파의 근심이 있겠는가? 그런 위험을 당하는 자는 모두가 그런 곳에 갔기 때문이 아니겠는가? 선비로서 이 세 가지만 조심하면 남에게 폐를 끼치지 않을 것이다.」

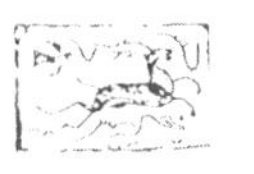

증자(曾子)가 이렇게 말하였다.

「메아리는 소리를 거절하지 않으며, 거울은 모습 비추기를 사양하지 않는다. 군자는 하나를 바르게 하면 만물이 모두 이루어진다.

행동은 그림자를 위해서 하는 것이 아니건만 그림자가 이를 따라 하고, 소리치는 것은 메아리를 위해서 하는 것이 아니건만 메아리는 소리를 따라 생겨난다. 그러므로 군자는 공이 이루어지면, 그 이름이 따르게 마련이다.」

자하(子夏)가 중니(仲尼)에게 물었다.
「안연(顔淵)의 사람됨은 어떻습니까?」
「안회는 믿음이 있지. 나보다도 낫지.」
「그러면 자공(子貢)의 사람됨은 어떻습니까?」
「사(賜)는 민첩하지. 그도 나보다 낫지!」
「다음으로 자로(子路)는 어떻습니까?」
「유(由)는 용기가 있지. 그것도 나보다 낫지!」
「자장(子張)은 어떻습니까?」
「사(師)는 장중(莊重)하기가 나보다 낫지!」
이에 자하가 자리를 피해 앉으며 다시 물었다.
「그렇다면 그 네 사람이 무엇 때문에 선생님을 모십니까?」
그러자 공자가 이렇게 설명하였다.
「앉아라! 내가 너에게 일러 주마. 안회는 믿음에는 능하나 반복함이 모자라고, 자공은 민첩하나 능히 굽힐 줄 모르며, 자로는 용맹하나 겁을 먹을 줄 모르고, 자장은 장엄하나 동화(同和)할 줄 모른다. 그런즉 이 네 사람의 장점을 다 갖춘다는 것은 나도 하기 어렵다.」

무릇 지극히 성스러운 선비란, 반드시 진퇴의 이익과 굴신(屈伸)의 용처(用處)를 잘 살피는 자이다.

동곽자혜(東郭子惠)가 자공(子貢)에게 물었다.
「그대의 선생님 문하(門下)에는 어찌하여 그렇

듯 잡다한 사람들이 모입니까?」

이에 자공은 이렇게 설명하였다.

「무릇 은괄(隱括) 곁에는 굽은 나무가 많으며, 양의(良醫)의 문전에는 환자가 모이고, 숫돌 옆에는 둔해진 칼이 많은 법입니다. 이 때문에 찾아오는 자가 많아 복잡한 것입니다.」

《시경(詩經)》에 『무성한 저 버들 매미 울음 요란하고, 깊고깊은 저 연못가 갈대들이 우거지네!』라고 하였으니, 큰 인물 곁에는 용납하지 못할 것이 없다는 뜻이다.

· 은괄(隱括): 굽은 나무를 바르게 펴는 공구.

옛날 남하자(南瑕子)가 정태자(程太子)를 찾아 갔다. 그러자 태자(太子)가 그에게 예어(鯢魚, 도롱뇽)탕을 끓여 주는 것이었다.

남하자가 이를 보고서 「제가 듣기로 군자는 예어를 먹지 않는다고 하였습니다」라고 하자, 정태자가 이렇게 말하였다.

「군자가 되고 싶지 않소? 그대는 무엇을 목적으로 삼고 있소?」

이 말에 남하자가 이렇게 말하였다.

「제가 듣기로 군자가 위를 비교하여 배우면 덕을 넓히게 되고, 아래를 따라 배우면 그 행동이 협소해진다고 하였습니다. (또 선에 비유하면 스스로 나아가는 계단이 되고) 악에 비유하면 스스로 퇴보하는 근원이 됩니다.

《시경(詩經)》에 이르기를 『높은 산은 우러러볼 것이요, 훌륭한 행동은 이를 본받아야 하리라』고 하였으니, 내 어찌 군자에 비유할 수가 있겠습니까만은 군자되기를 뜻 두고 지향할 뿐이지요!」

공자(孔子)는 「어진 이를 보면 그와 같아지려고 노력하고, 어질지 못한 이를 보면 스스로 반성하여 살필지니라」고 하였다.

공자(孔子)가 여량(呂梁)에서 마흔 길이나 되는 폭포와, 그 소용돌이치는 물줄기가 90리나 이어짐을 구경하고 있었다. 그곳은 물살이 세어 물고기나 자라도 헤엄쳐 건너지 못하며, 큰 자라와 악어조차도 감히 살지 못하는 그런 곳이었다. 그런데 한 사나이가 그 물을 헤엄쳐 건너오려고 하는 것이었다. 이에 공자가 사람을 시켜 그 가까이 언덕으로 가서 그를 이렇게 저지시키도록 하였다.

「이 폭포는 마흔 길이나 되고, 그 물줄기 또한 90리나 되어 물고기나 자라도 건너지 못하며, 큰 자라와 악어조차도 감히 살지 못한다. 생각건대 건너기 어려울 것이다.」

그러나 그 사나이는 조금도 개의치 않고 헤엄쳐 건너 이곳으로 올라오는 것이었다. 공자가 그에게 물었다.

「수영 솜씨가 뛰어난 거요, 아니면 따로 무슨 도술(道術)이 있는 거요? 능히 그런 물에 들어갔다가 다시 나올 수 있는 방법이 뭐요?」

그러자 그 사나이는 이렇게 대답하는 것이었다.

「제가 처음 물에 들어갈 때는 충실과 자신감을 가지고 시작하지요. 그리고 물에서 나올 때도 역시 충실과 자신감으로 합니다. 충과 신으로 내 몸을 파류(波流)에 맡기는 것이지, 감히 사사로운 생각으로 하는 것이 아니기에 제가 능히 물에 들어갔다가 다시 나올 수 있는 것입니다.」

이 말을 듣고 공자는 제자들에게 이렇게 말하였다.

「물도 오히려 충과 신으로 대하면 오랫동안 띄워 주어 그 몸에 친해져 오는데, 하물며 사람에게 있어서랴!」

 자로(子路)가 옷을 화려하게 차려입고 공자(孔子) 앞에 나타나자, 공자가 물었다.

「유(由)야! 이렇게 옷을 잘 차려입은 이유가 있느냐? 옛날 강수(江水)가 민산(岷山)에서 발원할 때, 그 시작은 많아야 남상(濫觴)에 불과하였다. 그러나 강의 나루에 다다르면 배를 이용하지 않거나, 바람 부는 날을 피하지 않고는 쉽게 건널 수 없는 큰물이 되었다. 이는 그 물이 아래로 흐르면서 여러 냇물을 받아들였기 때문이 아니겠느냐? 그런데 지금 너의 의복이 이렇게 화려하고 얼굴빛은 자신감이 넘치니, 천하에 누가 감히 너에게 무슨 권고를 해주려 들겠느냐?」

이 말에 자로가 급히 뛰어나가 옷을 갈아입고 들어와 아무 일 없었다는 듯이 있었다. 이에 공자가 다시 자로에게 이렇게 일러 주었다.

「유(由)야! 기억하려무나. 내가 너에게 말해 주마. 말을 부풀리는 자는 부화(浮華)한 자요, 행동에 분(奮)을 내는 자는 자신을 자랑하기 좋아하는 자이다. 또 자신이 생김과 지혜가 있다고 해서 능력 있다고 여기는 자는 소인이다. 그러므로 군자는 아는 것은 안다고 하고 모르는 것은 모른다고 하니 이것이 곧 말의 요체이며, 능한 것을 능하다 하고 능하지 못한 것을 능하지 못하다고 하니 이것이 곧 행동의 지선(至善)이다.

말의 요체를 터득하면 지혜가 생기고, 행동의 지선을 터득하면 인(仁)이 생긴다. 이렇게 하여 지혜와 인을 함께 갖추게 된다면 그밖에 무엇이 더 필요하겠느냐?

유야! 《시경(詩經)》에 『탕(湯)임금 태어나신 그 시기 늦지 않게 맞추셨고, 성스러운 그 교화 해돋듯 하네!』라고 하였으니, 이를 두고 한 말이니라.」

· 남상(濫觴): 강수(江水)의 근원도 〈한 잔에 찰랑찰랑 넘칠 정도의 적은 양의 물〉이라는 뜻. 지금 우리가 쓰고 있는 말은 이것이 그 원전이다.

자로(子路)가 공자(孔子)에게 물었다.
「군자에게도 근심이 있습니까?」

그러자 공자가 이렇게 대답하였다.

「없다. 군자는 자기 행동을 잘 닦았으나 얻지 못해도 그렇게 뜻을 둔 것만으로도 즐겁게 여기며, 얻게 되면 지혜롭다고 즐거워한다. 그래서 평생이 즐겁고 하루라도 근심스러운 날이 없다. 하지만 소인은 그렇지 않다. 얻지 못하면 못 얻은 것을 근심하고, 얻고 나면 잃을까 걱정한다. 그래서 평생 근심만 있고 하루도 즐거운 날이 없다.」

공자(孔子)가 영계기(榮啓期)를 만났더니, 그가 사슴가죽의 천한 옷을 입은 채 거문고를 타면서 노래를 부르고 있었다.

공자가 이를 보고서 물었다.

「선생에게는 어떤 즐거움이 있습니까?」

그러자 그가 이렇게 대답하였다.

「나에게는 즐거움이 아주 많지요! 하늘이 만물을 내릴 때에 오직 인간만이 가장 귀하다고 하였습니다. 그런데 나는 이미 인간으로 태어났습니다. 이것이 그 첫번째 즐거움이지요. 그리고 또 그 중에 남자를 귀하다고 하였습니다. 그런데 나는 이미 남자로 태어났으니, 이것이 그 두번째 즐거움이지요. 또 세상의 많은 사람 중에는 태어나서 강보(襁褓)를 채 벗어나지 못한 채 죽은 자도 많습니다. 그러나 나는 이미 아흔다섯 살이나 살았습니다. 이것이 그 세번째 즐거움이지요.

무릇 가난이란 선비라면 누구에게나 있는 것, 또 죽음이란 사람이라면 누구나 맞이할 종착점이지요. 늘 상도(常道)로 그 종점을 기다리고 있으니, 어찌 근심이 있으리요?」

· 상도(常道): 여기서는 〈가난하지만 천지자연의 섭리를 믿고 편안히 여긴다〉는 뜻.

 증자(曾子)가 이렇게 말하였다.
「나는 선생님으로부터 세 가지 말씀을 들었는데, 아직까지 실행에 옮기지를 못하고 있다. 선생님은 남의 선한 일 하나를 보면, 그의 잘못된 점 1백 가지를 잊으신다. 이것이 선생님께서 남이 쉽게 자신을 섬길 수 있도록 하는 이유이다.

그리고 선생님께서는 남의 잘하는 일을 보면, 자신도 이미 이를 갖추고 있는 듯이 즐거워하신다. 이 때문에 선생님은 남과 다투지 않는다.

또 남의 훌륭한 일을 들으면, 몸소 이를 행한 연후에야 인도

하신다. 이는 선생님께서 몸소 애쓰시는 것이다. 그래서 선생님께서 말씀하신 능히 힘쓰는 일, 다투지 않는 일, 남이 쉽게 섬길 수 있도록 해주는 일, 나는 이 세 가지를 배우고도 아직 실행에 옮기지를 못하고 있다.」

공자(孔子)가 이렇게 말하였다.
「회(回)야! 너에게는 네 가지 군자의 도가 있구나! 자기가 실천하지 못한 데 대해서는 강하게 반성하고, 남의 충간을 받아들이는 데는 약하며, 봉록을 받는 일은 두려워하고, 자기 몸을 깨끗이 갖는 일에는 조심성이 있구나!」

중니(仲尼)가 이렇게 말하였다.
「사추(史鰌)는 세 가지 군자지도(君子之道)를 지니고 있다. 즉 벼슬을 하지 않으면서도 윗사람을 공경할 줄 알고, 제사를 지내지 않으면서도 능히 귀신을 공경하며, 자기는 곧으면서도 능히 남에게는 굽힐 줄 안다.」

공자(孔子)가 이렇게 말하였다.
「내가 죽은 후면 상(商, 자하)은 날로 그 학문이 늘어날 것이나, 사(賜, 자공)는 도리어 그 학문이 줄어들 것이다. 상은 자기보다 어진 이와 함께 처하기를 좋아하고, 사는 자기만 못한 자를 비평하기 좋아하기 때문이다.」

공자(孔子)가 외출을 하려는데 우산이 없었다. 제자가 「자하(子夏)에게 우산이 있습니다. 이를 이용하면 될 것입니다」라고 제언을 하였다. 그러자 공자가 이렇게 말하였다.

「자하는 그 사람됨이 재물에는 아주 약하다. 내 듣기로 사람과 사귈 때에 그 장점은 늘 추어 주고, 그 단점은 고쳐 주도록 하여야 그 사귐이 능히 오래 간다고 하였다.」

자로(子路)가 먼길을 떠나면서 중니(仲尼)에게 인사를 하러 와 이렇게 여쭈었다.

「감히 여쭙건대 새로운 사귐에 서로 친히 하고자 하면 어떻게 하여야 합니까? 또 어떻게 하여야 말은 적게 하고 실천을 바르게 할 수 있습니까? 그리고 어떻게 하여야 길이 선비를 잘 대접하여 잘못됨이 없게 할 수 있습니까?」

이 질문에 중니는 이렇게 일러 주었다.

「새로운 사귐에 친히 하고자 할 때는 바로 충(忠)으로 해야 한다. 또 말은 적고 실행을 바르게 하려면 신(信)이 있어야 한다. 그리고 길이 선비를 잘 대우하여 죄를 짓지 않으려면 예(禮)를 키우면 되리라!」

자로(子路)가 먼길을 떠나려고 중니(仲尼)에게 인사를 하러 오자, 중니가 이렇게 물었다.

「너에게 수레를 주랴, 아니면 좋은 말(言)을 주랴?」

이에 자로가 「좋은 말씀을 주십시오」라고 하였다.

그러자 중니가 이런 말을 해주었다.

「스스로 강해지지 않으면 멀리까지 갈 수 없고, 노력하지 않으면 공을 이룰 수 없으며, 충성되이 굴지 않으면 남이 친해 오지 않는다. 또 믿음이 없이는 같은 일을 반복할 수 없고, 공경히 하지 않으면 예(禮)를 갖출 수 없다. 이 다섯 가지만 조심하면 장구히 갈 수 있을 것이다.」

증자(曾子)가 공자(孔子)를 따라 제(齊)나라에 갔더니, 제(齊)나라 경공(景公)이 하경(下卿)의 예로써 증자를 대접하였다. 증자는 이를 굳이 사양하였다. 장차 제나라를 떠나게 되었을 때, 안자(晏子)가 환송을 하면서 이렇게 말하였다.

「내가 들으니, 군자가 사람을 환송할 때 재물을 주는 것은 좋은 말〔言〕을 한 마디 해주는 것만 못하다고 하였습니다. 지금 여기 3년 묵은 좋은 난초 줄기가 있는데, 이를 사슴 고기절임에 담가두었습니다. 이것이 잘 숙성하면 말〔馬〕 한 마리와 바꿀 만큼 값비싼 것이 됩니다. 이는 결코 난초 줄기가 본디부터 그렇게 비싸기 때문이 아닙니다.

원컨대 그대는 어디에 담가야 하는지를 자세히 알아두십시오. 또 이미 담글 곳을 얻었으면 그 담글 대상을 찾아야겠지요.

내가 들으니, 군자가 평소에 반드시 그 처할 곳을 택하는 것은 바로 좋은 선비를 가려서 어울리고자 함이요, 살 곳을 가려서 사는 것은 훌륭한 선비를 찾고자 하는 것이라 하였습니다. 훌륭한 선비를 가려서 어울리면 자신의 인품〔道〕을 닦을 수 있기 때문이지요.

또 듣기로 인지상정을 뒤집어 자신의 성격을 옮기는 것은 욕심 때문이라 하였습니다. 그러니 조심하지 않을 수 없는 일이지요!」

· 하경(下卿): 경(卿) · 대부(大夫)의 다음 단계.

공자(孔子)가 이렇게 말하였다.

「보통 사람들의 성정(性情)이란 여유가 있으면 사치를 부리고, 부족하면 지나치게 검색(儉嗇)하며, 금하는 것이 없으면 방종하게 굴고, 제한을 두지 않으면 놓치는 것이 많으며, 욕심대로 하라고 하면 모든 것을 깨뜨리고 만다.

그러나 음식에는 적당한 양이 있어야 하고, 의복에는 절제가 있어야 하며, 주거에는 제한이 있어야 하고, 가축을 기를 때에도 제한된 숫자가 있어야 하며, 수레와 그릇도 한계가 있어야 한다. 그래야 혼란(混亂)의 근원을 막을 수 있다.

따라서 도량(度量)을 명확히 하지 않을 수 없고, 선한 길로 가려는 욕망은 잘 들어 주지 않으면 안 된다.」

공자(孔子)가 이렇게 말하였다.

「공교(工巧)하면서 법도까지 좋아하면 반드시 공교한 것을 만들어 낼 수 있고, 용기가 있으면서 동화(同和)를 좋아하면 반드시 승리할 수 있으며, 지식이 있으면서 도모하기를 좋아하면 반드시 성공을 거둘 수 있다.

그러나 어리석은 자는 이와 반대이니, 무릇 중요한 자리에

처하면 총애를 독차지하려 들고, 어떤 일을 전임(專任)하면 어
진 이를 질투한다. 이것이 곧 어리석은 자의 성정(性情)이다.
　뜻을 얻었다고 교만하게 굴고 옛 원한을 가벼이 여기니, 이
렇게 하면 높은 자리에 있으면 반드시 위험하게 되고, 임무가
중하면 이기지 못하여 무너지며, 총애를 독차지하고 나면 욕
(辱)을 당하게 된다.」

　공자(孔子)가 이렇게 말하였다.
「매일 매질을 당하는 아이는 오히려 부모의 가
르침을 따르지 않고, 형벌로만 겁을 먹은 백성들은 임금의 정
치를 따르지 않는다.
　명령이 급할수록 실행은 어려운 것이다. 그러므로 군자는 무
슨 일이든 급히 결단을 하지 않으며, 임의로 사람을 부리지 않
는다. 이는 난의 근원으로 여기기 때문이다.」

　공자(孔子)가 이렇게 말하였다.
「종일 말을 해도 스스로에게 근심을 끼치지 않
고, 종일 어떤 행동을 해도 스스로에게 환난을 남기지 않는 것,
이는 오직 지혜로운 자라야 가능한 일이다.
　그러므로 두려워하여 조심하는 것은 환난을 제거하기 위한
태도이며, 공경히 하는 것은 난(難)을 넘어가기 위한 방법이다.
　종신토록 이런 태도와 행동으로 살다가도 한 마디의 잘못된
말로 모든 것을 어그러뜨릴 수 있으니, 가히 조심치 않을 수
있으랴!」

 공자(孔子)가 이렇게 말하였다.

「부귀하면서 남의 아래에 처할 수 있는 자라면 누군들 그와 함께 하지 않을 자 있겠으며, 부귀하면서 남을 공경하고 사랑하는 자라면 누군들 그와 친하려 들지 않겠는가?

여러 사람의 말을 거스르지 않아야 지혜로운 말이라 할 수 있고, 여러 사람이 그를 향해 모여들면 때를 아는 자라고 이를 수 있다.」

 공자(孔子)가 이렇게 말하였다.

「무릇 부유하면서 능히 남을 부유하게 해주는 자는 가난하고자 해도 가난해질 수가 없고, 귀하면서 능히 남도 귀하게 해주는 자는 천하고자 해도 천해질 수가 없으며, 현달하면서 능히 남까지 현달하게 해주는 자는 궁하고자 해도 궁해질 수가 없다.」

 중니(仲尼)가 이렇게 말하였다.

「그 땅이 아닌 곳에는 심어 보았자 자랄 수가 없으며, 그 사람이 아니면 말을 해주어 보았자 듣지를 않는다. 말을 들을 사람을 얻으면 마치 모래를 쌓아둔 곳에 비가 내리듯이 술술 적셔들지만, 그 사람이 아닌 경우에는 귀먹은 이를 모아두고 북을 치는 것과 같다.」

공자(孔子)가 이렇게 말하였다.

「배는 물을 만나지 못하면 운행할 수 없으나, 그 물이 배 안으로 들어오면 오히려 침몰하고 만다. 그래서 『군자는 근엄하게 하지 않으면 안 되고, 소인은 방비하지 않으면 안 된다』라고 하는 것이다.」

공자(孔子)가 이렇게 말하였다.

「어짊에 의탁하면 결코 곤액(困厄)에 빠지는 일이 없고, 부(富)에 의탁하면 결코 궁해지는 법이 없다. 마견(馬蚈)은 몸이 잘려도 가는 이유가 무엇인가? 바로 그를 보조하는 다리가 많기 때문이다.」

· 마견(馬蚈): 개똥벌레. 혹은 노래기. 몸의 일부를 잘라도 계속 살아 기어가는 벌레.

공자(孔子)가 이렇게 말하였다.

「자기 자식에 대해서 잘 모르겠거든 그가 사귀는 친구를 보라. 또 자기가 섬기는 임금에 대해서 잘 모르겠거든 그가 부리는 신하를 보라.」

또 이렇게 말하였다.

「훌륭한 사람과 함께 거하는 것은 마치 난초가 있는 방에 들어가 있는 것과 같아, 오래 있으면 그 향기를 맡지 못하는 것은 이미 그 향기에 젖어 있기 때문이다.

또 악인과 함께 거하는 것은 마치 생선가게에 들어가 있는

것과 같아, 오래 있으면 그 냄새를 맡지 못하는 것은 이미 그
냄새에 젖어 있기 때문이다.」

그러므로 붉은 단(丹)이 소장된 곳은 붉을 수밖에 없고, 검은
오색(烏色)을 소장한 곳은 검기 마련이다. 따라서 군자는 무엇
을 소장할 것인가에 주의해야 한다.

 자공(子貢)이 물었다.
「군자는 큰 물을 보면 반드시 관상(觀賞)한다
는데 무슨 이유입니까?」

공자(孔子)가 이렇게 대답해 주었다.

「무릇 물이라고 하는 것은 군자에게는 덕으로 비유된다. 그
는 널리 시여(施予)하되 사사로움이 없어 덕과 같은 것이다. 그
를 만나는 물건은 살아나니 인(仁)과 같은 것이다.

또 그 흐름이 낮은 데로, 스스로 굽은 대로 따라가서 그 지
리에 순응하니 의(義)와 같은 것이며, 얕은 물은 흘러 움직이고
깊은 물은 그 깊이를 알 수 없으니 지(智)와 같으며, 1백 길이
나 되는 절벽도 의심 없이 다가가니 용(勇)과 같은 것이다.

그런가 하면 약하지만 면면히 이어가서 천천히 도달하니 찰
(察)과 같은 것이며, 나쁜 것을 만나도 사양하지 않고 받아 주
니 포몽(包蒙)과 같으며, 청결치 못한 것을 받아들여 깨끗하게
해서 내보내니 이는 선화(善化)와 같고, 지극히 큰 양(量)도 평
평하게 해주니 이는 정(正)과 같은 것이며, 가득 채우고도 더
넘치기를 바라지 않으니 이는 도(度)와 같으며, 온갖 굴절을 헤
치고 끝내 동쪽에 닿으니 이는 의(意)와 같은 것이다.

이 까닭으로 군자가 큰 물을 보면 반드시 감상하는 것이다.」

· 포몽(包蒙): 몽매(蒙昧)한 것을 모두 포용함.
· 선화(善化): 잘 교화(敎化)·화육(化育)·정화시킴.

「무릇 지혜로운 자는 어째서 물을 좋아하는가?」
대답은 이러하다.

「샘물의 원천에서 궤궤히 흘러나와 밤낮을 놓지 않고 흐르는 것이 마치 힘 있는 자와 같고, 이치에 순응하되 작은 끊어짐도 없는 것은 마치 공평을 견지한 자와 같으며, 흐르되 낮은 곳으로 임하는 것은 예의를 가진 자와 같고, 천길 낭떠러지에 임해서도 의심치 않는 것은 용기 있는 자와 같으며, 장애를 만나도 청정(淸正)하게 기다리는 모습은 천명을 아는 자의 풍모와 같다.

또 깨끗치 못한 것을 받아들여 깨끗이 한 다음 내보내는 것은 선화(善化)를 가진 자 같고, 모든 사람들이 그를 통해 공평을 얻고 만물이 그로 인해 정(正)해지며, 모든 생물이 그를 얻으면 살아나고 그를 잃으면 죽으니 바로 덕을 갖춘 자와 같고, 맑고 연연하나 그 깊이를 측량할 길 없으니 성인의 마음속 같다.

천지지간을 통윤(通潤)시켜 국가가 이로써 이루어지니, 이는 바로 지혜로운 자가 물을 좋아하는 까닭이다.

《시경(詩經)》에 『반수가에서 노닐고 싶어라. 이리저리 묘채(茆菜)를 뜯으면서! 노(魯)나라 임금께서도 여기에 오셔서 그 물가에서 술을 드시네!』라고 하였으니, 이는 바로 물을 즐김을 두고 한 말이다.」

「무릇 어진 자는 어째서 산을 좋아하는가?」
대답은 이러하다.

「무릇 산은 높고높아 만민이 다 우러러보는 바이다. 초목이 거기서 자라며, 만물이 그로부터 바로 선다. 또 날짐승들이 거기에 모여들고, 길짐승들이 거기에서 쉰다. 온갖 보물이 그 속에 저장되어 번식하고, 기이한 물건이 그 속에 숨겨져 있다.

이처럼 온갖 물건을 길러 주되 권태롭다 아니하며, 사방의 모든 것을 다 불러 모으되 제한을 두지 않는다. 구름을 일으켜 천지지간을 통기(通氣)시키며, 천지를 이로써 이루고 나라를 이로써 평안히 하니 이 때문에 인자(仁者)는 산을 즐기는 것이다.

《시경(詩經)》에 『태산의 높고높음이여, 노(魯)나라 임금께서도 이를 쳐다보도다』라고 하였으니, 이는 요산(樂山)을 두고 한 말이다.」

 옥(玉)에는 여섯 가지 아름다움이 있어 군자들이 이를 귀히 여긴다.

바라보면 온윤(溫潤)하며, 가까이하면 무늬가 청석(淸晳)하다. 그 소리가 가까이는 은은히 울려오고 멀리까지 들린다. 굽어 있으나 이를 굽힐 수는 없고, 속이 비어 있으나 약하지는 않다. 그런가 하면 깨끗이 각이 져 날카로우나 사람을 다치게 하지는 않는다. 흠이 있으면 반드시 이를 밖에서 보이도록 한다. 이상이 곧 옥이 귀히 여김을 받는 아름다움들이다.

바라보았을 때 온윤하다는 것은 군자에게는 덕(德)에 비유되고, 가까이하였을 때 무늬가 뚜렷하다는 것은 군자에게는 지(智)에 비유된다. 또 소리가 가까이는 느리나 멀리까지 들린다는 것은 군자의 의(義)에 비유되며, 굽어 있으되 굽혀지지 않는 것, 비어 있으되 약하지 않은 것은 군자의 용(勇)에 비유된다.

그리고 날카로우나 남을 해치지 않는 것은 군자의 인(仁)에 비유되며, 흠이 있으면 반드시 밖으로 드러내어 보이는 것은 군자의 정(情)에 비유된다.

도오(道吾)가 선생님께 물었다.
「지식이 많은 자와 지식이 없는 자, 어느쪽이 더 훌륭한 자입니까?」
이에 선생님은 이렇게 대답하였다.
「무지한 자는 죽은 사람에 속한다. 비록 죽지 않았다 해도 남에게 누(累)가 되는 일을 심히 많이 저지르게 된다. 그러나 지식이 많은 자는 훌륭하다. 그는 마음 씀씀이도 넓다. 그렇지만 지식이 많은 자가 남을 이롭게 하는 일에 나서면 훌륭하지만, 남을 해롭게 하는 일에 나선다면 훌륭하지 못하다.」
이에 도오가 말하였다.
「알았습니다.」

월석보(越石父)가 이렇게 말하였다.
「어리석은 자일수록 스스로는 어진 줄 알고, 우둔한 자일수록 스스로는 많은 것을 아는 줄 안다. 또 요행을 바라는 자는 모두가 마음과 말이 달리 표현되며, 남에게는 말을 하지 못하게 한다. 이는 비유컨대 목이 마른 후에야 우물을 파고, 난에 임해서야 무기를 만드는 경우와 같아 비록 아무리 빨리 좇는다 해도 미치지 못한다.」

 무릇 재물에 임해서는 가난하였을 때를 잊을까 염려하고, 삶에 임해서는 죽음을 잊을까 염려하여야 죄로부터 멀어질 수 있다. 무릇 군자는 말을 아끼고, 공작은 그 깃털을 아끼며, 호표(虎豹)는 그 발톱을 아끼나니, 이는 모두가 자신의 몸을 돕는 것들이기 때문이다.

위를 향해 배우는 자는 그 녹(祿)을 잃지 않으며, 아래를 향해 배우는 자는 그 환난에서 벗어날 길이 없다.

이 까닭으로 군자는 사람을 가려 사귀고, 농부는 땅을 가려 농사를 짓는다. 군자는 사람을 심고, 농부는 곡식을 심는다. 농사짓는 자가 종자를 가려 파종하면 풍년에 많은 곡식을 수확하듯이, 선비는 사람을 가려 심어야 좋은 시기에 반드시 녹을 얻게 된다.

 천하에 도가 다 사라진 이후에야 인의(仁義)가 생겨나고, 나라의 다스림이 제대로 되지 않은 후에야 효자가 생겨난다.

또 백성의 다툼이 해결되지 않은 후에야 자혜(慈惠)가 생겨나고, 도(道)가 거역되고 시기가 반전된 후에야 권모(權謀)가 생겨난다.

 무릇 선(善)의 발생은 모두가 그 배운 바에 말미암는 것이다.

한집안 내에는 반드시 주도(主導)하는 이가 있어야 하니, 바로 부모를 두고 한 말이다. 그래서 임금이 바르면 백성이 다스

려지고, 부모가 바르면 그 자손이 효성스럽고 자애롭게 된다.

이 까닭으로 공자(孔子)의 집에는 아이들이 꾸지람이라는 것을 몰랐고, 증자(曾子)의 집 아이들은 잘못된 길로 가는 것을 몰랐으니, 이와 같이 된 이유는 태어나서 좋은 가르침을 받았기 때문이다.

무릇 어진 이는 남과 화합하기를 좋아하고, 어질지 못한 이는 남과 분리되기를 좋아한다. 그래서 군자가 사람 사이에 거하면 다스려지고, 소인이 사람들 사이에 끼이면 난이 생긴다.

군자가 남과 화합하려는 것은 물·불이 비록 서로 같이 못하나, 그 사이에 솥을 걸어두면 물·불이 서로 난을 일으키기는커녕 1백 가지 맛을 조화롭게 해주는 것과 같다. 그 때문에 군자는 사람들 사이에 어떤 사람을 중간에 택하여 주느냐 하는 일에 조심하지 않으면 안 된다.

제(齊)나라의 경공(景公)이 안자(晏子)에게 물었다.

「과인이 맨땅에 앉으면 모두들 따라서 맨땅에 앉습니다. 그런데 그대만은 풀을 말아 깔고 앉으니 어떻게 된 것입니까?」

이에 안자가 이렇게 대답하였다.

「제가 들으니, 오직 상(喪)을 당한 자와 감옥에 갇힌 자만이 맨땅에 앉는다고 하였습니다. 지금 저는 감히 상사(喪事)나 옥사(獄事) 같은 것으로 임금을 모실 수가 없기 때문입니다.」

제(齊)나라의 고정(高廷)이 공자(孔子)에게 물었다.

「저는 넓은 산도 가지고 있지 않고 평탄한 들도 가지지 못한 하잘것 없는 도롱이를 쓰고 사는 사람이지만, 맑은 정기(精氣)는 가지고 있습니다. 그래서 임금을 섬기는 도가 어떤 것이지 묻고 싶습니다.」

이에 공자가 이렇게 대답하였다.

「정절(貞節)로써 처리하고 공경으로써 보좌하며, 사람을 대접하되 게을리 하지 않으며, 군자를 보면 추천해 주고 소인을 보면 물러나게 하면 되지요. 그리고 그대의 나쁜 마음을 제거하고 충성으로 함께 하며, 행동은 민첩히 하고 그 예를 잘 수양하게 되면, 비록 1천 리 밖에 살고 있다고 해도 형제처럼 친하게 됩니다. 그러나 만약 행동에 민첩하지 못하고 예가 합당하지 못하면, 서로 문을 맞대고 사는 이웃일지라도 통하지 못합니다.」

동문선

 안연(顏淵)이 중니(仲尼)에게 물었다.
「어른으로서의 행동은 어떠하여야 합니까?」

공자(孔子)는 이렇게 대답하였다.

「성인이 된 자는 정성지리(情性之理)에 통달하여야 하며, 물류지변(物類之變)에도 달통하고, 유명지고(幽明之故)를 알며, 유기지원(遊氣之源)을 볼 수 있어야 한다. 이렇게만 되면 성인이라고 할 수 있다.

그 다음으로 하늘의 도를 알았다면 인의(仁義)를 몸소 실천하며, 그 자신은 예악(禮樂)으로 몸을 닦아야 한다. 무릇 인의예악(仁義禮樂)은 성인의 실천 덕목이니, 신명(神明)을 궁구하여 화덕(化德)의 풍성함을 알아두어야 한다.」

· 정성지리(情性之理): 감정과 품성의 도리.
· 물류지변(物類之變): 만물이 유별에 따라 변화하는 원리.
· 유명지고(幽明之故): 사물이 드러나고 감추어지는 연고.
· 유기지원(遊氣之源): 부유(浮遊)하는 기(氣)의 근원.

 《주역(周易)》에 이르기를 『우러러 천문(天文)에서 살피고, 굽어 지리(地理)에서 관찰한다』라고 하였다.

이 까닭으로 유명지고(幽明之故)를 알게 되는 것이다.

무릇 천문지리(天文地理)를 사람이 본받아 마음에 담아두는 것은, 바로 성지(聖智)를 보관하는 창고를 만드는 셈이다. 그 때문에 옛 성왕이 이미 천하에 임하면서 반드시 사시(四時)의 변화를 살펴 율력(律歷)을 정하고, 천문을 상고하여 시변(時變)을 규정하기 위해 영대(靈臺)에 올라 기분(氣氛)을 살펴본 것이다.

그래서 요(堯)임금은 「너 훌륭한 순(舜)아! 하늘의 역수가 너에게 있도다. 너는 공경히 그 중심을 잡아 사해의 곤궁한 백성을 구하여라!」고 하였다.

또 《서경(書經)》에 『선기옥형(璿璣玉衡)으로 천문을 살펴 칠정(七政)을 바로잡는다』라고 하였으니, 선기(璿璣)란 북극성〔辰星〕의 구진추성(勾陳樞星)을 본뜬 것으로서, 이를 표준으로 괴표(魁杓)가 가리키는 바의 이십팔수(二十八宿)를 살펴 길흉화복(吉凶禍福)을 알아내는 것이다. 곧 천문의 여러 별들의 영축(盈縮)으로 점을 쳐 각각 그에 맞는 영험(靈驗)을 얻어내는 것이다.

무릇 점변지도(占變之道)는 두 가지일 뿐이니, 그 두 가지란 곧 음양지수(陰陽之數)이다. 그래서 《주역(周易)》에 『일음일양(一陰一陽)을 도(道)라 한다』라고 하였으니, 도란 만물의 움직임에 반드시 경유하지 않으면 안 될 길이다.

그 때문에 하나에서 생겨나 둘에서 이루며, 셋에서 갖추고, 넷에서 두루 펴며, 다섯에서 행한다. 그리하여 현상(懸象)이면서 밝게 드러나는 것은 일(日)·월(月)보다 큰 것이 없고, 변화의 움직임을 살핌에 오성(五星)보다 확실한 것이 없다. 하늘의 오성은 기(氣)로는 오행(五行)에서 움직이며, 이는 처음에 음양에서 출발하여 1만 1천5백20까지 화극(化極)한다.

다음으로 소위 이십팔수(二十八宿)란 동방(東方)의 각(角)·항(亢)·저(氐)·방(房)·심(心)·미(尾)·기(箕), 북방(北方)의 두(斗)·우(牛)·수녀(須女)·허(虛)·위(危)·영실(營室)·동벽(東壁), 서방(西方)의 규(奎)·누(婁)·위(胃)·묘(昴)·필

(畢)·자(觜)·삼(參), 남방(南方)의 동정(東井)·여귀(輿鬼)·유(柳)·칠성(七星)·장(張)·익(翼)·진(軫) 등 스물여덟 별의 자리이다.

여기서 수(宿)란 일·월·오성의 자리를 말한다. 스스로 자리를 지키며 그 안팎을 운행하여 다시 이를 사궁(四宮)으로 이름을 나누니, 그 뿌리는 모두 땅에 있으되 이것이 하늘로 올라가 빛을 발하는 것이다.

소위 오성(五星)이라고 하는 것은 첫째가 세성(歲星)이요, 둘째가 형혹(熒惑), 셋째가 진성(鎭星), 넷째가 태백(太白), 다섯째가 신성(辰星)이다. 참창(欃槍)·혜패(彗孛)·순시(旬始)·왕시(枉矢)·치우지기(蚩尤之旗)는 모두가 오성이 영축(盈縮)하여 생기는 것이다.

오성이 관여하는 것은 모두 금(金)·목(木)·수(水)·화(火)·토(土)로써 알 수 있다.

춘(春)·추(秋)·동(冬)·하(夏)가 각각 그 속에 숨어 있다가 드러나는 것이니, 평상(平常)을 잃거나 그 때를 잃으면 변이(變異)가 나타나고, 그 때를 얻고 그 평상대로 운행되면 이를 길상(吉祥)이라 한다.

옛부터 이 사시(四時)를 주재하는 자가 있었으니, 봄을 관장하는 것은 장성(張星)이다. 이 별이 어두웠다가 하늘 가운데로 오면 곡식 파종을 시작하되, 위로 천자에게 고하고 아래로 만백성에게 널리 선포한다.

여름을 관장하는 것은 대화성(大火星)이다. 이 별이 어둠 속에서 하늘 가운데로 오면 기장과 콩을 심을 수 있으니, 역시 위로 천자에게 고하고 아래로 백성들에게 선포한다.

가을을 관장하는 것은 허성(虛星)으로 어둠 속에서 이 별이 중천하면 보리를 파종할 수 있으니, 천자에게 고하고 백성에게 알린다.

겨울을 관장하는 별은 묘성(昴星)이다. 이 별이 어둠 속에서 중천하면 모든 것을 베어 거두고 사냥을 하여 덮고 저장할 수 있으니, 역시 천자에게 고하고 백성에게 알린다.

그러므로 천자는 남면(南面)하여 사성(四星)의 가운데에 거하면서 백성의 완급(緩急)을 살펴, 급할 때에는 세금과 부역을 과하지 말아야 한다.

《서경(書經)》에는 『공경히 백성의 때를 잘 맞추어 주어야 한다』라고 하였고, 《시경(詩經)》에는 『만물은 다 갖추어졌으니 오직 그 때를 잘 맞출지니라』고 하였으니, 세상만물이 늘 있으면서 끊어지지 않게 하려면 오직 그 때에 맞게 움직여야 한다는 뜻이다.

· 영대(靈臺): 고대에 천문을 관찰하던 누대·천문대.
· 선기옥형(璿璣玉衡): 고대에 천문을 관찰하던 기구로서, 한(漢)나라 때는 혼천의(渾天儀)라 하였다.
· 칠정(七政): 일월(日月)과 오성(五星)을 빗대어 한 말.
· 구진추성(勾陳樞星): 모든 별을 얽고 진열한 표준의 별.
· 괴표(魁杓): 북극성(北極星)에 의해 움직이는 일곱 별, 즉 북두칠성. 주걱처럼 생겨 붙인 이름.
· 영축(盈縮): 가득 차거나 축소됨.
· 점변지도(占變之道): 변화를 점치는 방법.
· 사궁(四宮): 사신(四神)으로 나누어 이십팔수(二十八宿)의 성수(星宿)를 속하게 한 것. 동방은 청룡(靑龍), 서방은 백호(白虎), 남방은 주작(朱雀), 북방은 현무(玄武).
· 세성(歲星): 목성(木星). 1년에 1회 운행하여, 이를 가지고 기년(紀年)

을 삼았기 때문에 이를 세성(歲星)이라 일컬은 것.

· 형혹(熒惑): 화성(火星).

· 진성(鎭星): 토성(土星).

· 태백(太白): 금성(金星)·명성(明星)·계명성(啓明星)·장경(長庚)으로도 일컫는다.

· 신성(辰星): 여기서는 수성(水星)을 가리킨다.

· 참창(欃槍): 혜성(彗星). 창처럼 뾰족한 꼬리가 있어 붙인 이름. 빗자루 같아 추성(箒星)이라고도 한다.

· 혜패(彗孛): 혜성(彗星)의 이름.

· 순시(旬始): 별 이름으로 북두칠성에서 나와 모습이 달걀 같은 것.

· 왕시(枉矢): 유성(流星)의 일종.

· 치우지기(蚩尤之旗): 혜성(彗星)의 일종으로 깃발과 같아 치우지기(蚩尤之旗)의 이름을 붙인 것.

 《주역(周易)》에 『하늘이 그 상(象)을 내려 주니 길흉을 볼 수 있다. 성인은 이를 본받는다』라고 하였다.

옛날 고종(高宗)과 성왕(成王)은 구치(雊雉)와 폭풍의 변화를 보고서, 스스로 몸을 닦고 잘못을 반성한 끝에 풍부하고 창성한 복을 누릴 수 있었다.

그러다가 진(秦)나라의 시황제(始皇帝)가 즉위하자 혜성(彗星)이 네 차례나 나타났고, 메뚜기떼가 하늘을 덮었으며, 겨울에 우뢰가 울고 여름에 얼음이 얼며, 운석(隕石)이 동군(東郡)에 떨어졌고, 임조(臨洮)에는 거인이 나타나는 등 이상한 징조를 보였다. 그런가 하면 갖가지 요망한 재이(災異)가 연달아 나타나고, 형혹(熒惑)이 하늘 가운데로 옮겨가고 대각(大角)이 별

에 가리워져서, 결국 그 대각이 사라지고 말았지만 끝내 회개
하지 않았다.

이세(二世) 황제가 들어서서 다시 그 악이 심해지자, 즉위 때
에 해와 달에 일식·월식이 일어나고 산림(山林)이 잠겨 사라
졌으며, 신성(辰星)이 네 계절의 맹월(孟月)에 나타났고, 태백
(太白)이 하늘을 가로질러 운행하며, 구름조차 없는 하늘에 우
뢰가 울리고, 왕시(枉矢)가 밤에 빛을 내며 형혹(熒惑)이 달을
침범하고, 요괴스런 불이 궁전을 태웠으며, 들짐승이 궁중 뜰에
서 뛰어놀고 도성(都城) 문이 안으로 무너졌다.

이렇게 된 때에 하늘은 위에서 변동하고, 군신(羣臣)은 조정
에서 혼미(昏迷)스러우며 백성은 아래에서 난을 부리는데도 이
를 살필 줄 모르니, 이 까닭으로 망하고 만 것이다.

· 대각(大角): 28수 중 항(亢)에 딸린 별의 하나. 북두성의 남쪽에 등색
  (橙色)으로 빛나는 별. 목동자리는 수성(首星)으로, 예로부터 방각(方
  角)이나 역일(曆日)을 헤아리는 목표가 되었음. 여름날 저녁에 머리
  위에서 빛남.
· 맹월(孟月): 네 계절의 첫달, 곧 음력 1월[孟春]·음력 4월[孟夏]·음
  력 7월[孟秋]·음력 10월[孟冬].

팔황(八荒) 안에는 사해(四海)가 있고, 사해 안
에는 구주(九州)가 있으며, 천자(天子)는 그 중주
(中州)에 살면서 팔방(八方)을 제어한다.

두 하수(河水) 사이를 기주(冀州)라 하고, 하남(河南)을 예주
(豫州)라 하며, 하서(河西)를 옹주(雍州), 한수(漢水)의 남쪽을 형

주(荊州), 강남(江南)을 양주(揚州), 제수(濟水)와 하수(河水) 사이를 연주(兗州), 제수(濟水)의 동쪽을 서주(徐州), 연(燕)나라가 있던 땅을 유주(幽州), 제(齊)나라가 있던 땅을 청주(靑州)라 한다.

산천과 오택(汙澤)이 있고, 구릉과 육지·언덕이 있어 오토(五土)의 마땅함이 있으니 성왕(聖王)은 그 형세에 맞게, 그리고 그 편의에 맞게 오토를 이용하되 그 본성을 놓치지 않는다.

즉 높은 땅에는 기장을 심고, 중간 땅에는 메기장을 심으며, 낮은 땅에는 메벼를 심는다. 부들·갈대·사초·기름사초 등 여러 가지 소용 닿는 풀이 궁핍하지 않게 공급되고, 삼·보리·기장·조 역시 끊임없이 산출된다. 게다가 산림 속의 짐승, 천택(川澤)의 물고기·자라는 저절로 번식한다.

임금은 서울에서 사방으로 통하므로 이를 이용하는 것이다.

· 팔황(八荒): 온 세계, 우주.
· 사해(四海): 고대 중국인은 중국 땅 밖을 동서남북의 네 바다가 둘러싸고 있다고 믿었다. 따라서 해내(海內)를 곧 세계, 즉 인간이 사는 땅인 천하로 믿었다.

 주(周)나라 유왕(幽王) 2년, 서주(西周)의 삼천(三川) 지방에 큰 지진이 일어났다. 이를 본 백양보(伯陽父)가 이렇게 말하였다.

「주나라는 장차 망하리라. 무릇 천지(天地)의 기(氣)가 그 질서를 잃은 것이다. 만약 그 질서가 과하면 백성이 난을 일으키게 된다. 양(陽)이 잠복하여 능히 발출하지 못하고, 음(陰)이 짓

눌려 능히 증발하지 못하는 것, 이것이 지진이다. 지금 삼천 지방의 지진은 양이 그 자리를 잃고, 음이 그 자리를 메우고 있는 것이다. 양이 넘쳐 음을 장대하게 하면, 그 근원이 막혀 나라가 망하고 만다.

무릇 수토(水土)는 펼쳐져야 백성이 이를 통해 족함을 얻는 것이다. 흙이 제 구실을 하지 못하면 백성의 재물은 결핍되고 만다. 그렇게 되면 망하는 것 외에 무엇을 기다리리요!

옛날 이락(伊雒)의 물이 마르자 하(夏)나라가 망하였고, 하수(河水)가 마르자 상(商)나라가 망하였다. 지금의 주나라 덕은 그 두 나라의 말기와 같다. 그 물의 근원이 막히면 그 물은 마르게 마련이다. 나라란 산과 내에 의지할 수밖에 없다. 산이 무너지고 내가 마른다고 하는 것은 망하는 징조이다. 내가 마르면 산은 무너질 수밖에 없다. 이 나라가 망하는 데는 10년을 넘기지 못할 것이니, 이는 바로 운명의 기(紀)이다. 하늘이 버릴 때에는 그 기(紀)를 넘기지 않는 법이다.」

이 해에 삼천(三川)의 물이 마르고, 기산(岐山)이 무너졌다.

그리고 유왕 11년, 과연 유왕은 망하고 주나라는 동쪽으로 옮길 수밖에 없었다.

오악(五嶽)이란 어디인가?

태산(泰山)은 동악이며, 곽산(霍山)은 남악, 화산(華山)은 서악, 상산(常山)은 북악, 숭고산(嵩高山)은 중악이다.

그러면 이 오악을 어찌하여 삼공(三公)처럼 여기는가?

이는 능히 구름과 비를 만들어 내며, 또한 그 구름과 비를 거두어 주기 때문이다. 구름이 산의 돌에 접촉하여 생겨나서,

조금만 모이면 합해져서는 어디도 가리지 않고 급히 천하에 비를 뿌려 준다. 그 시덕(施德)이 넓고 크니, 그 때문에 삼공 대접을 하는 것이다.

·오악(五嶽): 고대 천자(天子)가 천하를 순수할 때 꼭 들러야 하는 산.

 사독(四瀆)이란 무엇인가?

장강(長江)·황하(黃河)·회수(淮水)·제수(濟水)이다.

그런데 이 사독을 어찌하여 제후(諸侯)로 대접하는가?

이는 능히 더러운 때와 탁한 것을 씻어내고, 백천(百川)을 바다로 통하게 해주며, 1천 리의 큰 땅에 구름을 일으켜 비를 내리니 그 덕이 심히 크다. 그래서 제후처럼 높이 받드는 것이다.

·사독(四瀆): 독(瀆)은 나라의 중요한 물줄기.

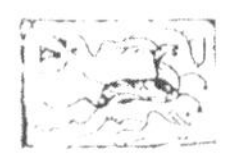 산(山)·천(川)은 어찌하여 자작(子爵)·남작(男爵)으로 대접하는가?

이들은 능히 물건을 산출하고, 능히 만물을 윤택하게 하며, 능히 구름과 비를 일으켜 그 은혜가 많다. 그러나 그 산과 내는 수백씩이나 된다. 그래서 자작·남작으로 조금 낮추어 대접하는 것이다.

《서경(書經)》에 『육종(六宗)에게 제사지내고, 산천에 망제(望祭)를 지내며, 여러 신들에게도 고루 제사지낸다』라고 하였다.

제(齊)나라의 경공(景公)이 노침(路寢)의 누대를 짓도록 하여 완성까지 하였는데, 도리어 경공은 이를 막아 버리고 사용치 않는 것이었다. 이에 백상건(柏常騫)이 물었다.

「누대짓는 일을 심히 재촉하시더니, 지금 다 완성되고 나서는 어찌하여 막아두고 사용치 않으시는 것입니까?」

그러자 경공이 이렇게 말하였다.

「그렇습니다. 지난밤에 올빼미가 울었는데, 그 울음소리가 갖가지 이상한 소리를 다 내어 못 내는 소리가 없이 처량하였습니다. 나는 그런 소리를 대단히 싫어합니다. 이 까닭으로 누대를 사용치 않는 것입니다.」

이에 백상건이 이렇게 제의하였다.

「제가 청컨대 제사를 올려 이를 제거해 드리겠습니다.」

경공이 귀가 솔깃하여 「무슨 준비물이 필요합니까?」라고 묻자, 백상건이 이렇게 대답하였다.

「새로운 집을 하나 짓되, 그 지붕을 띠〔白茅〕로 이어 주십시오.」

경공은 이 말대로 새로운 집을 짓게 하고, 그 지붕을 띠로 이도록 하였다. 그러자 백상건이 밤에 몰래 일을 벌였다. 그리고 이튿날 아침 짐짓 이렇게 물었다.

「지난밤에도 올빼미 울음소리가 들렸습니까?」

그러자 경공이 「한 번 울더니 다시는 더 들리지 않았습니다」하고는, 사람을 보내어 알아보게 하였다. 그랬더니 올빼미가 계단에 떨어져 날개를 편 채 땅에 엎어져 죽어 있는 것이었다. 경공이 이를 신기하게 여기며 물었다.

「그대의 도술이 어찌 이처럼 명확하오? 그렇다면 역시 나의 수명도 늘려 줄 수 있겠습니까?」

「가능합니다!」

이 대답에 경공이 「얼마나 더 늘릴 수 있습니까?」라고 묻자, 백상건이 「천자는 9년, 제후는 7년, 대부는 5년까지 늘려 드릴 수 있지요」라고 답하였다.

그러자 경공이 다시 물었다.

「그렇다면 그 증거의 징조를 직접 보여 줄 수 있겠습니까?」

「수명이 연장되면 장차 땅이 진동할 것입니다.」

백상건의 이 말에 경공은 신이 나서, 백관(百官)으로 하여금 급히 백상건이 필요로 하는 물건들을 갖추어 주도록 하였다. 백상건이 밖으로 나오다가 길에서 안자(晏子)를 만나자, 그 말〔馬〕 앞에서 절을 하고 이렇게 말하였다.

「제가 임금을 위해 올빼미를 없애 주었더니, 임금께서 『그대의 도술이 이처럼 명확한가? 그렇다면 역시 과인의 수명도 늘려 줄 수 있느냐』고 물으셔서, 제가 『가능하다』고 대답하였습니다. 그래서 지금 큰 제사를 올려 임금을 위해 축수코자 합니다. 장차 대부께도 알려 드리려던 참이었습니다.」

이 말에 안자가 이렇게 물었다.

「아, 역시 훌륭한 일입니다! 능히 임금을 위해 축수를 하다니오! 비록 그렇더라도 내가 듣기로 오직 정치와 덕을 잘 펴서 귀신에게 순종하면 그 수명을 더할 수 있다고 하던데, 지금 한갓 제사를 지낸다고 해서 수명이 연장될는지요? 그렇다면 복의 조짐에 어떤 증거라도 보입니까?」

이에 백상건이 「수명이 연장되면 장차 땅이 진동할 것입니다」라고 하자, 안자가 다시 물었다.

「백상건! 지난번 유성(維星)이 끊어지고 추성(樞星)이 흩어지며 땅이 진동하는 것을 내가 본 적이 있는데, 그대는 그것을 징조로 삼을 작정이지요?」

그러자 백상건이 머리를 숙이고 잠시 머뭇거리다가, 다시 고개를 들고 「그렇습니다!」라고 대답하였다.

이에 안자가 이렇게 말하였다.

「그렇게 한다고 해서 수명이 늘어나는 것도 아니고, 그렇게 하지 않는다고 해서 수명이 줄어드는 것도 아니오. 그대는 세금을 줄이고, 백성의 재물을 허비하지 않도록 하시오. 그리고 임금께서는 이 사실을 알지 못하도록 하시오.」

· 유성(維星): 별들의 질서.
· 추성(樞星): 북극성과 북두칠성.

무릇 수재(水災)와 한재(旱災)는 천하의 음양(陰陽)이 일으키는 것이다. 따라서 큰 한재에는 우제(雩祭)를 지내어 비를 청하고, 큰 수재에는 북을 울려 사신(社神)이 겁을 먹도록 큰 소리를 내니 이는 무슨 원리인가? 답은 이러하다.

양(陽)이라고 하는 것은 음(陰)의 어른이다. 그것이 새에게 있어서는 수컷이 양이 되고 암컷이 음이 되며, 짐승에게 있어서도 역시 수놈이 양이 되고 암놈이 음이 된다. 마찬가지로 백성에게 있어서는 남편이 양이 되고 아내가 음이 되며, 집안에 있어서는 아버지가 양이 되고 그 아들이 음이 된다. 또 나라에 있어서는 임금이 양이 되고 신하가 음이 된다.

그러므로 양은 귀하고 음은 천하며, 양은 높고 음은 낮은 것이 하늘의 도이다.

지금 큰 한발(旱魃)이 있다면, 이는 양기가 지나치게 성하여 음기의 자리를 제압하고 있기 때문이다. 음기는 눌리고 양기는 굳으니, 양기가 그 자리를 메우고 있다. 메우고 누름이 지나치게 심하여, 음기로 하여금 일어설 수 없게 하므로 우제를 지내어 비를 요청할 뿐이지 감히 무엇을 가할 수가 없다.

또 큰 수재와 일식(日蝕)이란, 음기가 지나치게 강하여 위로 양정(陽精)을 감소시켜 생기는 것이다. 천한 것이 귀한 것을 타오르고 낮은 것이 높은 것을 능멸하니, 이는 대역불의(大逆不義)한 것이다. 그 때문에 북을 울려 겁을 먹도록 하여 붉은 실로 묶어 음을 제압한다.

이로 말미암아 보건대 《춘추(春秋)》에 천하지위(天下之位)를 바로잡고, 음양지실(陰陽之失)을 징벌하며 대역(大逆)을 곧바로 질책하는 것은 그 곤란을 피하려 아니한 것이니, 이 역시 강한 반발을 두려워하지 않는 《춘추》 본연의 의미이다.

그래서 사신(社神)에게 겁을 주되 그 영(靈)은 놀라지 않게 하며, 천왕(天王)을 내쫓되 윗사람을 존경하지 않는 경우는 없다.

즉 괴외(蒯聵)를 멀리하라는 명령에 아버지의 뜻을 듣지 않을 수 없었고, 문강(文姜)을 거절하라는 위촉에 그 어머니를 사랑하지 않을 수 없었던 것이니, 이는 그 의리가 지극함이로다! 그 의리가 지극함이로다!

・우제(雩祭): 가물 때에 지내는 기우제(祈雨祭). 어린 남녀 8명이 춤을 추면서 〈우, 우〉하는 소리를 내어 붙여진 명칭이라 한다.
・사신(社神): 토지의 주신(主神).

 제(齊)나라에 큰 한재(旱災)가 들었을 때, 경공(景公)이 여러 신하들을 소집해 놓고 물었다.

「하늘이 너무 오랫동안 비를 내려 주지 않아 백성들 모두가 굶주린 기색입니다. 내 사람을 시켜 점을 쳐보니, 고산광수(高山廣水)가 그 빌미(祟)라 합니다. 그래서 과인이 약간의 세금을 거두어, 그 비용으로 영산(靈山)에 제사를 지내고자 합니다. 가(可)하겠습니까?」

여러 신하들이 아무런 대답을 하지 못하자, 안자(晏子)가 나아가 이렇게 말하였다.

「안 됩니다. 그런 제사를 지내도 이익될 게 없습니다. 무릇 영험한 산이라 할지라도 사실은 돌로 그 몸을 삼고, 초목으로 그 머리카락을 삼고 있습니다. 하늘이 오랫동안 비를 내려 주지 않으면 그 머리카락은 타고, 그 몸은 더워서 견딜 수가 없겠지요. 그러니 산인들 홀로 비를 바라지 않겠습니까? 그런 산에 제사를 지내 보았자 이익이 없습니다.」

그러자 경공이 다시 말을 바꾸었다.

「그렇게 할 수 없다면, 나는 하백(河伯)에게라도 제사를 지내고 싶습니다. 그것은 어떻습니까?」

이에 안자가 다시 반대하였다.

「안 됩니다. 그런 제사도 무익합니다. 무릇 하백은 물을 나라로 삼고, 어별(魚鼈)을 백성으로 삼고 있습니다. 하늘이 오랫동안 비를 내려 주지 않으면, 샘물은 자꾸 말라 낮아지고, 온갖 냇물도 말라 버릴 것이며, 그 나라는 망하고 백성도 멸망해 버리겠지요. 그러니 하백인들 어찌 저 홀로 비를 바라지 않겠습니까? 그런 하백에게 제사를 지낸들 무슨 이익이 있겠습니까?」

그러자 경공이 다시 물었다.

「그러면 이제 어떻게 하면 좋겠습니까?」

이에 안자가 이렇게 대답하였다.

「임금께서 진실로 궁전을 피해 들에 나가 햇볕을 쬐고 노숙하며, 저 영산과 하백의 근심을 함께 한다면, 혹시 비가 내리는 행운이 있을지도 모르지요!」

그리하여 경공이 들에 나가 노숙하고 햇볕을 쬐기를 사흘, 과연 하늘에서 큰비가 내렸다. 백성들은 모두 씨 뿌릴 시기를 얻게 된 것이다.

이에 경공이 이렇게 감탄하였다.

「훌륭하도다! 안자의 말이여. 어찌 귀담아듣지 않을 수 있겠는가? 오직 덕 있는 말이로다!」

· 고산광수(高山廣水): 큰 산과 넓은 강. 이들이 비를 내리지 못하게 횡포를 부림.
· 하백(河伯): 하수(河水)의 신(神).
· 어별(魚鼈): 물고기와 자라.

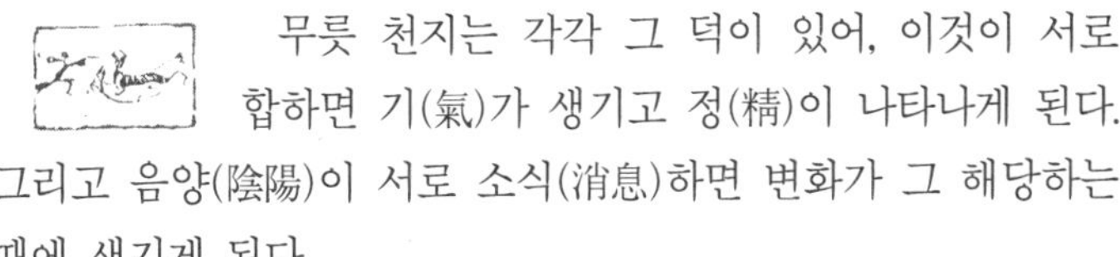

무릇 천지는 각각 그 덕이 있어, 이것이 서로 합하면 기(氣)가 생기고 정(精)이 나타나게 된다. 그리고 음양(陰陽)이 서로 소식(消息)하면 변화가 그 해당하는 때에 생기게 된다.

그리고 그 때를 얻으면 다스려지고 화육(化育)하게 되지만, 그 질서가 잘못되면 혼란이 생긴다. 그 까닭으로 사람이 갓난아기 때에는 할 수 없는 것이 다섯 가지이니, 눈이 있어도 보이지 않고 스스로 먹을 수도 없으며 걷지도 못하고 말도 할 수 없고 시화(施化)하지 못한다. 때문에 석 달이 지나 눈이 제 구실을 하여야 능히 볼 수 있고, 일곱 달이 지나 이(齒)가 생긴 후라야 능히 먹을 수 있으며, 1년이 지나 무릎뼈가 생긴 후에야 걸을 수 있고, 3년이 지나 성대가 합해져야 말을 할 수 있으며, 열여섯 살이 되어 정기(精氣)가 소통된 후라야 시화할 수 있다.

음이 다하면 양으로 돌아오고, 양이 다하면 음으로 돌아온다. 그러므로 음은 양 때문에 변하고, 양은 음 때문에 변한다.

그리하여 남자는 여덟 달에 이가 생겨 여덟 살에 이를 갈기 때문에 이팔(二八)은 십륙(十六)에 정기가 조금씩 통하기 시작하고, 여자는 일곱 달 만에 이가 나서 일곱 살 때에 이를 갈기 때문에 이칠(二七)은 십사(十四)에 정기가 화하여 조금씩 통하는 것이다.

그런데 지혜롭지 못한 자는 정기가 화하여 이를 때에, 생식지기(生殖之氣)가 감동하여 정욕(情欲)의 접촉을 마구 범하려 한다. 그 때문에 도리어 혼란을 반복하게 되는 것이다.

《시경(詩經)》에 『이와 같은 사람, 장가 갈 생각만 하네. 믿음이 전혀 없는 자, 천명도 모르네!』라고 하였다.

어진 자는 그렇지 않다. 그는 정화(精化)가 가득 차기를 기다린 후에도 상해를 입을 경우를 만나지 않도록 한다. 우선 그 단서가 될 일을 만들지 않으며, 자신의 정욕을 노래로 푼다.

그래서 《시경(詩經)》에 『조용하고 아리따운 여자, 성 귀퉁이에서 나를 기다리네. 사랑스러운 님 만나지 못해 머리 긁적이며 서성이네』라고 하였고, 또 『저 높은 해와 달을 바라보니, 아득히 그리운 나의 생각. 길이 멀다구요? 그러나 능히 못 오리요!』라고 하였다.

이는 짝을 지을 나이가 급함을 말한 것이며, 그 내용이 심절하다. 그래서 해와 달, 즉 세월을 거론한 것이다.

·시화(施化): 남녀의 생식 접촉, 즉 남녀관계를 할 수 있음을 말한다.
새로운 생명을 낳기 위해 이루어지는 화정작용(化精作用).

도량(度量)과 권형(權衡)은 곡식 중에 기장〔黍〕
을 표준으로 하되 (10속을) 1푼(分)으로 하며, 10
푼을 1촌(寸)으로 하고, 10촌을 1척(尺)으로 하며, 10척을 1장
(丈)으로 한다.

또 기장으로 하되 16서(黍)를 1두(豆)로 하고, 6두를 1수(銖)
로 하며, 24수의 중량을 1냥(兩)으로 하고, 16냥을 1근(斤)으로
하며, 30근을 1균(鈞)으로 하고, 4균의 무게를 1석(石)으로 한다.

그리고 기장 1천2백 알을 1약(龠)으로 하고, 10약을 1홉(合)
으로 하며, 10홉을 1승(升, 되)으로 하고, 10승을 1두(斗, 말)로
하며, 10두를 1석(石, 섬)으로 한다.

·도량(度量): 도(度)는 길이, 양(量)은 부피와 중량.
·권형(權衡): 둘 다 저울을 뜻하며, 무게의 표준을 말한다.

무릇 육경(六經)은 제왕(帝王)이 지은 바로서
사령(四靈)과 연관되지 않은 것이 없다.

덕이 성하면 이 신령스런 짐승이 길러지는 것으로 여겼으니,
다스림이 평화로운즉 그 시대의 기(氣)가 이른 것이다.

그러므로 기린(麒麟)은 노루의 몸체에 소의 꼬리이며, 둥근

정수리에 뿔은 하나이다. 인(仁)과 의(義)를 지니고 있고, 그 소리가 율려(律呂)에 맞으며, 그 행보(行步)는 법도에 맞고, 그 절선(折旋)은 규정에 맞는다. 땅을 가려 밟고 그 위치가 평평하여야 거하며, 군집생활을 하지 않고 떠돌아다니지도 않는다. 그 바탕의 무늬는 뒤섞여 있고, 한가로울 때는 순순여(循循如)하며 움직일 때는 용의(容儀)가 있다.

황제(黃帝)가 즉위하여 성은을 베풀고, 대명(大明)을 받들어 한결같이 도와 덕을 닦아 오직 인(仁)으로써 행하였다. 그래서 천하가 평화로웠지만 봉황(鳳凰)이 나타나지 않아 자나깨나 그 모습을 그리워하였다. 이에 일찍 일어나 늦게 자면서 애타게 기다리다가 천로(天老)에게 물었다.

「봉황의 의태(儀態)는 어떠한가?」

이에 천로가 이렇게 설명하였다.

「무릇 봉황이란 앞은 기러기 모습에 뒤는 인(麟)같이 생겼고, 목은 뱀 같되 꼬리는 물고기 같으며, 황새의 이마에 원앙새 같고, 그 뜻한 바를 고절(枯折)스럽게 빛내고자 합니다. 게다가 용의 무늬에 거북 몸체이며, 제비 부리에 닭의 입 같고, 그 날개를 함께 모아 가운데로 향하고 있습니다. 머리에는 덕(德)을 이었고 정수리에는 의(義)를 보이며, 등에는 인(仁)을 짊어지고 심장은 신(信)과 지(智)를 지니고 있지요. 먹을 때도 의표(儀表)가 있고 움직이면 무늬가 나타나며, 다가올 때는 아주 아름답습니다.

새벽에 우는 울음을 발명(發明)이라 하고, 낮의 울음소리를 보장(保長)이라 하며, 날면서 우는 것을 상상(上翔)이라 하고, 모여서 우는 것을 귀창(歸昌)이라 합니다. 날개에는 의(義)를 끼고 마음속에는 충(忠)을 안고 있으며, 발로는 정(正)을 밟고 꼬리는 무(武)를 달고 있습니다.

작은 소리는 쇳소리 같으나 큰 소리는 북소리에 맞습니다.

목을 빼고 날개를 저으면 다섯 가지 광채가 나고, 그 광채는 여덟 가지 바람을 일으키며, 그 기(氣)가 강하하면 때맞추어 비가 내립니다.

이것이 곧 봉황의 모습입니다.

무릇 봉황만이 능히 만물을 궁구하고 하늘의 신과 통교하며, 1백 가지 형상을 상징하고 도에까지 도달합니다. 이가 떠나면 재앙이 있게 되고, 이가 보이면 복이 있게 됩니다.

봉황은 능히 구주(九州)·팔극(八極)을 볼 수 있으며, 문무(文武)를 겸비하고 왕국을 바르게 해주며 그 빛은 사방을 모두 비추니, 이 때문에 인자(仁者)·성자(聖者)가 모두 굴복하는 것입니다. 그러므로 봉황의 모습 중에 한 가지를 얻으면 봉황이 지나가고, 두 가지를 얻으면 봉황이 내려오며, 세 가지를 얻으면 봉황이 봄·가을로 내려오고, 네 가지를 얻으면 사철 내려오며, 다섯 가지를 얻으면 종신토록 머물러 살아 주지요!」

이 설명에 황제는 「아, 훌륭하도다!」라고 감탄하였다.

그리고는 황면(黃冕)을 갖추어 쓰고, 황신(黃紳)을 띠고 궁정 가운데에서 재계(齋戒)하였다. 그러자 봉황이 해를 가리며 내려왔다. 이에 황제는 스스로 동쪽 계단으로 내려서서 서쪽을 향해 선 다음 머리를 조아리며 이렇게 말하였다.

「하늘께서 이렇게 내려 주시니, 어찌 감히 천명(天命)을 받들지 않으리요!」

그러자 봉황들이 다시 동쪽 원유(園囿)로 모여들어, 황제의 대나무 열매를 먹으며 오동나무에 살면서 종신토록 떠나지 아니하였다.

《시경(詩經)》에 『봉황이 울도다, 저기 높은 언덕 위에서. 오동나무 자랐네, 저기 아침 햇살 밝은 곳에. 무성하게 늘어진 저 오동잎. 재잘재잘 울어대는 저 봉황새 소리!』라고 하였으니, 바로 이를 두고 한 말이다.

다음으로 영구(靈龜)는 무늬가 오색으로 옥이나 금과 같다.

음을 등지고 양을 향해 산다. 위는 천문(天文)을 등지듯 둥글고 아래는 땅을 본받듯 평평하며, 주위는 산의 모습이고 네 발은 사시(四時)의 변화에 맞추어져 있고, 무늬는 이십팔수(二十八宿)를 상징한다.

뱀의 머리에 용의 날개 같으며, 왼쪽은 해를 나타내고 오른쪽은 달을 상징하여 1천 년의 변화를 통해 아래쪽 기(氣)를 위로 통하게 하니, 능히 존망길흉(存亡吉凶)의 변화를 알고 있다. 편안할 때는 신신여(信信如)하되 움직이면 모든 것이 드러난다.

다음은 신룡(神龍)이다.

이는 능히 높고 낮음을 마음대로 하고, 크고 작게도 뜻대로 하며, 숨기도 나타나기도, 짧게도 길게도 할 수 있다. 그 때문에 그 높이를 널리 보여 주기도 하고, 그 깊이도 물속 아래까지 하며, 천광(天光)을 엷게도 하고 이를 높이 들어 보이기도 한다. 한 번 보였다가 없어지는 것이 매우 짧으나, 그 무늬는 빛나고 아름답다. 사라졌을 때는 그 정(精)이 화하고, 움직이면 그 영(靈)이 화한다.

아! 훌륭하도다! 군자가 이를 신(神)으로 삼으니, 그의 위의(威儀)를 보라. 얼마나 그윽한 사이를 유유히 떠도는가! 봉황새 같지 않은가?

《서경(書經)》에 『조수의 울음소리가 창창하니, 봉황새가 오는 듯한 모습이로구나!』라고 하였으니, 바로 이를 두고 한 말이다.

· 사령(四靈): 고대에 영험한 것으로 여겼던 네 가지 신령스런 동물. 즉
  본장에서는 기린(麒麟)·봉황(鳳凰)·영구(靈龜)·신룡(神龍)을 들고
  있다.
· 순순여(循循如): 늠름하거나 조용한 모습.
· 황면(黃冕): 노란색의 면류관.
· 황신(黃紳): 노란색의 허리띠.
· 원유(園囿): 임금 전용의 식물원·동물원.
· 신신여(信信如): 믿음직스러움.

주(周)나라 성왕(成王) 때에 세 종류의 곡식 싹이 뽕나무를 뚫고 자라서는 이삭은 하나로 맺히는 것이었다. 또 그 크기가 수레에 거의 가득 찰 정도여서 백성들이 이를 가져다가 성왕에게 바쳤다. 성왕이 이 일을 주공(周公)에게 물었다.

「이것이 어찌된 일입니까?」

이에 주공이 이렇게 설명하였다.

「세 종류가 한 가지 이삭으로 패는 것은, 생각건대 천하가 화평을 얻어 하나로 통일된다는 뜻이 아닐는지요?」

그로부터 3년이 지나자, 월상씨(越裳氏)가 여러 번의 통역을 거쳐 조공을 와서는 「길은 너무 멀고 험하며, 산천이 가로막아 사신 혼자의 통역으로는 올 수 없어 중역(重譯)·삼역(三譯)을 거쳐서 찾아온 것입니다」라고 하는 것이었다.

이에 주공이 그들에게 이렇게 말하였다.

「은택을 베푼 것이 없으면 군자로서 그 공물을 받지 않는 법이요, 정령(政令)을 베푼 것이 없으면 역시 군자로서 그들을 신

하로 삼을 수 없다 하였습니다.」

그러자 통역하는 이가 이렇게 말하였다.

「우리는 우리 나라의 원로들에게 이런 명령을 받았습니다. 『오랫동안 하늘에 열풍음우(烈風淫雨)가 없는 것을 보면 중국에 성인(聖人)이 나셨나 보다. 계시다면 어찌 가서 뵙지 않으랴!』라구요.」

이 말에 주공은 공경히 그들이 가지고 온 바의 것을 받았다.

·열풍음우(烈風淫雨): 태풍과 장마 등 좋지 못한 기후.

 주(周)나라 혜왕(惠王) 15년에 어떤 신(神)이 신(莘) 땅에 강림하였다. 이에 임금이 내사(內史) 과(過)에게 물었다.

「이것이 무슨 연고인가? 무슨 징조가 있는가?」

그의 대답은 이러하였다.

「있습니다. 나라가 장차 흥하려면 그 임금이 재(齋)를 올리고 명석하게 하며, 중정(中正)하고 정결(精潔)히 하며, 은혜롭고 온화하게 합니다. 그 덕은 족히 그 향기를 밝힐 수 있으며, 그 은혜는 족히 그 백성을 동화시킬 수 있습니다.

신(神)은 이를 흠향하고, 백성은 따르게 되지요. 그래야 백성과 신이 원망이 없어 밝은 신이 강림하여 그 정치와 덕을 보고 고르게 복을 베풀어 주는 것입니다.

그러나 나라가 장차 망하려면 그 임금이 탐모(貪冒)·음벽(淫僻)·사일(邪佚)·황태(荒怠)·무예(蕪穢)·포학(暴虐)하여, 그 정치는 비린내가 나고 그 향기도 피어오르지 못하며, 그 형벌은 무고함을 벗어나지 못하고 백성은 두 가지 마음을 갖게 됩니다. 그렇게 되면 명신(明神)이 도움을 주지 않고, 백성은 멀어져 가지요.

그리하여 백성과 신이 다같이 원통해하고 원망을 갖게 되어 어디에 의지할 곳이 없어집니다. 따라서 신이 와서 그 가혹한 정치를 보고 화를 내리고 마는 것입니다.

이 까닭으로 해서 신을 보는 것은 똑같으나 어떤 이는 이로써 흥하고, 어떤 이는 이로써 망하게 되는 것입니다.

옛날 하(夏)나라가 흥할 때에는 축융(祝融)이 숭산(崇山)에 내려왔고, 그 나라가 망할 때에는 회록(回祿)이 정수(亭隧)에 내려왔습니다. 또 상(商)나라가 흥할 때에는 도올(檮杌)이 비산(조山)에 내려왔고, 그 나라가 망할 때에는 이양(夷羊)이 목(牧)이라는 땅에 나타났습니다. 그리고 주(周)나라가 흥할 때에는 악작(鸑鷟)이 기산(岐山)에서 울었으며, 쇠망할 때에는 두백(杜伯)이 호경(鎬京)에서 선왕(宣王)을 쏘았습니다. 이는 모두가 명신(明神)의 기년(紀年)입니다.」

그러자 임금이 다시 물었다.

「그러면 지금 나타난 신은 어떤 신인가?」

이에 내사 과가 다시 이렇게 설명하였다.

「옛날 소왕(昭王)이 방(房) 땅에서 아내를 취하였는데, 그 여자는 방후(房后)라 하여 큰 덕이 있었으나 단주(丹朱)와의 관계를 잘 처리하지 못하고 목왕(穆王)을 낳았습니다. 이는 주(周)나라 자손에게 화와 복으로 감독하는 것입니다. 무릇 신이란 먼 곳으로 옮겨가지 않습니다. 이로 말미암아 보건대, 지금 내려온 신은 단주(丹朱)가 아닐는지요?」

그러자 임금이 다시 물었다.

「누가 화를 입을 것 같은가?」

「괵(虢)나라가 화를 입을 것입니다.」

「그러면 어찌하면 되겠는가?」

이에 내사 과가 다시 이렇게 설명하였다.

「제가 듣건대 도를 갖추고 있으면서 신을 만나면 풍성한 복을 받지만, 음일한 상태에서 신을 만나면 이를 탐화(貪禍)라 하였습니다. 지금 괵나라는 임금이 어린데다 황음에 빠졌으니 그 때문에 망하겠지요!」

임금이 다시 「그러면 나는 어떻게 하여야 하는가?」라고 하자, 이렇게 대답하였다.

「태재(太宰)로 하여금 제사를 드리게 하고, 사관(史官)으로 하여금 이성(狸姓)을 거느리고 희생과 곡물, 그리고 옥백(玉帛)을 갖추어 봉헌하되 기구(祈求)하지는 말아야 합니다.」

임금이 다시 물었다.

「괵나라는 얼마나 갈 것 같은가?」

그러자 내사 과가 다시 이렇게 설명하였다.

「옛날 요(堯)임금은 오기(五器)·오덕(五德)·오복(五服)·오례(五禮)·오형(五刑) 등 오(五)로써 백성을 다스렸습니다. 지금 단주는 귀신으로서 보인 것이니, 그 물(物)을 잃은 것은 아닙니다. 이로써 보면 5년을 넘기지 못하겠지요.」

이에 임금은 태재(太宰)인 기보(己父)로 하여금 부씨(傅氏)를 거느리고 제사를 지내게 하고, 희생물과 옥술잔을 봉헌케 하였다. 내사 과가 이를 따라서 괵나라에 이르니 괵공(虢公) 역시 제사를 지내었으나, 사관(史官)은 오히려 그 신에게 땅을 달라고 청하였다. 내사 과가 돌아와 임금에게 이렇게 보고하였다.

「괵나라는 반드시 망할 것입니다. 신에게 잘못하였다고 제사를 드리는 것이 아니라 복을 달라고 하였습니다. 신은 반드시 그에게 화를 내릴 것입니다. 또 백성을 친하게 대하지 않고, 그들을 재물 생산의 도구로 쓰고 있으니 백성도 임금에게서 멀어질 것입니다.

정성들여 제사지내는 것은 잘못을 비는 뜻이어야 하고, 서민을 사랑으로 보살피는 것은 친하기 위한 것입니다. 지금 괵공은 백성을 부려 자기 속을 채우고 있습니다. 백성은 떠나가고 신은 노하였는데도 이익을 구하고 있으니, 이 어찌 난처한 일이 아니겠습니까?」

4년 후인 혜왕 19년, 과연 진(晉)나라가 괵국을 취해 버렸다.

- 내사(內史): 궁중(宮中)의 기록을 맡은 벼슬.
- 이양(夷羊): 신수(神獸)의 일종.
- 악작(鸑鷟): 봉황의 별칭.
- 태재(太宰): 제사 의식을 담당하는 왕경(王卿).

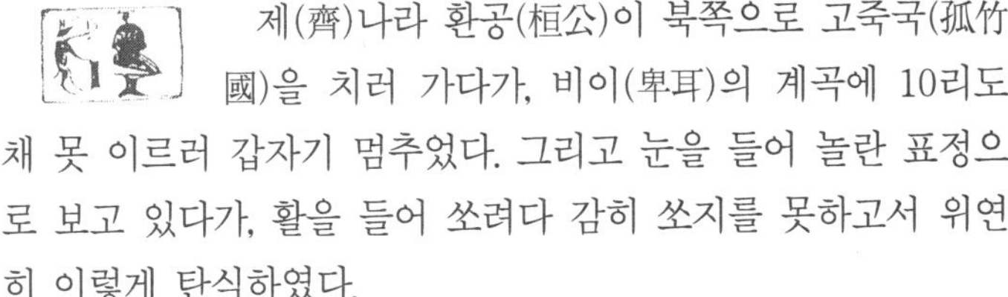

제(齊)나라 환공(桓公)이 북쪽으로 고죽국(孤竹國)을 치러 가다가, 비이(卑耳)의 계곡에 10리도 채 못 이르러 갑자기 멈추었다. 그리고 눈을 들어 놀란 표정으로 보고 있다가, 활을 들어 쏘려다 감히 쏘지를 못하고서 위연히 이렇게 탄식하였다.

「이번 싸움에서는 내가 질 것이다. 나는 키 큰 사람을 보았다. 면류관을 쓰고 사람의 형상을 갖추었는데, 왼손에 옷을 들고서 말을 타고 내 앞을 지나갔다.」

이 말을 듣고서 관중(管仲)이 이렇게 풀이하였다.

「반드시 이길 것입니다. 그 사람은 도를 아는 신(神)입니다. 말을 타고 앞질러 간 것은 우리를 인도하는 것이며, 왼손에 옷을 들었다는 것은 앞에 물이 있다는 뜻으로서 왼쪽으로 건너라는 것입니다.」

과연 10리를 더 가니 물이 있었으며, 요수(遼水)라고 이름하였다. 그곳에 표시를 해두고 왼쪽 방향으로 가자 물이 발목까지밖에 차지 않았으나, 오른쪽은 무릎까지 차올랐다. 이에 물을 건너서 싸움을 이길 수가 있었다.

그러자 환공이 관중의 말 앞에서 재배하고 이렇게 감탄하였다.

「중부(仲父)의 성스러움이 이와 같군요. 과인이 몰라본 지 오래입니다.」

그러자 관중이 이렇게 설명하였다.

「제가 듣기로 성인은 형태가 보이기도 전에 안다고 하였습니다. 지금은 이미 형태가 나타난 다음에야 알았으니, 이는 제가 가르침을 잘 이었을 뿐 성스럽다고 할 수는 없습니다.」

오(吳)나라가 월(越)나라를 쳐서 회계(會稽)를 함락시킨 연후 수레에 가득 찰 만큼의 큰 뼈를 얻었다. 그러자 오나라가 공자(孔子)에게 사람을 보내어 이같이 물었다.

「어떤 이의 뼈가 가장 큽니까?」

이에 공자가 이렇게 설명하였다.

「옛날 우(禹)임금이 여러 신하들을 회계산으로 불러 모아 회의를 하고자 하였다. 그때 방풍씨(防風氏)가 뒤늦게 도착하여 우임금이 그를 죽여 버렸는데, 그의 뼈가 수레에 가득 찰 만큼

컸다. 그의 뼈가 가장 크다.」

그러자 사자(使者)가 다시 물었다.

「누가 신(神)이 됩니까?」

공자가 다시 설명하였다.

「산천의 신령은 천하의 기강을 바로 세우기에 족하다. 그는 지키면서 신이 되는 것이다. 또 사직(社稷)의 제사는 공후(公侯)가 지내고, 산천의 제사는 제후(諸侯)들이 맡아서 한다. 그러나 이들은 모두 임금에게 속하는 것이다.」

사자가 다시 「방풍씨는 무엇을 지켰습니까?」라고 묻자, 공자가 「그는 왕망씨(汪芒氏)의 군주로서 봉산(封山)·우산(嵎山)을 지켰다. 이 두 신을 희성(釐姓)이라 하였다. 우(虞)나라·하(夏)나라 때에는 방풍씨라 하였고, 상(商)나라 때에는 왕망씨라 하였으며, 주(周)나라에 이르러서는 장적씨(長狄氏)라 하였고, 지금은 대인(大人)이라 부른다」라고 하였다.

사자가 다시 물었다.

「사람의 키는 얼마나 큽니까?」

공자의 대답은 이러하였다.

「초요씨(僬僥氏)라는 인종은 키가 3척(尺)밖에 안 되어 가장 작고, 그밖에 키가 커야 10척(尺)을 넘지 않으니, 이는 수(數)의 극(極)이기 때문이다.」

이에 사자가 감탄하였다.

「훌륭하십니다. 성인이시여!」

중니(仲尼)가 진(陳)나라에 있을 때, 새매가 진후(陳侯)의 조정에 멈추었다가 죽은 일이 있었다.

새매는 호시(楛矢)라는 화살에 관통당하였는데, 돌을 다듬어 만든 화살촉으로 그 화살의 길이가 한 자 하고도 한 지(咫)나 되었다. 진후가 사람을 시켜 공자에게 물어보도록 하니, 공자가 이렇게 설명해 주었다.

「이 새매는 먼 곳에서 왔구나. 또 이 화살은 바로 숙신씨(肅愼氏)의 화살이로구나. 옛날 무왕(武王)이 상(商)나라를 이기고 나자 구이백만(九夷百蠻)이 모두 교통하게 되었고, 이때 각 나라들로 하여금 그곳에서 나는 방물(方物)을 조공토록 하였다. 이는 그들이 각각 자신이 잘 하는 생업을 잊지 않게 하려 함이었다.

이때에 숙신씨는 호시에 돌을 깎아 만든 화살촉의 한 자 여덟 촌짜리 화살을 바쳤다. 선왕(先王)께서는 자신의 영덕(令德)의 다스림을 밝혀두기 위해, 그 화살에 이런 명문(銘文)을 새겨두었다.

『숙신씨가 호시를 바쳤다.』

그리고는 이를 태희(太姬)에게 나누어 주고, 그 딸을 우호공(虞胡公)에게 시집 보내어 이 진(陳)나라에 봉하였던 것이다.

같은 성씨에게 진옥(珍玉)을 분배해 주는 것은 그 친(親)을 펴는 것이며, 성씨를 나누어 주고 먼 곳에서 공물을 바치게 하는 것은 복종의 뜻을 잊지 말라고 한 것이다. 그래서 이 진나라에게 숙신씨의 화살을 나누어 준 것이다.」

이에 진후가 사람을 시켜 창고에서 화살을 찾아보게 하니 과연 보관되어 있었다.

· 호시(楛矢): 싸리나무로 만든 화살.
· 구이백만(九夷百蠻): 많은 이민족을 말한다.

계환자(季桓子)가 우물을 파다가 항아리를 출토하였는데, 그 속에 양(羊)이 한 마리 들어 있었다.* 이에 사람을 시켜 공자(孔子)에게 물어보도록 하면서 양을 개라고 속이도록 하였다.

그러자 공자가 이렇게 말하였다.

「내가 듣기로는 개가 아니라 양이라고 하던데! 나무의 정령(精靈)은 기망량(夔罔兩)이고, 물의 정령은 용망상(龍罔象)이며, 흙의 정령은 분양(羵羊)이기 때문이다. 그래서 개일 수가 없다.」

환자가 이 소식을 듣고 「역시 훌륭하도다!」라고 하였다.

* 양(羊)의 형상을 만들어 넣어둔 것.
· 정령(精靈) : 정령신앙의 일종으로 만물에 모두 혼이 있다고 보는 것.
· 기망량(夔罔兩) : 기(夔)는 외뿔 짐승의 이름. 망량(罔兩)은 도깨비·귀신·연면어. 기망량(夔罔兩)은 목신(木神)의 일종이라 한다.
· 용망상(龍罔象) : 망상(罔象) 역시 귀신·도깨비·연면어. 수신(水神)의 일종. 일명 목종(沐腫)이라 한다.
· 분양(羵羊) : 토신(土神), 혹은 양신(羊神).

초(楚)나라의 소왕(昭王)이 강을 건너고 있을 때, 어떤 말〔斗〕만한 크기의 물체가 임금이 탄 배를 치더니 배 안으로 올라 멈추었다. 소왕이 크게 이상히 여겨 공자(孔子)를 초빙하여 알아보도록 하였다.

이에 공자가 이렇게 설명하였다.

「이것의 이름은 평실(萍實)이며, 갈라서 그 속을 먹는다. 오직 패왕(覇王)이 될 자만이 이것을 얻을 수 있다. 이는 길상(吉祥)이다.」

그후 제(齊)나라에 다리가 하나뿐인 새가 날아와 궁전 뜰에 머물고 있었다. 그 새는 깃을 편 채로 뛰어다녔다. 제후(齊侯)가 크게 괴이히 여겨 공자를 모셔다가 물어보도록 하였다.

공자가 이렇게 설명해 주었다.

「이것의 이름은 상양(商羊)이다. 어서 백성에게 고하여 물길을 수리하도록 하라. 장차 큰비가 내릴 것이다.」

공자의 말대로 하자, 과연 큰비가 내려 다른 여러 나라들은 모두 수해를 겪었지만 제나라만은 홀로 안전하였다. 공자가 돌아오자 제자들이 물었다. 공자는 다시 이렇게 설명하였다.

「이상한 일이 있었지! 어린아이들이 이런 동요(童謠)를 부르는 것을 보았다. 『초왕이 강을 건너다가 평실을 얻었네. 크기는 말(斗)만하고 붉기는 해 같네. 이를 갈라 먹어 보니, 그 맛이 꿀과 같네!』이는 바로 초나라에 해당하는 노래이다.

그리고 또 아이들이 둘씩 짝을 지어 한쪽 다리를 굽히고 뛰면서 『하늘이 장차 큰비를 내리려네. 상양이 일어나 춤을 추네!』라고 하였다. 제나라에 그런 일이 있었으니, 이것은 곧 제나라에 감응한 것이다.」

무릇 동요가 불린 후에는 그에 맞는 감응이 따르지 않은 적이 없었다. 그러므로 성인(聖人)은 홀로 자기의 도를 지켜낼 뿐만 아니라, 만물을 보고 기억해 두어 그 응함을 알아내기도 하는 것이다.

· 평실(萍實): 어떤 물풀의 큰 열매인 듯하다. 사과를 말하는 것이 아닌가 한다.

· 상양(商羊): 일족조(一足鳥)의 이름. 큰비를 예고하는 새.

 정(鄭)나라의 간공(簡公)이 공손성자(公孫成子)를 진(晉)나라에 보내어 보빙(報聘)케 하였다. 때마침 진(晉)나라의 평공(平公)이 병이 들어, 한선자(韓宣子)가 대신 그를 맞이하여 객관(客館)에 머물도록 안내하였다. 공손성자가 임금의 병이 어느 정도이느냐고 묻자, 한선자가 이렇게 대답하였다.

「임금의 병은 오래 되었습니다. 위아래 모든 신에게 두루 빌었지만 병이 사라지지 않고 있습니다. 오늘은 누런 곰이 침실 문으로 들어오는 꿈을 꾸었다는데, 그것이 사람인지 귀신인지 모르겠습니다. 아마 지독한 귀신이겠지요?」

그러자 공손성자가 이렇게 설명하였다.

「임금께서 명철하시고, 그대 같은 분이 정치를 맡고 있는데 어찌 험한 일이 생기겠습니까? 제가 듣기로 옛날 곤(鯀)이 순(舜)임금의 명령을 어기자, 순임금이 이를 우산(羽山)에서 죽여 곤이 누런 곰으로 화하였다고 합니다. 그 곰이 우연(羽淵)으로 들어갔으니, 그곳이 바로 하(夏)나라의 교외(郊外)입니다. 그 때문에 삼대(三代)를 내려오면서 그곳을 제사지내는 것입니다.

무릇 귀신이 미치는 곳은 자신의 족류(族類)가 아니면, 곧 같은 계통을 이은 경우에 한합니다. 그런 까닭에 천자(天子)는 하느님을 제사지내고, 공후(公侯)는 백신(百神)을 제사지내며, 경(卿) 이하는 자기 동족을 넘어서지 않는 것입니다. 지금 주실(周室)이 미약해져서 진(晉)나라가 그 계통을 이은 것이나 다름없습니다. 이렇게 보면 그 하교(夏郊)에 제사를 지내지 않아 임금께 병이 생긴 것은 아닐는지요?」

선자가 이를 임금에게 고하고 하교에 제사를 지내면서, 동백(董伯)에게 신주(神主)를 들고 있는 시동(尸童)이 되게 하였다. 그러자 닷새 만에 임금의 병이 나았다. 이에 평공이 자산을 만나 거정(莒鼎)을 선물하였다.

・시동(尸童): 옛날 제사지낼 때에 신위(神位) 대신으로 교의(交椅)에 앉히던 어린아이.
・거정(莒鼎): 정(鼎)의 이름.

괵공(虢公)이 꿈속에서 사당에 있다가, 얼굴에 흰 털이 난데다 호랑이 발톱 모양을 한 신(神)이 도끼를 들고 서쪽 언덕에 서 있는 형상을 보았다. 괵공이 무서워 도망치려 하자, 그 신이 이렇게 말하였다.

「도망치지 말라! 천제가 오늘 진(晉)나라 군대로 하여금 네 성문을 치게 하였다.」

공이 머리를 조아려 절하고는 깨었다. 그리고는 사은(史囂)을 불러 점을 치도록 하였다. 사은이 이렇게 설명하였다.

「만약 임금의 말이 맞다면, 그는 욕수(蓐收)라는 신입니다. 그는 하늘에서 징벌을 내릴 때, 그 일을 담당하는 신입니다. 그래서 하늘의 일을 맡아 이루도록 하지요!」

이 말에 괵공은 오히려 화를 내며 그를 잡아 가두어 버리고는, 백성들로 하여금 자신이 좋은 꿈을 꾸었으니 축하를 하도록 하였다.

이에 주지교(舟之僑)가 제후들에게 이렇게 고하였다.

「괵나라가 오래 가지 못하리라는 걸 내 이제서야 알게 되었다. 임금은 이를 깨닫지 못하고서 큰 나라가 쳐들어오는 것을 축하하라 하니, 그 자신을 무엇으로 고치겠는가?

내 듣기로 큰 나라가 무도하여 작은 나라가 이를 치는 것을 복(服)이라 하고, 작은 나라가 교만할 때 큰 나라가 치는 것을 주(誅)라고 한다 하였다. 백성들은 임금의 사치를 미워하게 마련이다. 이 까닭에 역명(逆命)이 발생하는 것이다. 지금 그 꿈을 축하하면 사치는 더욱 심해질 것이다. 이는 하늘이 그의 운명을 빼앗는 일을 더욱 빠르게 진행시키려는 것이다. 백성들이 임금의 태도를 미워하고 하늘도 그를 버려두었으니, 큰 나라는 쳐들어오고 임금은 명령해 보았자 듣지 않을 것이다. 종주국의 도움도 사라지고, 제후의 도움도 멀어졌다. 내외에 친한 자가 없으니 누가 돕겠다고 말해 주겠는가? 나는 차마 그 망함을 기다릴 수가 없다.」

그리고는 괵나라를 떠나면서 그 가족은 진(晉)나라로 가도록 하였다. 3년 만에 괵나라는 드디어 멸망하고 말았다.

진(晉)나라의 평공(平公)이 사기(虒祁)에 궁실을 짓자, 그 가운데 어떤 돌〔石〕이 말을 한다는 것이었다. 평공이 이상히 여겨 사광(師曠)에게 물었다.

「돌이 어찌 말을 할 수 있습니까?」

사광이 이렇게 대답하였다.

「돌은 말을 하지 못하지요. 신(神)이 돌을 통해서 말하는 것이지요. 그렇지 않다면 백성들이 무언가를 잘못 들었겠지요. 제가 들으니 『일을 벌이되 시간을 고려하지 않아 그 원망이 백성을 움직이면, 말하지 못하는 물건이 말을 한다』고 하였습니다. 지금 궁실을 이렇듯 높고 사치스럽게 짓자니, 백성들이 그 힘이 다하여 미움과 원망으로 가득 차 있습니다. 더 이상 그 성정(性情)을 편안히 할 수가 없지요. 그러니 돌이 말을 한다는 것이 꼭 불가능한 일이겠습니까?」

 진(晉)나라의 평공(平公)이 사냥을 나갔다가 어린 호랑이가 자기 앞에 엎드려 꼼짝을 않는 것을 보게 되었다. 이에 사광(師曠)을 돌아보며 이렇게 물었다.
「내 듣기로 패왕(霸王)이 나타나면 맹수가 엎드려 감히 일어나지 못한다고 하던데, 지금 과인이 나타나자 어린 호랑이가 엎드려 꼼짝도 않으니 이것이 바로 그 맹수가 아닐는지요?」
그러자 사광이 이렇게 대답하였다.
「까치는 위(猬)를 잡아먹고, 위는 준의(駿鸃)를 잡아먹으며, 준의는 표(豹)를 잡아먹고, 표는 박(駁)을 잡아먹으며, 박은 호랑이를 잡아먹습니다. 무릇 박(駁)이라는 동물은 그 모습이 박마(駁馬)와 같습니다. 지금 임금께서 사냥을 나오면서 타고 나오신 것이 그 박마가 아닙니까?」
평공이 「그렇습니다」고 대답하자, 사광이 다시 설명을 덧붙였다.
「제가 듣기로 한 번 착각하면 궁해지고, 두 번 착각하면 욕됨을 입으며, 세 번씩이나 착각하면 죽음을 당한다 하였습니다. 지금 호랑이가 꼼짝 못하는 까닭은 바로 박마 때문입니다. 이는 진실로 임금의 덕의(德義) 때문이 아닙니다. 그런데 어찌하여 임금께서는 이렇듯 한 차례 착각을 하십니까?」

또 다른 하루는 평공이 조회에 가던 중이었다. 어떤 새 한 마리가 평공의 주위를 맴돌면서 떠나지 아니하는 것이었다. 이를 본 평공이 사광을 돌아보며 물었다.

「내 듣기로 패왕이 나타나면 봉황이 하강한다고 하였습니다. 지금 조회를 가려고 하는 차에 새가 과인을 맴돌면서 아침 내내 떠나지 않으니, 이것이 혹시 봉황이 아닐는지요?」

그러자 사광이 물었다.

「동방에 간가(諫珂)라는 새가 있습니다. 그 새의 생김은 몸에는 무늬가 있고 발은 붉습니다. 같은 새들을 싫어하고 여우만을 좋아합니다. 지금 임금께서는 여우 가죽으로 만든 외투를 입고 조회에 나가는 길이시지요?」

평공이 「그렇습니다」고 대답하자, 사광이 말을 이었다.

「제가 일찍이 말씀드렸지요. 한 번 착각하면 궁해지고, 두 번 착각하면 욕됨을 입으며, 세 번씩이나 착각하면 죽음을 당한다구요. 지금 이 새는 여우 외투 때문에 그런 것이지, 임금의 덕의 때문에 그런 것이 아닙니다. 그런데 임금께서는 어찌하여 두 번씩이나 착각을 하십니까?」

평공은 이를 불쾌하게 생각하였다. 그리하여 또 다른 어느 날, 평공은 사기궁(虒祁宮)에서 술잔치를 벌이면서 낭중(郎中)인 마장(馬章)으로 하여금 계단에 납가새를 늘어 놓도록 하였다. 그리고는 사람을 시켜 사광을 모셔 오도록 하였다. 사광이 이르러 신을 신은 채 계단을 밟고 올라오자 평공이 물었다.

「어찌 신하된 자로서 신을 신은 채 임금의 당(堂)으로 올라올 수 있단 말입니까?」

그러자 사광이 신을 벗고 발과 무릎을 납가새에 찔려가며 계단을 오르면서 하늘을 우러러 탄식하였다. 이를 본 평공이 그를 일으켜 세우며 말하였다.

「지금 노인장과 더불어 웃자고 한 일인데, 노인장께서는 어찌 그리 성급하게도 걱정을 하십니까?」

그러자 사광이 이렇게 대답하였다.

「제가 걱정하는 것은 살 속에 스스로 벌레를 길러 자기 살을 먹게 하고, 나무가 스스로 좀벌레를 길러 그 나무를 파먹게 하며, 사람이 스스로 요괴(妖怪)를 불러 이로써 적해(賊害)를 입는 일 때문입니다. 오정(五鼎)을 갖추어 놓은 궁중에는 명아주 잎과 콩 잎을 들여 놓지 않는 법이며, 임금이 당(堂)이나 사당에 있을 때에는 납가새가 나도록 해서는 안 되는 법입니다.」

평공이 이 말에 걱정이 되어 물었다.

「그러면 지금 어찌하면 좋습니까?」

사광이 이렇게 설명하였다.

「요괴가 이미 앞에 있습니다. 어쩔 수가 없습니다. 다음달 초여드렛날에 백관을 모아 놓고 태자(太子)를 책립하십시오. 임금은 장차 죽을 것입니다.」

그 다음달 여드렛날 아침이 되자 평공이 사광에게 물었다.

「노인장께서 말씀하시던 날이 오늘입니다. 지금 어떻게 하면 되겠습니까?」

이에 사광은 근심을 띤 채 아무 배알도 아니하고 그 자리를 떠나 버렸다. 얼마 안 되어 평공은 죽고 말았다. 사광의 예지가 이렇듯 신명(神明)스러웠다.

· 오정(五鼎): 제후가 제사를 지낼 때 쓰는 다섯 가지 의정(儀鼎).

조간자(趙簡子)가 적(翟)나라 출신의 봉도(封
荼)에게 물었다.

「내가 듣기로 귀국 적나라에 사흘이나 곡식이 비처럼 하늘에
서 떨어졌다는데 사실입니까?」

「예, 사실입니다.」

「또 듣자니, 사흘이나 피비가 내렸다는데 그것도 사실입니까?」

「예, 사실입니다.」

「그럼 말이 소를 낳고, 소가 말을 낳은 일이 있다고 들었는
데 그것도 사실입니까?」

「예, 그것도 사실입니다.」

그러자 간자가 이렇게 탄식하였다.

「크도다. 요괴가 족히 나라를 망하게 함이여!」

이에 봉도가 이렇게 말하였다.

「곡식이 사흘을 비처럼 내린 것은 회오리바람이 곡식을 하늘
로 띄워올렸다가 내린 것이요, 피비가 내린 것은 독수리가 짐
승을 잡아 하늘로 채다가 그 피가 떨어진 것이며, 말이 소를
낳고 소가 말을 낳은 것은 섞어서 기르기 때문입니다. 이로 보
면 적나라는 요괴스러운 일로 망한 것이 아닙니다.」

그러자 간자가 다시 물었다.

「그러면 적나라의 요괴는 무엇입니까?」

이에 봉도는 이렇게 설명하였다.

「그 나라는 자주 흩어지고, 그 임금은 유약(幼弱)하며, 그 나
라의 여러 경(卿)들은 대부(大夫)들과 재물로 결탁하여 무리를
지어 녹작(祿爵)을 요구하며, 그 나라 백관(百官)들은 멋대로
일을 처리해 놓고 알리지도 않으며, 그 정령(政令)은 끝까지 펴
지도 않고 자주 바뀌고, 그 나라 선비들은 탐욕과 원망뿐입니

다. 이것이 바로 그 나라를 망하게 한 요괴입니다.」

애공(哀公)이 활을 쏘다가, 그 화살이 곡신(穀神)의 신위를 맞히고 말았다. 그러자 애공이 입에 병이 나서 고기를 먹을 수가 없었다. 이에 곡신에게 제사를 지내면서 무관(巫官)에게 점을 쳐서 빌도록 하였다. 무관이 말을 바꾸어 이렇게 일러 주었다.

「곡신이 다섯 가지 곡식을 지고 그루터기에 의지해 하늘로부터 내려오다가 땅에 닿기도 전에 그 나무가 부러졌습니다. 이때 엽곡(獵谷)에 살던 한 노인이 얼른 옷을 벌려 그 곡식을 받아내었습니다. 그러니 어찌 그 노인에게 제사를 지내지 않을 수 있겠습니까?」

애공이 그 말대로 하자 입병이 사라지고 말았다.

·무관(巫官): 점을 치는 임무를 맡은 관리. 무당.

편작(扁鵲)이 조(趙)나라를 지나게 되었을 때, 조나라 임금의 태자(太子)가 돌연히 급한 병에 걸려 죽고 말았다. 편작이 그 궁문에 이르러 「내 듣기로 나라에 갑작스러운 양토지사(壤土之事)가 있다니, 이 어찌 급한 일이 아니겠는가?」라고 하였다.

이에 중서자(中庶子) 가운데 의술을 좋아하는 이가 있어 이렇게 응답하였다.

「그렇습니다. 태자는 폭질(暴疾)로 죽은 것입니다.」

이 대답에 편작이 이렇게 말하였다.

「정(鄭)나라 의사인 진월인(秦越人)이 와서 능히 태자를 살려낼 수 있다 하더라고 알리십시오.」

그러자 중서자가 같잖다는 듯이 이렇게 물었다.

「제가 듣기로 상고시대에 묘보(苗父)라는 의사가 있었다 합니다. 그의 시술방법은 갈대잎을 자리로 삼고 꼴풀로 개의 형상을 만들어 북쪽을 바라보며 기도를 한다고 합니다. 그가 열마디만 외우고 나면, 부축을 받고 온 환자나 들려서 온 환자나 모두 아무 일 없었다는 듯이 깨끗이 낫는다고 하였습니다. 그대는 그와 같이 할 수 있습니까?」

이 말에 편작이 「못한다」고 하자, 중서자가 다시 물었다.

「제가 듣기로 중고시대의 의사로서 유부(兪柎)라는 이가 있었다 합니다. 유부의 시술방법은 골수를 꺼내고 황막(肓膜)을 묶은 다음, 아홉 구멍에 뜸을 놓아 경락(經絡)을 안정시켜 죽은 사람을 다시 살려낸다고 하였습니다. 그래서 그 이름을 유부라고 한답니다. 그대는 그와 같이 할 능력이 있습니까?」

이 말에도 편작은 「못한다」고 하였다. 중서자가 다시 비꼬았다.

「그대가 이처럼 아무것도 하지 못한다면, 이는 비유컨대 대롱으로 하늘을 쳐다보고 송곳으로 땅을 찔러 보는 정도에 불과한 실력이로군요. 보아야 할 하늘은 넓은데 보이는 것은 좁으니, 모두가 그대의 방법이라면 어찌 어린아이 하나 놀라게 할 수 있겠습니까?」

그러자 편작이 이렇게 설명하였다.

「그렇지 않습니다. 일이란 우연히 휘두른 팔에 모기의 머리가 끊어지는 경우가 있고, 눈을 감았는데도 흑백을 맞추는 경우가 있습니다. 태자의 병은 시궐(尸厥)이라는 병입니다. 못 믿겠거든 들어가서 진찰해 보십시오. 태자의 양허벅지 사이에는 지금도 습기가 있을 것입니다. 그리고 귀는 초초(焦焦)하고, 소리를 내고 있으며, 그 소리는 휘파람 소리와 같을 것입니다. 그렇기만 하다면 아직 구할 길은 있습니다.」

이 말에 중서자가 달려가 조나라 임금에게 알리자, 임금이 맨발로 달려와 문을 열고 말하였다.

「선생께서 다행히 먼길을 내방해 주셨습니다. 선생이 오셨으니 분토(糞土)로 변할 자식을, 하늘을 이고 땅을 밟고 사는 사람이 되게 하여 주십시오. 선생께서 그렇게 해주지 않으시면, 제 아들은 견마(犬馬)보다 먼저 구학(溝壑)에 메워지고 말 것입니다.」

그리고는 말이 미처 끝나기도 전에 눈물로 옷깃을 적시었다. 편작이 드디어 들어가 진찰을 하고, 먼저 헌광지조(軒光之竈)로 팔성지탕(八成之湯)을 만들고, 다시 침으로 쓰는 침석(針石)을 갈아 삼양오수(三陽五輸)를 찔렀다. 그리고 자용(子容)을 시켜 약을 갈게 하고, 자명(子明)에게는 이를 귓속으로 불어넣게 하며, 양의(陽儀)에게는 정신을 소생시키게 하고, 자월(子越)에게는 그 자세를 바로잡도록 하며, 자유(子游)에게는 마찰을 시켜 문지르게 하였다. 그러자 과연 태자가 다시 살아났다.

이 소식을 들은 천하 사람들이 모두 「편작은 능히 죽은 사람도 살린다」라고 하였다. 그러나 편작은 이 말에 이렇게 대답하였다.

「나는 죽은 사람도 능히 살릴 수 있는 것이 아닙니다. 마땅히 살아나야 될 사람을 살리는 것뿐입니다. 죽을 사람은 어떠한 약을 써도 살려낼 수가 없습니다.」

아! 슬프다. 난군(亂君)의 정치는 그 어떤 약으로도 그 악행을 그치게 할 수 없도다. 《시경(詩經)》에 『잔혹한 정령(政令), 그 어떤 약으로도 고치지 못하네!』라고 하였으니, 아주 심한 경우를 두고 한 말이다.

· 양토지사(壤土之事): 죽은 이를 매장하는 일. 즉 상사(喪事).
· 황막(肓膜): 가슴 깊은 곳의 횡경막 부위.
· 시궐(尸厥): 정신이 아찔하여 급작스레 엎드려져서 까무러치는 병.
· 헌광지조(軒光之竈): 아궁이 밑의 흙을 한약(韓藥)에서는 용심토(龍心土)라 한다. 이를 원료로 약을 쓴 것으로 보인다.
· 팔성지탕(八成之湯): 그릇의 8할이 되도록 한 탕약.

 공자(孔子)가 이른 새벽에 당(堂)에 서 있다가 대단히 비통하게 우는 사람의 소리를 듣고, 자신도 거문고를 꺼내어 이를 연주하니 그 소리가 똑같았다. 공자가 나가자, 제자 가운데 심한 소리로 그 울던 이를 꾸짖는 자가 있었다.

이에 공자가 「꾸짖는 자가 누구인가?」고 묻자, 안회(顔回)라는 것이었다. 공자가 다시 묻기를 「안회가 무슨 이유로 그렇듯 사람을 꾸짖는가?」 하자, 안회가 나서서 이렇게 설명하였다.

「지금 우는 자는 그 울음소리가 심히 비통합니다. 이는 죽음을 슬퍼하는 것일 뿐만 아니라 생이별에 대해서도 슬퍼하는 것입니다.」

공자가 「어떻게 아는가?」라고 묻자, 안회가 「그 울음소리가 완산(完山)의 새소리 같기 때문입니다」라고 대답하였다.

공자가 「무슨 뜻인가?」고 묻자, 안회는 이렇게 설명하였다.

「완산의 새가 네 마리의 새끼를 낳았습니다. 그 어린 새는 날개와 깃이 자라면 어미를 떠나 사방으로 흩어집니다. 어미는 그 새끼들이 한 번 떠나면 다시 돌아올 수 없음을 알고 그저 울음으로 보낼 뿐이지요!」

이에 공자가 사람을 시켜 그 울음 울던 자에게 물어보도록 하였더니, 그자가 이렇게 대답하였다.

「지금 아버지께서 돌아가셨으나, 집이 가난하여 아들을 팔아 그 돈으로 장례를 치렀습니다. 장차 아들과 이별하게 되어 그래서 우는 것입니다.」

공자가 이 말에 이렇게 감탄하였다.

「훌륭하다, 안회여. 성스러운 인물이로구나!」

경공(景公)이 오구(梧丘)에서 사냥을 하던 중, 밤이 아직 채 이르지도 않았는데 잠시 앉은 채로 졸다가 꿈을 꾸게 되었다. 꿈속에 다섯 명의 사나이가 북쪽으로 임금의 천막을 향해 서서 자신들은 죄 없이 죽은 자들이라고 하는 것이었다. 경공이 깨어나서 안자(晏子)를 불러 이 꿈 이야기를 하면서 물었다.

「내 일찍이 무고한 자를 죽였거나 죄 없는 자를 주살하였던 적이 있습니까?」

그러자 안자가 이렇게 대답하였다.

「지난날 선군이신 영공(靈公)께서 사냥을 하다가 다섯 사람에게 그물을 관리하도록 하였는데, 이들이 잘못하여 그 짐승을 놀라게 하였지요. 그래서 그들의 머리를 베어 묻었습니다. 그 장소를 오장부(五丈夫)의 언덕이라 하였습니다. 이곳이 바로 그 장소가 아닐는지요?」

이에 경공이 사람을 시켜 땅을 파 찾게 하였더니, 과연 다섯 사람의 머리가 한 구덩이에 묻혀 있었다.

경공이 「아!」 하고 감탄을 하면서 관리로 하여금 이들을 잘 장사지내도록 하였다.

나라 사람들이 경공이 꿈 때문에 이런 일을 하였는지는 모른 채 「임금께서 죽은 사람의 백골에 대해서도 이처럼 불쌍히 여기시는데, 하물며 산 사람에게 있어서랴!」 하면서 여력(餘力)을 남기지 않고, 또한 여지(餘智)도 아끼지 않으며 나섰다.

그러므로 임금으로서 훌륭한 일을 하기란 사실상 쉬운 것이다.

 자공(子貢)이 공자(孔子)에게 물었다.

「사람이 죽은 후에도 압니까? 아니면 아무것도 모릅니까?」

이에 공자가 이렇게 설명하였다.

「내가 죽은 자도 앎이 있다고 말하고 싶으나, 그렇게 되면 효자순손(孝子順孫)들이 자기의 삶을 망치면서까지 죽은 이를 보내는데 빠져들까 두렵고, 내가 죽고 나면 아무것도 모른다고 하고 싶으나, 그렇게 되면 불효한 자손들이 죽은 사람을 내팽개칠까 두렵다.

사(賜)야! 너는 죽은 사람이 앎이 있는지의 여부에 대해 알고 싶으냐? 죽은 후에 천천히 알게 될 것이니, 그때에도 오히려 늦지 않다.」

· 효자순손(孝子順孫): 효순한 자손.

왕자(王子) 건(建)이 성보(城父) 땅을 지키러 가다가 성공(成公) 건(乾)을 밭두둑에서 만났다. 왕자가 성공에게 물었다.

「여기가 무엇하는 곳입니까?」

「농사짓는 밭이지요.」

「밭이라는 것이 무엇입니까?」

「삼〔麻〕을 심는 곳이지요.」

「삼이라는 것이 무엇입니까?」

「옷감을 만드는 재료입니다.」

그리고 나서 성공 건이 이렇게 설명하였다.

「지난날 장왕(莊王)이 진(陳)나라를 칠 때 유소씨(有蕭氏)의 땅에 머물게 되었습니다. 그때 길가의 집 주인에게 이렇게 말하였습니다.『이 골목은 잘 정비되지 못했군! 도랑 또한 잘 쳐놓지 않았겠구만?』

이처럼 장왕은 동네가 잘 정비되지 않은 것으로 도랑이 잘 준설되지 않은 것까지 알아내었습니다. 그런데 지금 그대는 밭에 심어진 삼은 물론 그것이 옷감의 재료가 되는 것조차 모르고 있으니, 이 나라 사직을 이어받기는 그른 것 같습니다.」

과연 왕자는 왕위를 잇지 못하였다.

제19장

표현다듬기

수문(修文)

천하에 도가 있으면 예악정벌(禮樂征伐)이 모두 천자(天子)로부터 나온다. 무릇 공(功)이란 예(禮)를 제정함으로써 이루어지고, 다스림이란 악(樂)을 짓는 것으로 안정될 수 있다. 따라서 예악이란 교화를 실행하는 대사(大事)이다.

공자(孔子)는 이렇게 말하였다.

「풍속을 바꾸는 데는 악보다 더 좋은 것이 없고, 위를 편안히 하고 백성을 잘 다스리는 데는 예보다 더 좋은 것이 없다.」

이 까닭으로 성왕(聖王)은 예문(禮文)을 닦고, 상서(庠序)를 설치하며, 종고(鐘鼓)를 진설하고, 천자는 벽옹(辟雍)을 제후는 반궁(泮宮)을 세우니, 이는 덕화(德化)를 시행하기 위함이다.

《시경(詩經)》에 『호경(鎬京)에 벽옹을 세우고부터 서에서, 동에서, 남에서, 북에서 복종하고 싶어하지 않는 이가 없네』라고 하였으니, 이를 두고 한 말이다.

· 상서(庠序): 고대의 학교.

· 벽옹(辟雍): 주(周)나라 때 천자(天子)가 있는 도성에 설립한 대학. 주위의 형상이 벽(璧) 같이 둥글고 물이 둘러져 있었다.

· 반궁(泮宮): 주(周)나라 때 제후(諸侯)의 도성에 설립한 대학. 벽옹(辟雍)의 반(半)과 같은 모습이다.

은혜를 쌓으면 사랑〔愛〕이 되고, 사랑을 쌓으면 인(仁)이 되며, 인을 쌓으면 영(靈)이 된다. 영대(靈臺)를 신령스러운 것으로 여기는 까닭은 인을 쌓은 곳이기 때문이다.

신령(神靈)이란 천지의 근본으로 만물의 시초가 된다. 이런 까닭으로 문왕(文王)이 처음으로 백성을 접할 때 인으로써 하자, 천하가 인으로써 되지 않는 것이 없어 문덕(文德)이 이르게 된 것이다. 덕이 이르지 않으면 문(文)을 이룰 수 없다.

상(商)나라의 상(商)은 상(常)이라는 뜻이다. 상(常)이라는 것은 바탕[質]이며, 이 바탕은 하늘을 주관한다. 하(夏)나라의 하(夏)는 크다[大]는 뜻이다. 이 큰 것은 문(文)이며, 문은 땅을 주관한다. 그러므로 왕자(王者)가 한 번은 상, 한 번은 하가 되었고, 다시 이것이 반복하여 천지의 색을 세 번 바르게 하여 반복된다.

맛은 단것을 숭상하고, 소리는 궁조(宮調)를 숭상하여 한결같이 반복된다. 그래서 삼왕(三王)의 통치술은 순환되는 고리와 같다. 이 때문에 하후씨(夏后氏)는 충(忠)으로 교화하여, 그때의 군자는 충을 최고로 여겼다.

소인이 야(野)에 빠져들었을 때, 이 야만에서 구제하는 길은 경(敬)만한 것이 없다. 이 때문에 은인(殷人)은 그들을 경(敬)으로써 교화한 것이며, 당시 군자들은 경을 최고로 여겼던 것이다.

소인이 미신에 빠져들었을 때, 그들을 구하는 길은 문(文)만한 것이 없다. 이 때문에 주인(周人)은 그들을 문으로써 교화한 것이며, 당시 군자들은 문을 최고로 여겼던 것이다.

소인이 박(薄)함에 빠져들었을 때, 그들을 구해 내는 길은 충(忠)만한 것이 없다. 그래서 성인이 성(聖)과 더불 수 있는 것은, 마치 구(矩)가 세 바퀴를 돌고 규(規)가 세 바퀴를 돌면 다시 처음으로 돌아오는 원리와 같으니, 궁해지면 근본으로 되돌아오는 것이다.

《시경(詩經)》에 『문채가 나도록 다듬고 쪼니, 금옥이 그 모습을 갖추어 보이네!』라고 하였으니, 이는 무늬와 바탕이 아름다움을 말한 것이다.

전하는 말에 이렇게 일렀다.

「정욕이 닿는 대로 마구 방종하게 구는 자는 금수(禽獸)이며, 억지로 구차스럽게 행하는 자는 야만인이고, 자기 고향을 지키며 쉽게 옮겨가지 못하는 자들을 중서(衆庶), 그리고 자연의 섭리를 변별하여 고금(古今)의 도에 통달한 자를 사(士), 어진 이를 추천하고 능력 있는 이를 현달시키는 자를 대부(大夫), 위를 공경하고 아랫사람을 사랑하는 자를 제후(諸侯), 하늘이 덮어 주고 땅이 받쳐 주는 자를 천자(天子)라 이른다.

그래서 사(士)는 보(黼)를 입으며, 대부(大夫)는 불(黻)을 입고, 제후(諸侯)는 불꽃 문양을 입으며, 천자(天子)는 산(山)과 용(龍)의 형상을 갖는 것이다.

덕이 많을수록 그 문채가 화려하여야 하고, 마음속에 이치가 가득 찬 자일수록 그 휘장이 드러나야 하기 때문이다.」

· 보(黼) : 고대 예복에 놓은 수(繡)로서, 반흑반청(半黑半靑)의 빛으로 〈己〉자 두 개를 서로 반대로 하여 수놓은 것.
· 불(黻) : 역시 고대 예복에 놓은 수(繡). 반흑반백(半黑半白)의 빛으로 자루 없는 도끼의 모양을 수놓은 것.

《시경(詩經)》에 『왼쪽으로 하고 왼쪽으로 하면 그것도 군자에게 맞고, 오른쪽으로 하고 오른쪽으로 하면 그것도 군자의 것일세!』라고 하였다.

전하는 말로 「군자란 마땅치 않은 것이 없다」고 하였다. 그래서 필면(韠冕)을 갖추고 경계를 뚜렷이 한 다음 묘당(廟堂)에 바로 서면, 유사(有司)·집사(執事) 누구 하나 그를 존경하지 않는 이가 없다.

또 최상(衰裳)을 잘라 입고 저질(苴絰)에 지팡이를 짚은 채 상(喪)을 당해 서 있으면, 조문객들이 위로의 말을 하면서 누구 하나 애도를 표하지 아니하는 이가 없다.

그런가 하면 갑옷과 투구를 갖추어 입고 진격의 북 앞에 서 있으면, 그 밑의 사졸 누구 하나 용감하지 않은 이가 없다.

그리하여 그의 인(仁)은 족히 백성을 품어 안고, 그의 용(勇)은 족히 위험에 처한 나라를 안정시키며, 그의 신(信)은 족히 제후들과 결맹(結盟)을 이루고, 그의 강(强)은 족히 환난을 물리치며, 그의 위(威)는 족히 삼군(三軍)을 통솔하게 된다.

따라서 왼쪽으로 해도 마땅하고 오른쪽으로 해도 마땅하니, 군자에게는 마땅치 않음이 없다고 한 것은 이를 두고 한 말이다.

· 필면(韠冕): 필(韠)은 가죽으로 만든 조복(朝服), 면(冕)은 갓. 조회에 나갈 때의 정장복.
· 묘당(廟堂): 조정. 문무백관이 천자(天子)를 모시고 조회하는 곳.
· 최상(衰裳): 상복(喪服). 웃옷은 최(衰), 아래옷은 상(裳). 바느질을 하지 않는다.
· 저질(苴絰): 상중에 쓰는 검은 삼베의 수질(首絰)과 요질(腰絰).

제(齊)나라의 경공(景公)이 사례(射禮)에 나가 그 대(臺)에 오르자, 안자(晏子)가 예를 갖추어 대기하고 있었다. 그러자 경공이 이렇게 불평을 하였다.

「선사지례(選射之禮)에 과인은 아주 염증이 납니다. 그저 천하의 용사를 얻어 함께 나라를 부강케 하면 되었지, 무슨 격식이 이리도 번거로운지요!」

이에 안자가 이렇게 설명하였다.

「군자로서 예가 없다면, 이는 서인(庶人)과 같습니다. 또 서인으로서 예가 없다면, 이는 금수(禽獸)와 같습니다. 무릇 신하로서 용기만 많으면 그 임금을 시해(弑害)할 수 있고, 아들로서 힘만 세면 그 아버지를 죽일 수 있습니다.

그러나 감히 그렇게 하지 못하는 것은, 바로 예라는 것이 있기 때문이지요. 예라는 것은 백성을 제어하는 것으로서, 고삐가 말을 제어하는 것과 같습니다. 예가 없으면서 능히 그 나라나 가정을 잘 다스렸다는 말을 저는 들어보지 못하였습니다.」

그러자 경공이 「좋습니다!」 하고는 다시 예를 갖추어 활쏘기를 마치고, 자리를 바꾼 다음 안자를 상객(上客)으로 모시고 해가 저물도록 예에 대하여 물었다.

· 사례(射禮): 고대 공경대부의 예. 활을 쏠 적에 행하는 의식.

《서경(書經)》에 오사(五事)를 말하면서, 그 첫째로 모(貌)를 들었다.

모(貌)라는 것은 남자로서 갖추어야 할 공경의 얼굴빛과, 부인으로서 갖추어야 할 교호(姣好)를 말한다.

걷는 태도도 격식에 맞아야 하고, 돌아서거나 움직임도 격식에 맞아야 한다. 설 때는 경절(磬折)하여야 하고, 인사할 때는 포고(抱鼓)의 모습이어야 한다. 임금에게 조회하러 나아갈 때는 존엄(尊嚴)하게 하며, 종묘(宗廟)에 들어갈 때는 경충(敬忠)하여야 하고, 향당(鄕黨)에 들어갈 때는 화순(和順)하여야 하며, 자신의 족당(族黨)이 있는 주리(州里)에 들어갈 때는 화친(和親)하여야 한다.

《시경(詩經)》에 『온화하고 공손하게 남을 대하는 것, 이것이 곧 덕의 기본일세!』라고 하였고, 공자(孔子)는 『공경스럽게 하여 예에 가까이하면 치욕을 멀리할 수 있다』라고 하였다.

· 교효(姣好): 아름답고 친절함.
· 경절(磬折): 옥경(玉磬)의 소리처럼 바르게 섬.
· 포고(抱鼓): 북을 껴안는 모습으로 해야 함.
· 향당(鄕黨): 시골 마을이나 자기 무리가 있는 곳.
· 족당(族黨): 친척. 같은 성씨의 마을.

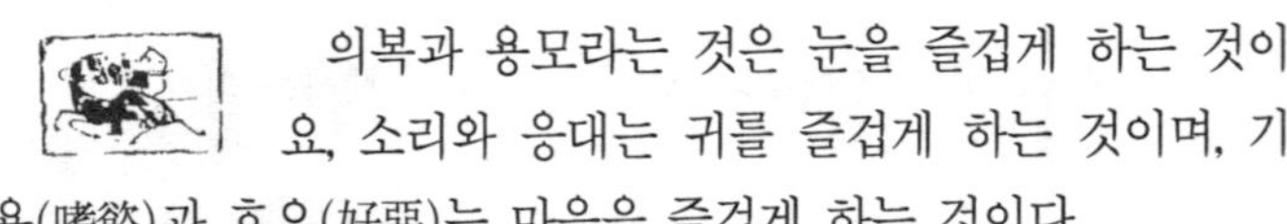 의복과 용모라는 것은 눈을 즐겁게 하는 것이요, 소리와 응대는 귀를 즐겁게 하는 것이며, 기욕(嗜慾)과 호오(好惡)는 마음을 즐겁게 하는 것이다.

군자의 의복이 바르고 용모가 단정하면 백성들의 눈이 스스로 즐거워할 것이며, 말이 순하고 응대가 맞으면 백성들은 귀가 즐겁다고 할 것이며, 인(仁)으로 나아가고 불인(不仁)을 제거하여 주면 백성들은 마음이 즐겁다고 할 것이다.

이 세 가지가 마음에 있어 몸체에 이것이 드러나고, 행동에 이것이 형태로 나타나면, 비록 높은 지위에 있지 아니하여도 이를 소행(素行)이라 한다.

그러므로 충성된 마음으로 선을 좋아하면서 날마다 새롭게 나아가면, 홀로 있어도 그 덕을 즐길 수 있어 안으로 즐거움 속에 이를 실행할 수 있게 된다.

《시경(詩經)》에 『무슨 이유로 거기에 머무르는고, 반드시 사연이 있으리라. 무엇 때문에 그리 오래 머무르는고, 무슨 까닭이야 있겠지!』라고 하였는데, 여기서 까닭이 있다고 한 것은 능히 오래 머물러 살면서 장수하되 외물(外物)에 연루됨이 없음을 말한 것이다.

· 기욕(嗜慾): 기호와 욕구.
· 소행(素行): 더럽혀지지 않은 깨끗한 행동.

 천도(天道)를 아는 자는 술(鉥)을 쓰며, 지도(地道)를 아는 자는 신을 신는다.

능히 번거롭고 얽힌 일을 다스리는 자는 휴(觿)를 차고 다니고, 능히 활을 쏘고 말을 다루는 자는 섭(韘)을 차고 다닌다. 그런가 하면 능히 삼군(三軍)을 통솔하는 자는 홀(笏)을 꽂고 다닌다.

의복의 모습은 규정에 맞고 승준(繩準)에 합당하여야 한다. 그러므로 군자로서 의복이 맞고 용모가 맞아야 능히 그 의복을 통해 자신의 덕을 상징할 수 있다. 이는 그 옥의 모습을 보고 능히 그가 훌륭한 사람임을 알아차리게 하는 일이다.

《시경(詩經)》에 『마치 환란(芄蘭)의 가지처럼 휴를 찬 저 총 각』이라 하였으니, 이는 능력을 알도록 하라는 뜻이다.

· 술(鉥): 긴 바늘. 여기서는 모자에 꽂고 다니는 바늘 장식을 말한다.
· 휴(觽): 觿로도 쓰며, 뿔 송곳. 뿔 또는 뼈를 깎아 만들어 매듭이나 엉 킨 실을 푸는 기구.
· 섭(韘): 깍지. 활을 쏠 때 시위를 잡아당기는 엄지손가락에 끼우는 골무.
· 홀(笏): 옥이나 상아, 또는 대나무로 만들어 간단히 메모할 수 있는 것.
· 승준(繩準): 기준 · 표준.

관(冠)이라는 것은 성인(成人)이 되었음을 남이 알도록 하기 위한 것일 뿐만 아니라, 덕을 쌓아 스스로를 속박하여 잘 수행하도록 하기 위한 것이기도 하다. 그렇게 함으로써 자신의 사악한 마음을 걸러내고, 바른 뜻을 지켜 나갈 수 있도록 돕는다.

군자가 처음 관을 쓰면 반드시 축하해 주고, 예를 갖추어 그 관으로 하여금 마음에 다짐이 되도록 한다. 따라서 군자로서 어른이 되면 반드시 관대(冠帶)를 갖추고 일을 처리하되, 유치(幼稚) · 소년(少年) 시절의 놀기 좋아하고 나태하던 마음을 버리고 건실하게 진덕수업(進德修業)의 뜻을 세우고 실천하여야 한다.

그러므로 의복에 충분히 드러나지 않더라도 내심(內心)은 변화가 없으며, 내심으로 덕을 쌓으면 밖으로 예문(禮文)이 입혀지게 되나니, 이로써 현달한 지도자로서의 이름을 성취시키게 된다.

이런 이유 때문에 모자에 대한 제도는 계속 이어져서 수없는 임금이 나와도 그 제도를 쉽게 바꾸지 않는 것이니, 이는 이미 이로써 덕을 닦고 그 용모를 단정히 하는 기준이 되었기 때문이다.

공자(孔子)는 「그 의관을 바르게 하여야 그를 존귀하게 보아 줄 것이니, 단정하게 하면 사람들이 보고서 경외심을 느끼고, 또한 위엄을 부리되 사납지 않음을 나타내는 방법이 아니겠느냐?」고 하였다.

· 진덕수업(進德修業): 덕으로 나아가고 자신의 업을 닦음.
· 예문(禮文): 예의(禮儀)와 문식(文飾).

성왕(成王)이 관례(冠禮)를 치를 때에 주공(周公)이 축옹(祝雍)으로 하여금 축문을 이렇게 읊도록 하였다.

「통달하되 많은 욕심은 부리지 않게 되기를 빕니다.」

이어서 축옹은 이렇게 축문을 읊었다.

「임금으로 하여금 백성에게 가까이 가도록 하고, 아첨하는 무리로부터는 멀리하게 하여 시간을 아끼고 재물을 은혜롭게 쓰며, 어진 이에게 맡기며 능력 있는 자를 부리게 하여 주소서. 지금부터 이를 이루기 시작하는 때가 되게 하소서.」

이렇게 축사를 하고는 사가(四加)를 치른 후 물러났다.

주공은 관례를 친히 주관하면서 경대부(卿大夫)들을 빈(賓)으로 삼아 삼헌지례(三獻之禮)로써 향응을 베풀었다.

이에 주공은 비로소 성왕(成王)에게 현단(玄端)과 피변(皮弁)을 입히고, 조복(朝服)과 현면(玄冕)을 입는 사가(四加)를 거행케 하였다. 그리고 제후의 태자·서자의 관례도 주공이 주가 되어 치렀는데, 그 예는 선비의 관례와 같았다. 다음으로 관을 쓰고 조묘(朝廟)에 이르러 이렇게 고하였다.

「좋은 달의 길한 날을 택하여 그대에게 원복(元服)을 입히노니, 어릴 때의 뜻은 모두 버리고 덕을 이루기에 순종할지니라.」

이처럼 관례는 열아홉 살에 이르러 바르게 치르는 것이 옛날의 통례(通禮)이다.

· 축옹(祝雍): 관례(冠禮)를 관장하여 축사를 하는 임무를 맡은 이.
· 사가(四加): 천자(天子)만이 사가(四加)를 하며, 이는 치포(緇布)·피변(皮弁)·작변(爵弁)에 현면(玄冕)을 더하는 것.
· 삼헌지례(三獻之禮): 세 차례 술잔을 들고 마시는 것.
· 현단(玄端): 검은 테두리를 두른 옷.
· 피변(皮弁): 흰 사슴 가죽으로 만든 고깔.
· 현면(玄冕): 검은 테두리를 한 면류관.
· 조묘(祖廟): 조상의 사당. 종묘(宗廟).
· 원복(元服): 관례(冠禮) 때 사당에서 입는 옷.

「여름, 공(公)이 제(齊)나라 여자를 아내로 맞이하여 오다. 이는 왜 기록하였는가? 친영(親迎)의 예이기 때문이다.」

그러면 그 예는 무엇인가?

제후라면 두 켤레의 신과 하나의 옥홀(玉笏)을 말하는 것이고, 대부나 서인이라면 두 켤레의 신과 속수(束脩) 두 묶음을 말하는 것이다.

그리고 나서 이렇게 말하여야 한다.

「아무 나라의 과소군(寡小君)이 과인으로 하여금 진귀하지 못한 옥홀을 받들고, 귀하지 못한 신을 예물로 부인(夫人)의 정녀(貞女)를 예로써 맞이하도록 하였습니다.」

이 말을 들은 부인은 이렇게 말하여야 한다.

「어려서부터 깊은 규방에 처해 있어서 예수(禮數)의 교육이 충분치 못하고, 스승과 어머니로서의 교육을 깨우쳐 주지 못하였습니다. 이에 의상지사(衣裳之事)를 받게 되어 감히 경배도 드리지 못합니다.」

그리고는 축(祝)을 하고, 답배(答拜)를 한다. 그러면 부인은 옥홀을 받고 한 켤레의 신을 딸에게 신겨 주고는, 비녀와 옷을 단정히 갖춘 다음 이렇게 명한다.

「문을 나선 이후에는 너의 시부모를 잘 받들어 모셔야 하며, 그 집안의 모든 일에 순종으로 따라야 한다. 너의 두 마음을 없애 버리고, 감히 되돌아오는 일이 없도록 하여라.」

이때에 딸은 어머니에게 절하여 고별하고, 어머니는 그 딸의 손을 잡고 문 앞에서 기다리는 신랑에게 넘겨 준다. 신랑은 그 손을 잡고 문 밖에 나서서 여자를 이끌며, 여자는 그를 따라 다시 아버지가 있는 당(堂)에 가서 인사하고, 다시 여러 이모·고모 들에게 대문에서 인사한다. 신랑이 먼저 수레에 올라 고삐를 잡으면, 여자는 그 수레에 오른다. 이렇게 하여 세 바퀴를 돈 연후에 신랑이 내려서 먼저 앞서간다.

한편 대부나 서인은 그 아버지에게 이렇게 말하여야 한다.

「모인(某人)의 부친, 모인의 사우(師友)가 모인으로 하여금 귀하지 않은 신과 미약한 속수를 바치게 하여, 감히 모씨의 정녀(貞女)에게 경례를 다하지 못합니다.」

그러면 그 딸의 어머니는 「가난한 집에 태어나서 옷감 짜는 일도 제대로 가르치지 못하였는데, 기추지사(箕帚之事)를 만나게 되어 감히 경배도 드리지 못합니다」라고 말하여야 한다.

· 친영(親迎): 육례(六禮)의 하나. 신랑이 신부네 집에 가서 신부를 직접 맞음, 또는 그 의식.
· 속수(束脩): 예를 갖출 때 예물로 드리는 건육(乾肉).
· 과소군(寡小君): 자기 나라 임금을 낮추는 겸사(謙辭).
· 정녀(貞女): 신부될 여자를 일컬음.
· 예수(禮數): 인간관계에 있어서의 예절상의 정도.
· 의상지사(衣裳之事): 제후(諸侯)의 혼례.
· 기추지사(箕帚之事): 서민으로 키와 빗자루를 들고 집안을 다스려 장부를 모시는 일. 즉 남의 아내가 되는 일을 말한다.

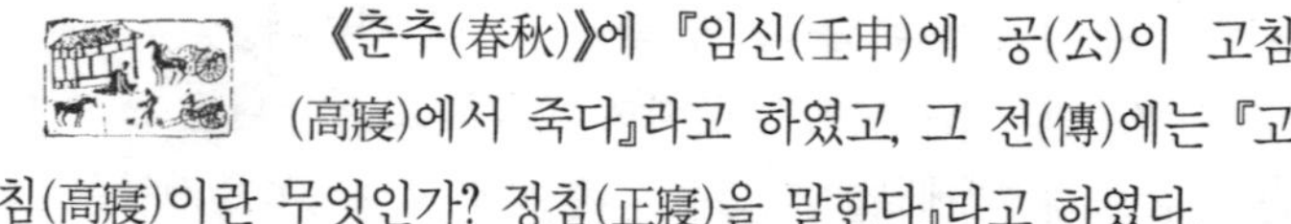

《춘추(春秋)》에 『임신(壬申)에 공(公)이 고침(高寢)에서 죽다』라고 하였고, 그 전(傳)에는 『고침(高寢)이란 무엇인가? 정침(正寢)을 말한다』라고 하였다.

그런데 어찌하여 어떤 경우에는 고침(高寢)이라 하고, 또 어떤 경우에는 노침(路寢)이라 하는가?

설명은 이러하다. 즉 제후에게는 정침(正寢)이 셋이다. 첫째 고침(高寢), 둘째 좌로침(左路寢), 셋째 우로침(右路寢)이다. 그 중에 고침이란 처음 제후로 봉(封)받았을 때의 침소이며, 노침이란 윗대를 계승한 제후로서의 침소이다.

그런데 노침이 둘인 것은 무슨 연유인가?

이는 아들은 아버지의 침소에 거할 수 없기 때문이다. 그래서 두 개의 침소가 있는 것이다. 뒤를 이은 임금들은 대대로 첫 조상인 고조(高祖)의 침소에 거할 수 없다. 그 때문에 고침은 고(高)자를 붙인 것이다.

그러면 노침은 어떤 위치에 있어야 하는가? 고침이 가운데 있으므로 노침은 좌우에 마련된 것이다.

《춘추(春秋)》에 『천왕이 성주(成周)로 들다』라고 하였고, 그 전(傳)에는 『성주란 무엇인가? 동주(東周)를 말한다』라고 하였다.

그렇다면 천자(天子)의 침소는 어떠한가?

역시 세 곳이며, 그 침당을 승명(承明)이라 하고, 뒤를 이은 천자로서의 문(文)을 지킨 침소이다. 그리고 좌우에 있는 노침도 이에 포함된다.

그러면 승명이란 무엇인가?

명당(明堂)이 뒤를 이었다는 뜻이다. 그러므로 천자나 제후 모두 세 개의 침소를 마련하여 실정(實正)의 명분을 바로 하였다.

이렇게 하여야 부자지의(父子之義)가 드러나고, 존비지사(尊卑之事)가 분별되며, 대소지덕(大小之德)이 달라지는 것이다.

・문(文) : 무력으로 찬탈하지 않음을 말한다.

천자(天子)는 거창(秬鬯, 울창주)을 하사하는 것으로써 제후(諸侯)에 대한 초견례(初見禮)를 삼는다. 창(鬯)이라는 식물은 백초(百草)의 근본으로서 위로는 하늘에 닿고, 아래로는 땅까지 닿아 창달시키지 않는 것이 없다. 그러므로 천자는 창으로 초견례의 예물을 삼는다.

다음으로 제후는 규(圭)로써 초견례를 삼으니, 규는 옥(玉)이다. 얇지만 휘어지지 않고, 날카로우나 사람을 다치게 하지 않는다. 또 가운데에 흠이 있으면 반드시 이를 밖으로 드러내 보인다. 그러므로 제후는 규로써 초견례의 예물을 삼는다.

경(卿)은 검은 양으로 초견례를 삼으니, 검은 양은 양의 일종으로 서로 무리를 지어 다니되 작당(作黨)하지 않는다. 그 때문에 경은 검은 양으로 초견례의 예물을 삼는다.

대부(大夫)는 기러기로써 초견례를 삼는다. 기러기는 열을 지어 날아 장유(長幼)의 예(禮)가 있다. 따라서 대부는 이를 초견례의 예물로 삼는다.

또 사(士)는 꿩으로 초견례를 삼으니 이는 탐욕으로 유인해서는 안 된다는 뜻이며, 가두어 기를 수도 없다는 뜻을 가지고 있다. 그 때문에 사(士)는 꿩으로 초견례의 예물을 삼는다.

서인(庶人)은 목(鶩)으로써 초견례를 삼으니 목은 목목(鶩鶩)하다는 뜻으로, 목목은 다른 마음을 갖지 않는다는 의미이다. 그러므로 서인은 목을 초견례의 예물로 삼는다.

이처럼 초견례의 예물은 그 바탕, 즉 그 본질을 가지고 따지는 것이다.

· 목(鶩): 집오리의 일종.

제후(諸侯)는 3년에 한 번씩 사(士)를 천자(天子)에게 천거하여야 한다. 그 선비가 아주 합당한 경우를 한 번 이루었을 때를 호덕(好德)이라 하고, 두 번이나 훌륭한 선비를 천거하였을 때를 존현(尊賢)이라 이르며, 세 번 훌륭한 선비를 천거하였을 때를 유공(有功)이라 한다.

이러한 유공자(有功者)에게 천자는 그 공이 한 번일 때에는 여복(輿服)과 궁시(弓矢)를 하사하고, 두 번일 때에는 창(鬯)을 하사하며, 세 번일 때에는 호분(虎賁) 1백 명을 하사하고 명제후(命諸侯)라는 호를 내린다.

명제후가 된 자는 이웃나라에 신하가 임금을 시해하는 일이나, 또는 서얼(庶孼)이 그 종가(宗家)를 죽이는 일이 생기면 천자로부터 재가를 받지 않았더라도 그를 정벌할 수 있다. 그러나 정벌한 후에는 그 땅을 천자에게 귀속시켜야 한다.

다음으로 제후가 천자에게 그 선비를 잘못 추천하였을 때 한 번일 경우를 과(過)라 하고, 두 번일 경우를 오(傲)라 하며, 세 번일 경우를 무(誣)라 한다. 이때에는 천자가 그를 축출하되 한 번일 경우에는 그 작위(爵位)를 없애고, 두 번일 경우에는 토지를 삭감하며, 세 번일 경우에는 그의 토지를 몰수한다.

그리고 제후로서 선비를 추천하지 않을 경우에는 이를 불솔정(不率正)이라 하며, 이 경우에도 첫번째에는 작위를 없애고, 두번째에는 토지를 삭감하며, 세번째에는 토지를 몰수한다.

그런 후 천자는 1년 동안 제후들의 고과를 심의하여 여러 관리 중에 성적이 없는 자를 축출하고, 제후들로부터 추천받은 선비로 하여금 그 자리를 대신하게 한다.

《시경(詩經)》에 『그렇게 많고많은 훌륭한 선비들, 문왕은 이로써 안녕을 얻네!』라고 하였으니, 바로 이를 두고 한 말이다.

· 여복(輿服) : 수레와 의복.

· 호분(虎賁) : 군대를 지휘하는 임무. 무관(武官).

· 명제후(命諸侯) : 〈특수한 명을 받은 제후〉라는 뜻.

　　　　　옛날에는 백성을 지도하는 규칙이 반드시 있었다. 즉 백성에게 능히 어른을 공경하고 불쌍한 이를 도우며, 취하고 버리는 일에 양보를 중시하도록 한 것이다.

이렇게 해서 평소 자기 일에 힘쓰게 한 후 임금에게 알린다. 알린 후에는 그에 따라 수식을 한 수레와 두 필이 함께 끄는 병마(騈馬)를 얻게 된다. 임금의 명령을 얻지 못한 자는 이런 수레를 타지 못하며, 제 마음대로 타는 자는 모두 벌을 받는다.

따라서 백성으로서 비록 재물에 여유가 있고 많다 할지라도 인의(仁義)나 공덕(功德)이 없으면 그 재물을 사용할 수가 없다.

이 때문에 백성들은 누구나 재리(財利)보다는 인의(仁義)를 중시하게 된다. 재리를 천히 여기면 다툼이 사라지고, 다툼이 사라지면 강한 자가 약한 자를 능욕하는 일이 없어지고, 무리가 적은 수에게 포악을 휘두를 수가 없게 된다.

당(唐)·우(虞) 때에는 상형(象刑)이라는 제도만 있었어도 백성들이 감히 법을 범하지 않았고, 난(亂)은 이로써 그치게 되었다.

《시경(詩經)》에 『그대 백성들에게 고하노니, 임금의 법도를 삼가 지키어 뜻밖의 환난을 막을 것이니라!』고 하였으니, 이를 두고 한 말이다.

・당(唐): 요(堯)임금 시절, 당요시대(唐堯時代).
・우(虞): 순(舜)임금 시절, 우순시대(虞舜時代).
・상형(象刑): 백성이 범죄를 저질렀을 때, 빛깔이 다른 옷을 입혀 스스로 치욕을 느끼게 하는 형벌.

천자(天子)의 순시를 순수(巡狩)라 하고, 제후(諸侯)는 술직(述職)이라 한다. 순수라는 것은 자기의 지키는 바를 두루 돌아보는 것이요, 술직이란 자기의 맡은 바 직무를 펴보이는 것이다. 봄에는 밭 가는 것을 살펴 부족한 것을 도와 주고, 가을에는 수확을 살펴 가난한 자를 도와 준다.

천자는 5년에 한 번씩 순수에 나선다. 해당하는 해의 2월에 동쪽으로 순수하여 동악(東嶽)에 이른 다음, 섶나무를 태우며 산천(山川)에 망제(望祭)를 지낸다.

그리고 나서 제후를 불러 1백 세의 나이 많은 이들을 위문하고, 태사(太師)에게 명하여 진시(陳詩)토록 하여 민풍(民風)을 살피며, 시장의 납세를 조사토록 하여 백성의 호오(好惡)와 그들이 음일(淫逸)이나 편벽된 행동에 빠졌는지를 살핀다. 또 전례(典禮)를 시켜 시월(時月)과 날짜를 정하고, 율(律)·예악(禮樂)·제도(制度)를 통일케 하며, 의복의 격식을 정한다.

산천신지(山川神祇)에 제사를 올리지 않는 것을 불경(不敬)으로 여겨, 그에 해당하는 제후는 축출하되 그 작위를 박탈한다. 또 종묘(宗廟)에 경순(敬順)하게 하지 않는 것을 불효(不孝)로 여겨, 그런 제후에게는 토지를 삭감한다. 그리고 백성에게 은택을 베풀어, 공이 있는 자에게는 이를 살펴 토지를 더하여 준다.

그 나라 경계에 들어섰을 때 토지가 잘 개간되고, 경로존현(敬老尊賢)하는 것이 보이면 토지를 더욱 많이 준다. 그러나 그 국경에 들어서서 토지가 황폐하고, 노인과 어진 이를 잘 대접하지 않으며, 지위를 가진 자가 자기 자랑만 일삼는 것이 보이면 징벌을 내리되 그 토지를 삭감한다.

그리고 한 번 조회에 참석하지 않으면 작위를 박탈하고, 두 번 참석하지 않으면 그 토지를 박탈하는 축출령을 내리고, 세 번 참석하지 않으면 육사(六師)를 시켜 이들을 토벌한다.

또 5월의 순수(巡狩)는 남쪽으로 하되 남악(南嶽)에 이르러 동쪽의 순수 때와 같은 예(禮)로써 하고, 8월의 순수는 서쪽으로 하되 서악(西嶽)에 이르러 남쪽의 순수 때와 같은 예로써 하며, 11월의 순수는 북쪽으로 하되 북악(北嶽)에 이르러 서쪽의 순수 때와 같은 예로써 한다.

서울로 돌아와서는 조상신에게 제사하여 보고드리되, 이때에는 한 마리의 특생(特牲)을 쓴다.

· 태사(太師): 임금의 스승. 여기서는 민정을 살펴 임금에게 알리는 임무를 띤 관리. 《예기(禮記)》에는 음악을 관장하는 임무를 띠었다고 하였다.
· 진시(陳詩): 시를 모아 살피는 일.
· 전례(典禮): 전상관(典象官). 율력(律曆)을 담당함.
· 육사(六師): 천자(天子)의 군대. 육군(六軍).
· 특생(特牲): 제사에 가축 한 마리만을 희생으로 쓰는 것.

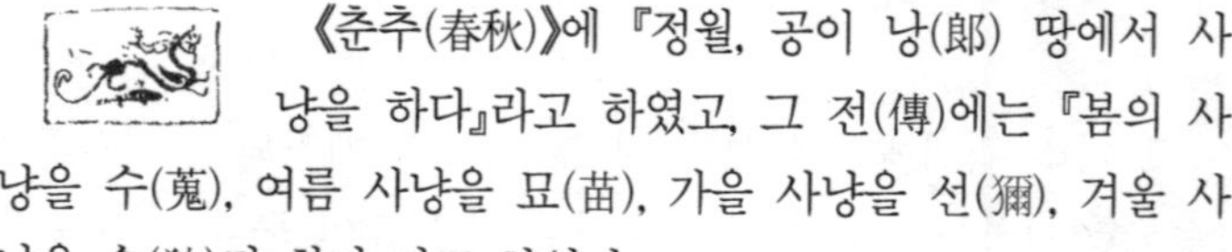

《춘추(春秋)》에 『정월, 공이 낭(郞) 땅에서 사냥을 하다』라고 하였고, 그 전(傳)에는 『봄의 사냥을 수(蒐), 여름 사냥을 묘(苗), 가을 사냥을 선(獮), 겨울 사냥을 수(狩)라 한다』라고 하였다.

그러면 묘(苗)라는 것은 무슨 뜻인가? 묘(苗)는 모(毛)이다. 이때에는 못을 포위하여 잡지 않으며, 무리를 몽땅 잡지 않고,

새를 잡되 부화하고 있는 것은 잡지 않으며, 새끼를 배고 있는 짐승은 잡지 않는다는 뜻이다.

또 춘수(春蒐)란 작은 짐승 및 새끼 밴 짐승을 잡지 않는다는 뜻이며, 동수(冬狩)란 무엇이든지 다 잡을 수 있음을 말한다.

백성들도 모두 나와 사냥을 한다. 그러나 도망치는 동물을 마구 뒤쫓지 않으며, 짐승과 맞서지 않고, 옆에서 쏘지 않으며, 짐승을 뒤쫓되 정해진 구역을 넘어서지 않아야 한다. 이것이 묘(苗)·선(獮)·수(蒐)·수(狩)의 옳은 뜻이다.

그러므로 묘·선·수·수의 예(禮)는 간단한 전쟁과 같다. 따라서 묘(苗)란 작은 사냥이며, 수(蒐)란 수색한다는 뜻이고, 수(狩)란 지켜 머무른다는 뜻이다.

그러면 여름에 사냥을 하지 않는 이유는 무엇인가?

이때는 천지음양(天地陰陽)이 왕성한 때이다. 맹수는 잡을 수 없고, 새매도 잡히지 않으며, 독사와 전갈 들도 그 독을 줄여 주지 않는다. 조수충사(鳥獸蟲蛇)가 모두 하늘의 뜻에 순응하는 때이다. 그런데 하물며 인간임에랴? 이 까닭으로 옛날에는 반드시 짐승을 우리에 가두어 길렀던 것이다.

그런데 사냥을 전(畋)이라고 하는 까닭은 무엇인가?

이는 성인이 일을 함에는 반드시 그 근본으로 되돌아가기 때문에 그런 글자를 쓴 것이다. 즉 오곡이란 종묘를 받들고, 만민을 기르는 것이다. 금수가 농사를 망치는 일을 제거해야 한다. 그래서 전(田)자를 써서 말한 것이다.

성인이 이름을 붙임에는 그 일의 뜻과 연관시켰음을 알 수 있다.

천자와 제후는 아무 일이 없을 때면 한 해에 세 번 사냥을 한다. 그 목적은 제사에 쓸 말린 고기를 위해서, 그리고 손님의 잔치를 위해서, 또 임금의 식용에 충당하기 위해서이다. 아무 일 없으면서 사냥 의식을 거르는 것을 불경(不敬)스러운 일이라 하며, 사냥을 규정에 맞게 하지 않는 것을 포천물(暴天物)이라 한다.

천자의 사냥은 포위해서 잡는 방법을 택하지 않으며, 제후의 사냥은 무리지은 짐승을 한꺼번에 잡는 방법을 택하지 않는다. 천자가 사냥할 때는 큰 깃발을 아래로 내리며, 제후가 사냥할 때는 작은 깃발을 내린다. 또 대부가 사냥할 때는 그를 돕는 수레를 멈추게 하며, 그 수레가 멈춘 다음이면 백성이 사냥을 한다.

물고기로 달제(獺祭)를 지내고 나서야 어부들이 못에 들어가 고기를 잡을 수 있으며, 비둘기가 매를 부화시킨 이후에야* 그 물과 덫을 써서 짐승을 잡을 수 있고, 초목의 잎이 시들어 떨어진 연후에야 숲속으로 들어가 사냥을 할 수 있다.

곤충이 겨울잠에 들기 전에는 불을 놓아 사냥해서는 안 되며, 어린 짐승을 잡거나 알을 채집해서도 안 되고, 어린 것을 죽이거나 그 둥지를 엎어서도 안 된다.

이는 모두 성인이 윗자리에 있을 때, 군자가 자기 자리에 있을 때, 현능한 자가 그 임무를 담당할 때 큰 덕으로써 드러내어 밝힌 규칙이다.

그러므로 고요(皐陶)가 대리(大理)가 되자 천하가 평온하여 백성들이 각자 그 결실을 얻었고, 백이(伯夷)가 예(禮)를 주장하자 상하가 모두 양보하였으며, 수(倕)가 공사(工師)가 되자 모든 장인(匠人)들이 공력을 다하였고, 익(益)이 산택(山澤)을 주관하자 산택이 개척되었으며, 기(棄)가 농사의 책임을 맡자 백곡(百穀)이 때에 맞게 잘 자랐고, 설(契)이 사도(司徒)가 되자 백성이 친화하게 되었으며, 용(龍)이 외교의 업무를 맡자 먼 곳 사람들이 찾아왔다.

이렇게 십이목(十二牧)이 자기 임무를 다하자 구주(九州)가 감히 위배하지 못하였고, 우(禹)임금이 구택(九澤)의 제방을 쌓고 구도(九道)를 소통시키며 구주를 안정시키자, 각각 그 직무에 따라 조공을 바쳐 그 마땅함을 놓치지 않게 되었다.

그때는 사방 5천 리가 통하여 먼 황지(荒地) 사람까지 복종하게 되었으니, 남으로는 교지(交趾)·대발(大發)을 위무시키고, 서로는 석지(析支)·거수(渠搜)·저(氐)·강(羌)까지, 그리고 북으로는 산융(山戎)·숙신(肅愼)까지, 동으로는 장이(長夷)·도이(島夷)까지 이르렀다.

이리하여 사해지내(四海之內)가 모두 제순(帝舜)의 공을 추대하였다.

이에 우(禹)임금은 구소지악(九韶之樂)을 지어 이물(異物)까지 이르게 하니, 봉황이 날아와 천하의 덕을 밝히게 되었다.

· 포천물(暴天物): 천물, 즉 〈만물에게 포악하게 굴다〉의 뜻.
· 달제(獺祭): 맹춘(孟春, 정월)에 잉어를 잡아 수달(水獺)에게 먹여 풍어를 비는 의식.
＊ 매는 스스로 부화를 하지 못하여 비둘기 둥지에 알을 까는데, 이것이 8월에 부화된다. 여기서는 8월에 사냥이 시작됨을 말한다.
· 대리(大理): 법률을 맡은 관리.
· 공사(工師): 물건을 제작하는 일을 맡음.
· 사도(司徒): 교육·문교를 담당하는 관직.
· 십이목(十二牧): 열두 곳의 방백(方伯).

·황지(荒地): 중국 밖의 미개지. 이민족이 사는 곳.
·구소지악(九韶之樂): 우순시대(虞舜時代)의 음악.
·이물(異物): 인간이 아닌 다른 물체.

 활쏘기를 할 때는, 반드시 마음을 평온히 하고 몸을 바르게 하여 활을 잡고 살을 얹어 다시 한 번 자세를 고정시킨 연후에 쏘아야 능히 과녁을 맞힐 수 있다.

《시경(詩經)》에 『군왕이 활을 가지고 나타나 궁시(弓矢)를 얹어 펴도다! 다른 사람들도 함께 참여하여 각각 자신의 솜씨를 펴보이네!』라고 하였으니, 이를 두고 한 말이다.

또 호(弧)란 〈미리 준비한다〉의 예(豫)이다. 예란 자신의 뜻을 미리 예측한다는 의미이다.

옛날에는 아이가 태어난 지 사흘이면 뽕나무로 호(弧)를 만들고, 쑥대로 살을 만들어 여섯 개의 화살을 천지사방으로 쏘게 하였다. 천지사방이란 바로 남자가 뜻을 두고 개척해야 할 세상이다. 반드시 그런 뜻을 펴게 한 연후에야 감히 곡식을 먹였다.

그 때문에 《시경(詩經)》에 『공 없는 식록(食祿)은 먹지 않도다!』라고 하였으니, 이를 두고 한 말이다.

 사람은 태어나면서부터 서로 사귀고 통하게 된다. 그래서 유빈(留賓)이라 한다.

천자(天子)로부터 사(士)에 이르기까지 각각 그 차등이 있으며, 죽은 자에게 물건을 보내 주는 일에 있어서 관에 시신을

넣기 전까지 보낸 물건이 다다르지 못하거나, 그 유족을 조문할 때 충분한 애도에 미치지 못하는 것은 모두가 예(禮)에 어긋나는 일이다.

그래서 옛날에는 길(吉)한 일에는 50리 이내면 가야 하지만, 상사(喪事)에는 1백 리 안에서 들으면 반드시 참석하여야 했다.

증(贈)과 봉(賵)은 때에 맞추어 행하여야 한다. 이 때라고 하는 것이 바로 예의 가장 중요한 요소이다.

《춘추(春秋)》에『천왕이 태재(太宰) 훤(咺)을 보내어 혜공(惠公)과 중자(仲子)에게 봉(賵)을 하도록 하였다』라고 실려 있다.

그러면 봉(賵)이란 무엇인가?

상사(喪事)에는 봉이라는 것이 있으니, 대개 승마(乘馬)·속백(束帛)·여마(輿馬)를 보내는 것을 말하며, 그외에 돈이나 재물을 보내 주는 것을 부(賻), 옷을 보내 주는 것을 수(襚), 옥패(玉貝) 등 입에 물릴 물건을 보내 주는 것을 함(哈)이라 하고, 완호(玩好)를 보내 주는 것을 증(贈)이라 한다. 그 유족과도 잘 아는 사이이면 부(賻)·봉(賵)을 하고, 그 죽은 자와만 알 경우에는 증(贈)·수(襚)를 한다.

증·수는 죽은 자를 잘 보낸다는 뜻이요, 부·봉은 유족을 도와 준다는 뜻이다.

여마(輿馬)·속백(束帛)·화재(貨財)·의피(衣被)·완호(玩好)의 숫자는 어떠한가? 그것은 다음과 같다.

천자는 승마(乘馬) 여섯 필, 제후는 네 필, 대부는 세 필, 원사(元士)는 두 필, 하사(下士)는 한 필이다.

또 천자는 속백(束帛) 다섯 필에 현(玄) 셋 훈(纁) 둘 각 50척(尺), 제후는 현 셋 훈 둘 각 30척, 대부는 현 하나 훈 둘 각 30척, 원사는 현 하나 훈 하나 각 20장(丈), 하사는 채만(綵縵)

각 한 필, 서인(庶人)은 포(布)·백(帛) 각 한 필을 보낸다.

천자의 봉은 승마 여섯 필에 승거(乘車), 제후는 네 필에 승여(乘輿), 대부는 참여(參輿)로 하고, 원사·하사는 여(輿)를 사용하지 않는다.

또 천자는 문수의(文繡衣)를 한 벌 하되 그 길이가 땅에 닿을 정도이며, 제후는 발을 덮을 정도의 길이, 대부는 종아리에 닿게, 사는 무릎 아래에 닿을 정도로 한다.

그리고 천자의 입에 물리는 것은 진주로 하며, 제후는 옥으로, 대부는 기(璣)로, 사(士)는 패(貝)로, 서인은 곡식 낟알로 한다.

이처럼 그 지위의 높낮이, 덕의 후박(厚薄) 및 친소관계에 따라 부(賻)·봉(賵)·함(唅)·수(襚)가 각각 다르고, 빈부에도 역시 차이가 있다. 게다가 이(二)·삼(三)·사(四)·오(五)의 숫자도 천지(天地)에서 취하여 기수(奇數)·우수(偶數)를 제정한 것이며, 사람의 정리에 따라 절문(節文)이 생겨났으니, 이러한 원리에 따르는 것이 예의 대종이다.

· 유빈(留賓): 관계를 남겨 놓은 채 죽음. 즉 죽은 자와 산 자도 관계가 있음을 말한다.
· 증(贈): 죽은 자를 잊도록 하기 위하여 보내는 완호물(玩好物).
· 봉(賵): 죽은 사람을 장사지내는 데 필요한 거마(車馬) 등을 보내는 일.
· 승마(乘馬): 일거사마(一車四馬)의 뜻.
· 속백(束帛): 포백(布帛)의 양끝을 말되, 1장 8척으로 하여 10단(端)을 묶어 5필(匹)로 한 것을 말한다.
· 여마(輿馬): 여(輿)는 작은 수레를 말한다.
· 수(襚): 죽은 이에게 보내 주는 옷.
· 함(唅): 고대에 죽은 이의 입에 주옥, 혹은 쌀·패(貝) 등을 물리는 것.
· 원사(元士): 천자(天子)의 상사(上士).

· 하사(下士): 원사(元士)의 아래.
· 현(玄): 검은 바탕에 적색의 무늬를 놓은 사백(絲帛).
· 훈(纁): 옅은 붉은색의 사백(絲帛).
· 채만(綵縵): 무늬나 빛깔이 없는 옷감.
· 참여(參輿): 세 마리 말이 끄는 수레.
· 문수의(文繡衣): 무늬와 수를 놓은 옷.
· 기(璣): 둥그랗지 않은 구슬.

《춘추(春秋)》에 『경술(庚戌)날에 천왕이 붕(崩)하다』라고 하였고, 그 전(傳)에는 『천왕의 장례에 대해서는 어찌하여 기록하지 않았는가? 이는 그 날짜가 반드시 지정되어 있기 때문이다. 제후가 졸하였을 때는 그 장례를 기록한다. 이는 천자가 살아 있으므로 그 날짜를 고정시킬 필요가 없기 때문이다』라고 하였다.

그러면 그 날짜가 지정되어 있다는 말은 무슨 뜻인가?

천자는 이레 동안 빈소(殯所)를 차린 다음 일곱 달 만에 장례를 치르고, 제후는 닷새 동안 빈소를 차리고 다섯 달 만에 장례를 치르며, 대부는 사흘간 빈소를 차리고 석 달 만에 장례를 치르며, 서인은 이틀간 빈소를 차리고 두 달 만에 장례를 치른다.

어찌하여 그렇게 하는가?

이는 예측하지 못한 흉사에 대한 예(禮)로서 죽은 다음에야 시작되는 흉복(凶服)이다. 그래서 의최(衣衰)와 관곽(棺槨)의 마련 및 묘지 마련 등을 한 연후에야 상문(喪文)이 이루어진다. 밖에 있는 친척·친구가 다 오고, 장례와 분묘의 일이 모두 집

중되어야 효자·충신이 그 은혜를 다 갖추게 된다.

그 때문에 천자는 일곱 달 만에 장례를 지내야 제후들이 다 모일 수 있고, 제후는 다섯 달 만에 장례를 지내야 함께 회맹하였던 다른 제후들이 모이며, 대부는 석 달 만에 장례를 지내야 함께 조정에서 일했던 동료들이 모이고, 서인은 두 달이 지나야 밖에 있는 인친척(姻親戚)들이 모두 이를 수 있는 것이다.

· 흉복(凶服): 상복(喪服)을 말한다.
· 의최(衣衰): 상복을 말한다.
· 관곽(棺槨): 고대에는 내관외곽(內棺外槨)이라 하여 이중으로 썼다.
· 상문(喪文): 상(喪)을 치르는 각종 절차.

 연릉계자(延陵季子)가 제(齊)나라에 갔다가 돌아오는 길에, 함께 동행하였던 장자(長子)가 영(嬴)·박(博) 땅 중간에서 죽어 장례를 치르게 되었다. 공자(孔子)가 이 소식을 듣고 이렇게 말하였다.

「연릉계자는 예에 밝은 오(吳)나라 사람이다.」

그리고는 자공(子貢)으로 하여금 가서 보고 오도록 하였다.

연릉계자는 그 무덤의 깊이를 샘물이 나지 않을 정도로 팠고, 염(斂)도 그 당시 입고 있던 옷 그대로 하였다. 그 봉분도 수레바퀴 크기의 구덩이를 덮을 정도에 지나지 않았고, 그 높이 또한 사람이 서면 가려질 정도밖에 되지 않았다. 이를 다 마치자 연릉계자는 왼쪽 어깨를 드러낸 채 오른쪽으로 돌며 세 번 호곡(號哭)하고, 이렇게 말하였다.

「골육(骨肉)이 다시 흙으로 되돌아가는 것은 명(命)이다. 만약 혼기(魂氣)가 있다면 멀리 흩어져 갈 수 없는 곳이 없겠지. 어디든지 가겠지!」

그리고는 드디어 그 자리를 떠났다. 공자가 이렇게 말하였다. 「연릉계자는 예에 합당하였도다!」

자식은 3년이 지난 연후에야 부모의 품을 면할 수 있다. 그 때문에 3년상의 제도가 생긴 것이니, 이는 부모의 은혜에 보답하기 위한 까닭이다.

제후(諸侯)가 상을 당하였을 때는 1년이면 되고, 천자(天子)의 상에는 3년이면 된다. 이것이 예(禮)의 경(經)이다.

자하(子夏)가 삼년지상(三年之喪)을 다 마치고, 공자(孔子)를 뵈었다. 공자가 그에게 거문고를 주며 연주케 하였더니, 자하가 이를 받아 즐겁고 유창한 솜씨로 즐기고 나서 「선왕이 지은 예(禮)를 감히 따르지 않을 수 없었습니다」라고 하였다.

이에 공자가 「군자로다!」*라고 칭찬하였다.

이번에는 민자건(閔子騫)이 3년상을 마치고 공자를 뵙자, 역시 그에게도 거문고와 술대를 주며 연주케 하였다. 이에 민자건이 절절히 슬픈 기색으로 「선왕이 지은 예 때문에 더 오랫동안 할 수가 없었습니다」*라고 하였다.

공자는 이번에도 역시 「군자로다!」라고 칭찬하였다.

이 두 가지 상황을 본 자공(子貢)이 공자에게 물었다.

「민자건이 그 슬픔이 아직 다하지 못하였다고 하였을 때도 선생님께서는 군자라고 하셨고, 자하가 그 슬픔이 이미 다하였다고 하였을 때도 선생님께서는 군자라고 하셨습니다. 저는 의혹이 풀리지 않습니다. 무슨 뜻인지 감히 여쭙습니다.」

그러자 공자가 이렇게 설명해 주었다.

「민자건은 그 슬픔이 다하지 않았으나 능히 이를 예에 맞추어 끊었고, 자하는 그 슬픔이 다하였으나 능히 이를 예에 맞추어 실행하였다. 그래서 군자라고 한 것이다.

무릇 삼년지상은 진실로 뛰어난 자는 이로써 굽힐 줄 알게 되고, 모자란 자는 이로써 부지런케 하는 것이다.」

· 삼년지상(三年之喪) : 부모의 상.
* 힘들지만 3년의 예법이 있으므로 실천해 내었다는 말.
* 3년상 이상을 하고 싶었지만 예법대로 3년 만에 마침을 뜻한다.

제(齊)나라의 선왕(宣王)이 전과(田過)에게 물었다.

「내 듣기로 유가(儒家)들은 어버이의 상에도 3년상을 하고, 임금의 상에도 3년상을 한다고 하는데 임금과 아버지 어느쪽이 더 중합니까?」

이에 전과가 「아마 아버지만큼 중하겠습니까?」라고 대답하였다.

이 대답에 임금이 분연히 화를 내며 「그렇다면 어찌 어버이를 떠나 임금을 섬기는 것입니까?」라고 물었다.

그러자 전과가 이렇게 설명하였다.

「임금의 땅이 아니면 어버이를 살게 할 곳이 없고, 임금의 녹이 아니면 어버이를 봉양할 수 없으며, 임금의 작위가 아니면 어버이를 존현(尊顯)시킬 수 없기 때문이지요. 받기는 임금에게 받아서 드리기는 어버이께 드리는 것입니다. 무릇 임금을 섬기는 것은, 결국 어버이를 위하는 것입니다.」

선왕은 이에 읍읍(邑邑)하기만 할 뿐 응답을 하지 못하였다.

·읍읍(邑邑): 불쾌하거나 말문이 막힌 상태.

옛날에 재역(災疫)이 있으면 이를 여(厲)라 하였다. 이때는 임금이 흰 옷을 입고, 그 직책을 맡은 사람에게 죽은 자와 병든 자를 조문하여 근심 속에 무의(巫醫)로 하여금 성심을 다해 구제하도록 하며, 국과 죽으로 처방토록 조치하여야 한다.

훌륭한 임금은 반드시 먼저 환과고독(鰥寡孤獨)을 살피고, 병들어 누구에게도 봉양을 받지 못하는 자를 거두며, 죽어서 장례를 치르지 못한 경우에는 이를 장사지내 준다.

친상(親喪)이 있는 자는 그 집에 가서 시끄럽게 부르지 않으며, 자최(齊衰)·대공지상(大功之喪)이 있는 자는 다섯 달 동안 역역지정(力役之征)을 복역시키지 않으며, 소공지상(小功之喪)이 있는 자 역시 장례가 끝나지 않았으면 역역지정을 부과하지 않는다.

또 가족 중에 죽은 이가 많은 집에 대해서는, 급한 경우 여러 어린이들을 모아 북을 치면서 횃불을 들고 그 집으로 들어가게 한다. 집안에서는 이를 사용하여 모두가 북소리와 횃불로 악귀를 쫓아낸다. 집안의 주인은 관을 쓰고 계단에 서 있다가 일이 끝나면, 그 동네의 문을 통과하여 다시 그 읍(邑)의 읍문 (邑門)을 거쳐 야외로 나간다.

이것이 포복구려(匍匐救厲)의 방법이다. 군대가 전쟁에 나가 크게 패하였을 때도 역시 이와 같이 한다.

- 무의(巫醫): 고대 무술(巫術)을 이용하여 역질(疫疾)을 치료하는 방법. 그 일을 하는 사람.
- 환과고독(鰥寡孤獨): 홀아비·과부·고아·늙어 의지할 데 없는 자. 모두 나라에서 부양해야 할 대상이라는 뜻.
- 자최(齊衰): 재최라고도 한다. 오복(五服)의 하나. 조금 굵은 생베로 지은 상복(喪服).
- 대공(大功): 오복(五服)의 하나. 수상(守喪) 기간은 9개월. 굵은 베로 지은 상복.
- 역역지정(力役之征): 나라에서 정한 요역·부역.
- 소공(小功): 오복(五服)의 하나. 상기(喪期)는 5개월. 약간 가는 베로 지은 상복.
- 포복구려(匍匐救厲): 포복(匍匐)은 기는 것. 여기서는 성심을 다하는 것, 있는 힘을 다하는 것.

재(齋)라고 하는 것은 돌아가신 분의 평소 모습을 생각하고, 그의 웃음과 말소리를 생각하고, 평소 그가 하던 행동을 생각하는 것이다.

재(齋)를 한 지 사흘째 되는 날에는, 이에 그 생각하던 대상의 하는 일이 나타나 보인다.

그 다음 제사지내는 날이 되면, 그가 문으로 들어설 때 아련히 곧 그 죽은 사람의 용모가 보여야 하고, 방안을 돌아 문을

나서면 위연히 마치 그 사람의 탄식 소리를 듣는 듯이 하며,
죽은 이의 얼굴색이 눈에서 끊어지지 않아야 하고, 목소리·기
침·가래 소리가 귀에서 떠나지 않아야 하며, 그의 기욕(嗜欲)
과 호오(好惡)가 마음에서 잊혀져서는 안 된다.

이렇게 하는 것이 효자로서의 재(齋)이다.

·재(齋): 후손이 그 조상과 부모의 제사를 위해 미리 재계하고 사념하
는 것.

 봄에 지내는 제사를 사(祠), 여름 제사를 약
(禴), 가을 제사를 상(嘗), 겨울 제사를 증(烝)이라
한다.

봄에는 부추와 새알을 올리고, 여름에는 보리와 물고기를 올
리며, 가을에는 기장과 돼지를 올리고, 겨울에는 벼와 기러기를
올린다.

또 3년에 한 번 지내는 제사를 협(祫), 5년에 한 번 지내는
제사를 체(禘)라 한다. 협(祫)이란 합(合)을 뜻하며, 체(禘)는
체(諦)를 뜻한다. 협(祫)은 조상의 사당에서 모두 합하여 제사
지내는 것이요, 체(禘)는 조상의 덕을 기려 그 우열(優劣)에 차
이를 두는 것을 말한다.

성왕(聖王)이 제사를 지낼 때에는 반드시 목욕재계하여, 그
생각을 모아 조상이 친히 계신 것처럼 한다. 그리하여 막 제사
를 시작하여 아직 단에 오르지 않았을 때, 황홀한 마음으로 오
로지 친히 그분들의 용모를 뵙듯이 하여야 한다. 이것이 효자
로서 하여야 할 성(誠)이다.

사방에서 와서 제사를 돕는 경우에는, 올 때에는 빈손으로 왔더라도 갈 때에는 제사에 썼던 음식을 가득 담아 보내고, 아무것도 없이 온 자라도 무언가를 주어서 보내야 한다. 그래야 누구나 이를 따라 본받게 된다.

 한갈자(韓褐子)가 하수(河水)를 건널 때였다. 사공이 먼저 이렇게 물었다.

「무릇 사람들은 이곳을 지날 때면 누구나 탈 없이 잘 건너게 해달라고 기원을 하던데, 그대는 어찌하여 기원을 하지 않습니까?」

그러자 한갈자가 이렇게 대답하였다.

「천자는 해내(海內)의 신에게 제사지내고, 제후는 봉역(封域) 내의 모든 산천에 제사지내며, 대부는 그 친족에게 제사지내고, 선비는 그 아버지와 조상에게 제사지냅니다. 따라서 나는 하백(河伯)에게 제사지낼 자격이 없습니다.」

이에 사공이 노를 저어 배를 물 가운데로 끌고 가면서 이렇게 말하였다.

「방금 제가 이미 말씀드렸지요. 그런데도 선생께서 제 말을 듣지 않아 지금 배가 물 가운데로 밀려 들어감이 자못 심합니다. 옷을 단단히 매고 물에 들어가 헤엄쳐 건너야 할 것 같습니다.」

그러자 한갈자가 이렇게 대답하였다.

「나는 다른 사람이 나를 싫어한다고 해서 내 뜻을 바꿀 수 없으며, 내가 장차 죽을 것이라고 해도 내 의(義)를 고칠 수는 없습니다.」

이 말이 미처 끝나기도 전에 배는 편안하게 제 길을 찾아갔다. 이에 한갈자가 이렇게 말하였다.

「《시경(詩經)》에 『무성하도다, 드렁칡. 줄기도 가지도 감겨 오르네. 즐겁고 편안한 우리 군자여! 복을 구하되 뜻 굽힘이 없네』라고 하였으니, 귀신도 군자의 옳은 뜻을 돌리게 할 수 없는데 하물며 인간임에랴!」

공자(孔子)가 이렇게 말하였다.

「자기 몸을 잊을 정도로 하는 예가 경(敬)이며, 너무 슬퍼 상복을 입은 줄 모를 정도의 애통이 우(憂)이다.

그리고 소리가 들리지 않을 정도의 음악이 즐거움이며, 말을 하지 않아도 믿어 주고, 움직이지 않아도 위엄이 서며, 베풀지 않아도 인(仁)한 것이 곧 지(志)이다.

종고(鍾鼓)의 소리에 노하여 이를 치는 것이 무(武)이며, 슬퍼서 이를 치는 것이 비(悲)이고, 즐거워서 이를 치는 것이 낙(樂)이다.

그 뜻이 변하면 그 소리도 변한다. 그 뜻이라는 것은 진실로 이처럼 금석(金石)에게조차 통하니, 하물며 인간에게 있어서랴?」

공맹자고(公孟子高)라는 사람이 전손자막(顓孫子莫)을 만나 이렇게 물었다.

「감히 묻건대 군자의 예란 어떤 것입니까?」

이에 전손자막이 이렇게 대답하였다.

「그대의 밖으로 날카로운 것, 그리고 안으로 스스로를 용납하는 것, 또 얼굴색이 뛰어나다고 해서 마음속으로 자부하는 것, 이 세 가지를 제거하기만 하면 될 것입니다.」

공맹이 이 뜻을 잘 알지 못하여 증자(曾子)에게 고하자, 증자가 놀란 표정을 지으며 머뭇거리다가 이렇게 말하였다.

「훌륭하도다, 그의 말이여! 무릇 밖으로 날카로운 자는 반드시 안으로 꺾이게 마련이며, 잘났다고 마음속으로 자부하는 자는 반드시 남에게 부림을 당할 것입니다.

이러한 까닭으로 군자는 덕행이 이루어져도 모르는 듯한 표정을 지으며, 아는 것이 많다는 말을 들어도 남과 다투지 않고, 앎이 미치지 못하는 것이 있어도 어리석게 행동하지 않는 것입니다.」

 증자(曾子)가 병이 나자 맹의(孟儀)가 위문을 갔다. 이에 증자가 이렇게 물었다.

「새가 장차 죽을 때에는 그 소리가 슬프고, 군자가 큰일이 풀리지 않을 때에는 그 말이 순하다 하였다. 예의에는 세 가지가 있는데, 너는 이를 아는가?」

맹의가 「알지 못합니다」라고 하자, 증자가 다시 말을 이었다.

「앉아라! 내 너에게 일러 주마. 군자로서 예를 닦아 뜻을 세우면 탐욕의 마음이 찾아오지 않고, 군자로서 예를 사모하면서 그 몸을 수양하면 태만하여 쉽게 절의를 바꾸는 일이 찾아오지 않으며, 군자로서 예를 잘 닦아 인의(仁義)로워지면 분쟁과 폭란의 말투가 멀어지게 된다. 만약 무릇 제사에 쓰는 그릇, 그리고 그 그릇들을 진열하는 것, 이런 일이라면 이는 모두 유사(有司)가 하는 일이다. 군자는 이런 일은 몰라도 된다.」

· 유사(有司): 그 일을 맡은 책임자 · 관리자. 직책을 맡은 전문인.

 공자(孔子)가 「가하다. 그러나 간(簡)하다」라고 하였다. 여기서 간(簡)이란 이야(易野)를 말하며, 이야(易野)란 다시 예문(禮文)이 없다는 뜻이다.

공자가 자상백자(子桑伯子)를 만나자, 자상백자는 의관(衣冠)도 갖추지 않고 있었다. 제자들이 「선생님께서는 어찌하여 이런 사람을 만나십니까?」라고 불평하자, 공자가 「그는 바탕은 아름다우나 겉을 꾸미지 않는 사람이다. 나는 그에게 겉을 좀 꾸미라고 말하고자 한다」라고 하면서 떠났다.

한편 자상백자의 문인(門人)들도 불쾌히 여겨 이렇게 물었다. 「어찌하여 공자 같은 사람을 만나십니까?」

그러자 자상백자가 「그는 바탕이 아름다우면서 겉을 꾸미기를 좋아한다. 나는 그에게 그 꾸밈을 버리라고 말하고자 한다」라고 하였다.

그래서 겉과 바탕이 모두 닦인 자를 군자라 하며, 바탕만 있고 겉을 다스리지 못하는 것을 이야(易野)라 한다. 자상백자는 이야한 사람으로 도리를 우마(牛馬)와 같이 하려고 하였다.

그 때문에 중궁(仲弓)이 「너무 간하다」라고 한 것이다.

위로는 훌륭한 천자(天子)가 없고, 아래로는 어진 방백(方伯)이 없으면 천하가 무도(無道)해진다. 그렇게 되면 신하가 임금을 죽이고, 자식이 그 어버이를 죽이는 일이 생긴다. 그러면 힘 있는 자가 능히 이를 토벌하여야 하고, 그렇게 하는 것이 가능하다.

공자가 살아 있을 때, 위로는 훌륭한 천자가 없었다. 그 때문에 공자가 「옹(雍)이라면 가히 남면(南面)시킬 수 있다」라고 하였다. 남면이란 천자가 됨을 말한다. 옹(雍)이 남면할 수 있다는 칭함을 얻게 된 까닭은, 그가 공자에게 자상백자에 대해서 물었기 때문이다.

공자가 그때에 「가하다. 그러나 간(簡)하다」라고 하였고, 중궁은 이에 「경(敬)에 거하면서 행동은 간소하게 하여 그 백성에게 임한다면, 이 또한 가능한 것이 아닙니까? 간(簡)에 거하면서 행동을 간소하게 한다면, 이는 너무 간(簡)한 것이 아닙니까?」라고 말하였다. 그러자 공자는 할 수 없이 「옹의 말이 맞다」라고 하였다.

이는 중궁이 화술(化術)에 능통하고, 공자는 왕도(王道)에 밝아 중궁의 말에 더 보탤 것이 없었다는 뜻이다.

· 이야(易野) : 쉽게 야속(野俗) · 비루함에 빠짐.
· 예문(禮文) : 예를 갖추었고, 겉에 드러난 모습도 훌륭함.

공자(孔子)가 제(齊)나라 곽문(郭門) 밖에 이르러 물병을 든 한 어린아이를 만나 함께 가게 되었다. 그 아이는 눈동자가 초롱초롱하였고, 그 마음씀도 정직하였으며, 그 행동 또한 단정하였다. 공자가 마부에게 일렀다.

「빨리 갑시다. 빨리 갑시다. 지금 소악(韶樂)이 연주되고 있습니다.」

공자는 그곳에 가서 소악을 들은 지 석 달간이나 고기의 맛을 모를 정도로 심취하였다.

그러므로 음악이란 홀로 자신만을 즐겁게 하는 것이 아니라
남도 즐겁게 하며, 자기만 바르게 고쳐 주는 것이 아니라 남도
바르게 고쳐 주는 것이다. 이러한 음악에 있어서 그 즐거움이
이와 같이 깊은 줄은 몰랐다.

· 곽문(郭門): 성곽 밖의 문.
· 소악(韶樂): 순(舜)임금이 지었다는 음악.

 황제(黃帝)가 영륜(伶倫)에게 음률(音律)을 만
들도록 하였다.

영륜은 대하(大夏)의 서쪽으로부터 곤륜(崑崙)의 북쪽까지
다니면서 해곡(嶰谷)의 대나무를 구하여, 그 죽심(竹心)이 고른
것을 골라 구멍을 만들고 마디 사이를 잘랐다. 그리고 그 길이
가 9촌이 되는 것을 불어 보아, 그 음을 황종(黃鍾)의 궁조(宮
調)로 삼았다. 이렇게 하여 만든 것을 함소(含少)라 하며, 십이
관(十二管)이 그제서야 차례에 맞게 제정되었다.

곤륜산 아래에서 봉황새의 울음을 듣고 다시 십이율(十二律)
을 만드니, 그 수컷 울음을 여섯, 암컷 울음을 여섯으로 하여
황종의 궁조에 비교해 보고 그에 맞는 음을 모두 살려 확정하
였다. 이것이 율(律)의 기본이다. 그래서 황종의 음은 미세하나
고르고 맑으며, 완전하나 비상(悲傷)함이 없어 음률 중에 궁조
가 홀로 존귀함을 받는다.

이는 대성(大聖)의 덕을 상징한 것으로서, 그 지극히 어진 공
적을 밝힌 것이다. 그 때문에 이 음악을 종묘(宗廟)에 바쳐 그
공덕을 노래로 영접하며 세세토록 잊지 않고 있는 것이다.

그리하여 황종(黃鍾)이 임종(林鍾)을 낳고, 임종으로 인해 대려(大呂)가 생겨났으며, 그에 따라 다시 이칙(夷則)이 생겨났고, 그 이칙이 태주(太簇)를, 태주는 남려(南呂)를, 남려는 협종(夾鍾)을, 협종은 무역(無射)을, 무역은 고선(姑洗)을, 고선은 응종(應鍾)을, 응종은 유빈(蕤賓)을 생겨나게 하였다.

이렇게 삼등분의 방법으로 음률의 고저를 결정하되 일분(一分)을 더한 것을 상생(上生)으로 하며, 그 삼분에서 일분을 뺀 것을 하생(下生)으로 삼는다. 즉 황종(黃鍾)·대려(大呂)·태주(太簇)·협종(夾鍾)·고선(姑洗)·중려(仲呂)·유빈(蕤賓)은 상(上)이 되고, 임종(林鍾)·이칙(夷則)·남려(南呂)·무역(無射)·응종(應鍾)은 하(下)가 되는 것이다.

대성(大聖)의 지치지세(至治之世)에는 천지의 기(氣)가 합하여 바람을 일으키고, 해가 나면 그 해가 그 바람을 운행시켜 십이율이 생겨나게 하는 것이다.

그래서 중동(仲冬)에는 해가 지극히 짧아 황종(黃鍾)이 생겨나고, 계동(季冬)에는 대려(大呂)가 생겨나며, 맹춘(孟春)에는 태주(太簇)가 생겨나고, 중춘(仲春)에는 협종(夾鍾), 계춘(季春)에는 고선(姑洗), 맹하(孟夏)에는 중려(仲呂), 중하(仲夏)에는 낮의 길이가 가장 길어 유빈(蕤賓)이 생겨나며, 계하(季夏)에는 임종(林鍾), 맹추(孟秋)에는 이칙(夷則), 중추(仲秋)에는 남려(南呂), 계추(季秋)에는 무역(無射), 맹동(孟冬)에는 응종(應鍾)이 생겨난다.

이처럼 천지지풍(天地之風)의 기(氣)가 바르게 되면 십이율이 나타나게 되는 것이다.

성인(聖人)이 도(鞀)·고(鼓)·강(椌)·갈(楬)·훈(塤)·지(篪)를 만들었다. 이는 여섯 가지 덕음(德音)의 음이다. 그런 다음에 다시 종(鍾)·경(磬)·우(竽)·슬(瑟)로써 이를 화음(和音)하게 되며, 그 다음에 다시 간(干)·척(戚)·모(旄)·적(狄)으로 이에 맞추어 춤을 춘다. 이것이 선왕의 사당에 제사를 지낼 때 쓰는 것이며, 헌작윤수(獻酢酳酬)할 때 쓰는 음악이다.

관서(官序)와 귀천(貴賤) 때문에 각각 그에 맞게 써야, 이로써 후세에 존비장유(尊卑長幼)의 차례가 있음을 보여 줄 수 있게 된다.

· 도(鞀): 소고(小鼓)의 양귀퉁이에 방울을 달아 이를 돌리면 소리가 나게 되어 있는 것.
· 강(椌): 나무통에 옻칠을 하여 쓰는 악기.
· 갈(楬): 나무로 만든 악기의 일종.
· 훈(塤): 토기로 만든 악기. 훈(壎)으로도 쓰며, 6개의 구멍이 있다.
· 지(篪): 피리의 일종.
· 경(磬): 편경. 금석이나 옥(玉)·석(石) 등으로 만듦.
· 우(竽): 아쟁의 일종.
· 간(干): 방패로 추는 춤.
· 척(戚): 역시 병기. 간척(干戚)은 둘 다 무무(武舞)에 사용한다.
· 모(旄): 깃발의 일종.
· 적(狄): 가죽으로 만든 깃발. 적(狄)은 문무(文舞)에 사용한다.
· 헌작윤수(獻酢酳酬): 작(酢)은 주인이 손님에게 주는 술. 윤(酳)은 입가심하는 술. 수(酬)는 되돌려받는 술. 모두 제사에서의 헌작(獻酌) 방법.

 종소리는 땡땡 한다. 이 땡땡의 소리는 호령(號令)을 발하는 음이다. 호령을 발하면 용기가 충만해진다. 그 충만한 용기는 무(武)를 세운다. 군자는 종소리를 들으면 무신(武臣)을 생각한다.

또 돌로 만든 악기 소리는 경(磬)하다. 이 소리는 변론(辯論)을 세우며, 변론은 죽음을 각오한다. 군자는 이 소리를 들으면 자신의 봉토를 사수(死守)하고 있는 신하를 생각한다.

현악기는 소리가 슬프다. 이 슬픔은 염직(廉直)을 세워 준다. 그 염직은 뜻을 세워 준다. 군자는 금슬(琴瑟)의 소리를 들으면 지의지신(志義之臣)을 생각한다.

대나무 악기의 소리는 남(濫)하다. 이 남의 소리는 모임을 세운다. 그 모임은 무리를 모아들이게 된다. 군자는 우생소관(竽笙簫管)의 소리를 들으면 많은 무리를 모아 이를 지휘하는 신하를 생각한다.

북 등 가죽으로 만든 악기는 소리가 환(懽)하다. 이 소리는 움직임을 충동한다. 그 충동은 무리를 전진하게 한다. 군자는 북소리를 들으면 장수 같은 신하를 생각한다.

군자의 소리 들음은 그 쟁쟁 하는 소리를 듣는 것이 아니라, 역시 그 소리가 가진 합당한 뜻을 듣는 것이다.

· 금슬(琴瑟) : 현악기. 거문고 등 줄이 있는 악기.
· 우생소관(竽笙簫管) : 모든 관악기를 뜻한다.

 악(樂)이라고 하는 것은 성인(聖人)이 즐기던 것으로서 가히 민심(民心)을 선하게 하고, 사람

을 깊이 감동케 하여 유행을 옮겨가게 하고, 습속(習俗)을 바뀌게 한다. 그래서 선왕(先王)들은 그 교화를 높이 인정하였던 것이다.

무릇 백성이란, 혈기심지(血氣心知)의 천성이 있어서 희로애락(喜怒哀樂)이 정상이 아닐 때에는 물건에 감응을 받아 행동을 일으키게 된다. 그런 다음에야 심술(心術)이 형태를 갖추게 되는 것이다.

그 까닭으로 감격·초췌(憔悴)의 음악이 생겨나게 되면 백성들은 마음에 근심을 생각하고, 탄해(嘽諧)·만이(慢易)·번문(繁文)·간절(簡節)한 음악이 생겨나게 되면 백성들은 편안하고 즐겁게 여긴다.

또 조려(粗厲)·맹분(猛奮)·광분(廣賁)한 음악이 생겨나게 되면 백성은 강의(剛毅)해지며, 염직(廉直)·경정(勁正)·장성(莊誠)한 음악이 생겨나게 되면 백성은 숙경(肅敬)해지고, 관유(寬裕)·육호(肉好)·순성(順成)·화동(和動)한 음악이 생겨나게 되면 백성은 자애(慈愛)로움을 갖게 된다. 그런가 하면, 유벽(流僻)·사산(邪散)·적성(狄成)·척람(滌濫)한 음악이 생겨나게 되면 백성은 음란(淫亂)에 빠져든다.

이러한 까닭에 선왕들은 사람의 성정(性情)에 근본을 두고, 그 도수(度數)를 헤아려 예의(禮義)로써 이를 규제한 것이다.

즉 생기지화(生氣之和)를 포함하고 오상지행(五常之行)을 인도하여 양(陽)은 흩어지지 않게, 음(陰)은 너무 빽빽이 몰리지 않게 하며, 강기(剛氣)는 노하지 않게, 유기(柔氣)는 겁을 먹지 않게 하였던 것이다.

그리하여 네 가지가 화창하게 그 중심에서 서로 교통하여 이것이 겉으로 발산된 다음, 모두가 자기 자리를 편안히 지켜 서로를 빼앗지 않게 하였다.

그런 다음에 학등(學等)을 세워 그 절주(節奏)는 넓히고 그 꾸밈은 줄였으며, 덕후(德厚)의 기준을 세우고 율(律)의 대소가 그에 맞도록 세우며, 종시(終始)의 차례를 비정(比定)하고 각각 그 실천의 상징을 만들었다. 이로써 친소귀천(親疎貴賤)과 장유남녀(長幼男女)의 이치가 모두 음악에 구체적으로 발현되도록 하였다.

그 때문에 음악을 깊이 판단한다고 말한 것이다.

흙이 피폐해지면 초목이 자라지 못하고, 물이 더러워지면 어별(魚鼈)이 자라지 못하며, 기(氣)가 쇠하면 생물이 자라지 못하고, 세상이 혼란스러우면 예(禮)가 사특해지고 음악이 음란해진다.

그래서 그 소리가 애처로워 장엄하지 못하며, 즐거우나 불안하면 만이(慢易)해서 절도를 범하고, 유면(流沔)해서 근본을 잊게 된다.

또 너무 넓으면 간사한 것까지 용납하는 꼴이 되며, 너무 좁으면 욕망을 생각하게 된다. 그렇게 되면 척탕(滌蕩)의 기(氣)가 화평(和平)의 덕을 멸하게 된다.

이 때문에 군자는 그러한 경우를 천하게 여기는 것이다.

무릇 간성(姦聲)은 사람을 감동시키기는 하지만 역기(逆氣)가 이에 응해 오게 한다. 그 역기가 형상을 이루어 음란한 음악이 여기서 생겨나게 되는 것이다. 그러나 정성(正聲)은 사람을 감동시키되 순기(順氣)가 응해 오게 한다. 그 순기가 형상을 이루어 화락한 음악이 여기서 흥하게 된다.

부름과 화답함이 유응(有應)하고, 사악하고 굽은 것을 돌려 바르게 하여 각기 자기 분수에 귀속시키게 되면, 만물의 이치가 각각 자신의 유(類)에 따라 서로 움직이게 된다. 이 까닭으로 군자는 감정을 되돌려 그 뜻을 화(和)하게 하며, 그 유(類)에 따라 자신의 행동을 이룰 수 있는 것이다.

간성(姦聲)은 난색(亂色)하므로 이를 총명한 이에게 들려 주어서는 안 된다. 음일에 빠지게 하며, 예를 사특하게 하기 때문이다.

그리고 마음에 이를 받아들이지도 말아야 한다. 태만하고 사벽한 기가 생기기 때문이다.

또 이를 몸에 익히지도 말아야 한다. 오직 이(耳)·목(目)·비(鼻)·구(口)·심(心)·지(知)의 백체(百體)로 하여금 순정(順正)에 따라 그 의(義)를 실천하여야 한다.

그런 연후에 이를 음악으로 나타내되 금슬(琴瑟)로 무늬를 삼고, 간척(干戚)으로 움직임을 삼으며, 우모(羽旄)로 수식하고, 소관(簫管)으로 따라야 한다.

지극한 덕(德)의 광채를 불러일으키고, 사기(四氣)의 부드러움을 움직여 만물의 이치가 나타나게 하여야 한다.

그래서 청명(淸明)은 하늘을 상징하고, 광대(廣大)는 땅을 상징하며, 종시(終始)는 사시(四時)를 상징하고, 주선(周旋)은 풍우(風雨)를 상징하는 것이다.

오색(五色)은 문채를 이루되 혼란스럽지 않고, 팔풍(八風)은 음률(音律)에 따르되 간악하지 않으며, 백도(百度)는 수(數)에 맞되 상(常)이 있는 법이다.

대소(大小)는 서로 이루어 주고, 종시(終始)는 서로 생겨나게 한다. 청탁(淸濁)에 창화(唱和)하는 것은 대대로 서로 돕는 것을 경(經)으로 한다.

그래서 음악이 행해지면 윤상(倫常)이 맑아지고, 이목(耳目)

이 총명해지며, 혈기가 화평해지고, 풍속이 바뀌어 천하가 모두 평안을 얻게 된다. 따라서 악(樂)이란 낙(樂)이다.

군자는 즐거움으로 그 도를 얻고, 소인은 즐거움으로 그 욕심을 채운다. 도로써 욕심을 제압하면 즐거우면서 난에 빠지지 않고, 욕심 때문에 도를 잊으면 미혹하기만 할 뿐 즐거움은 없다.

이 까닭으로 군자는 자신의 감정을 돌이켜 그 뜻을 화(和)하게 하며, 악을 넓혀 그 교화를 성취시킨다. 따라서 음악이 행해지면 백성이 갈 방향을 잡아 그 덕이 무엇인가를 볼 수 있다.

덕(德)이라고 하는 것은 성(性)의 단서이다.

음악이란 덕의 화(華)이다. 그리고 금석사죽(金石絲竹)은 악(樂)의 기(器)이다.

시(詩)란 자기의 뜻을 말한 것이며, 가(歌)란 그 소리를 노래한 것이고, 무(舞)란 그 모습을 동태(動態)로 표현한 것이다.

이상 세 가지는 마음에 그 근본을 두고 있다. 그런 연후에 즐거운 기분이 이를 따른다.

따라서 감정이 깊으면 문(文)이 밝아지게 되고, 기(氣)가 성하면 신(神)이 화하게 된다. 화(和)와 순(順)이 가운데에 쌓이면 자연히 영화(英華)가 밖으로 표출되게 마련이다. 이 때문에 오직 음악만은 위선이 있을 수 없는 것이다.

악(樂)이란 마음의 동(動)이다. 성(聲)이란 악(樂)의 상(象)이다. 그리고 문채(文采)와 절주(節奏)란 성(聲)의 식(飾)이다.

군자가 그 근본을 움직이는 것은 그 상(象)을 즐기는 것이며, 그 다음에 식(飾)을 다스리는 것이다.

그래서 먼저 북을 쳐서 경계하고, 세 걸음을 걸어서 그 방향을 보여 준다. 이는 다시 처음으로 되돌아오는 것과 난을 극복하고 귀착점을 정돈하는 것이다.

급하되 빠뜨리지 않으며, 지극히 유한(幽閑)하되 숨기지 않는 것은 홀로 그 뜻을 즐기되 그 도를 싫어하지 않으며, 그 도를 다 갖추되 욕심에 사사로움이 없다는 뜻이다. 이러한 까닭으로 그 감정이 겉으로 드러나고, 그 의(義)가 세워지며, 음악이 그쳐도 그 덕은 높임을 받는 것이다.

군자는 선(善)을 좋아하고, 소인은 과실을 듣기를 좋아한다.

그래서 『백성의 도(道)를 생겨나게 하는 악(樂)은 위대하다』고 하는 것이다.

악기(樂器) 중에 세밀한 음을 낼 수 있는 것으로는 거문고가 가장 알맞을 것이다. 그래서 군자는 그 세밀한 덕을 닦는 데 이것이 가장 좋다 하여, 이를 가까이 두고 연주하는 것이다.

무릇 음(音)의 발생은 사람의 마음에서 비롯된다. 사람의 마음이 움직이는 것은 만물이 그렇게 하도록 하는 것이다.

만물에 감응을 받아 그 뒤에 움직이기 때문에 소리로 형태를 이루며, 소리가 서로 응하여 그 때문에 변화가 생기고, 그 변화는 다시 갈 길을 결정하나니 이를 음(音)이라 한다.

다시 이 음에 빗대어 이를 즐기되, 이것이 간척(干戚)·우모(羽旄)에까지 미치는 것을 악(樂)이라 한다.

악(樂)이란 음(音)으로 말미암아 생기는 것으로서, 그 근본은 사람의 마음이 만물에 의해 감응을 받는 데에 있다.

이 까닭으로 슬픈 마음에 감응된 것은 그 소리가 애절하여 숙살(肅殺)하고, 즐거운 마음에 감응된 것은 그 소리가 신이 나면서 느리며, 기쁜 마음에 감응된 것은 그 소리가 겉으로 드러나 흩어지게 된다.

또 노한 마음에 감응된 것은 그 소리가 장엄하여 날카롭고, 공경하는 마음에 감응된 것은 그 소리가 곧고 염직(廉直)하며, 사랑의 마음에 감응된 것은 그 소리가 평화롭고 조화가 있다.

사람의 선악은 본성이 아니다. 만물에 감응한 다음에야 움직이는 것이다.

이 까닭으로 선왕(先王)은 그 감응이라는 것에 신중하였다.

따라서 예(禮)로써 그 뜻을 안정시키고, 악(樂)으로써 그 본성을 화하게 하였다. 그리고 이어서 정교(政教)로써 그 행동을 한 길로 가게 하였으며, 형벌로써 간악한 일을 방비하였다.

이렇게 보면 예(禮)·악(樂)·형(刑)·정(政)은 그 종점이 하나이니, 바로 민심(民心)을 하나로 하고 치도(治道)를 세우기 위한 것이다.

 무릇 음(音)은 사람의 마음을 움직이는 것이다. 마음속에서 성정(性情)이 움직여 소리라는 형태로 표현되며, 이 소리가 체계를 이룬 것을 음(音)이라 한다. 이 까닭으로 치세(治世)의 음은 편안하면서도 즐겁다. 그 정치가 평화롭기 때문이다. 그러나 난세(亂世)의 음은 원망하면서 노기(怒氣)가 차 있다. 그 정치가 어그러져 있기 때문이다. 그런가 하면 망국(亡國)의 음은 슬프면서 사념(思念)하는 느낌이 있다. 그 백성이 곤액에 처해 있기 때문이다.

이처럼 성음(聲音)의 도는 정치와 상통해 있다.

궁(宮)은 군(君), 상(商)은 신(臣), 각(角)은 민(民), 치(徵)는 사(事), 우(羽)는 물(物)이 된다. 이 오음(五音)이 어지러우면

법이 사라진다.

무법지음(無法之音)은 이러하다.

궁(宮)이 혼란하면 황(荒)해지고, 그 임금이 교만해진다.

상(商)이 혼란하면 가팔라져서 그 관(官)이 허물어진다.

각(角)이 혼란하면 근심이 생겨 그 백성이 원망을 갖게 된다.

치(徵)가 혼란하면 슬퍼져서 그 맡은 일을 고역스럽게 생각한다.

우(羽)가 혼란하면 위태로워지고, 그 재물이 바닥난다.

이 다섯 가지가 모두 혼란해져서 서로를 차례로 능멸하는 것을 만(慢)이라 한다.

이런 지경에 이르면 나라가 망할 날이 곧 다가온다. 정(鄭)·위(衛)의 음은 난세(亂世)의 음으로 만(慢)에 가깝다. 또 상간복상(桑間濮上)의 음은 망국지음(亡國之音)으로 그 정치가 산만하고, 그 백성이 유랑하며, 윗사람을 속이면서 자신의 사사로움에 빠져 있으나 어떻게 중지시킬 수 없는 상태에 이른 것이다.

무릇 인간에게 있어서 환난(患難)과 재앙이라는 것은 음일(淫佚)과 포만(暴慢)에서 생긴다. 그리고 이 음일과 포만의 근본은 다시 음주(飲酒)에서 생긴다.

그러한 까닭에 옛날에는 향음주례(饗飲酒禮)를 삼가여 귀로는 아름다운 음악을 듣게 하고, 눈으로는 바른 의표(儀表)를 보게 하며, 발로는 바른 품행을 본받게 하였다.

따라서 종일 술을 마셔도 과실이 없어야 하며, 가까이는 며칠 멀리는 몇 달이 되어도 덕을 그 속에 갖추어 더욱 선(善)한 길로 나아가야 한다.

《시경(詩經)》에 『이미 취하기는 술로 취하였으나 배부르기는 덕으로 하였네!』라고 하였으니, 바로 이를 두고 한 말이다.

무릇 밖에서 유입되는 것 가운데 성음(聲音)보다 더 심각한 것은 없으며, 이는 사람을 변화시키는 정도가 자못 극심하다. 그래서 성인(聖人)이 이를 근거로 덕(德)을 이루게 한 것을 악(樂)이라 한다.

악(樂)이라는 것은 덕(德)의 풍교(風敎)이다.

《시경(詩經)》에 『위의(威儀)는 멋지고, 덕음(德音)은 질서가 있네!』라고 하였으니, 이는 예악(禮樂)을 두고 한 말이다. 이 때문에 군자는 예(禮)로써 자신의 외면을 단정히 하고, 악(樂)으로써 내면을 바르게 한다.

사람의 속이 잠시라도 음악에서 떠나면 사악한 기(氣)가 생겨나며, 그 몸이 잠시라도 예에서 떠나면 교만한 행동이 나타나게 된다.

그래서 옛날에는 천자(天子)·제후(諸侯)가 종소리를 듣되 이것이 조정에서 사라지게 한 적이 없었으며, 경(卿)·대부(大夫)가 금슬(琴瑟)의 음악을 듣되 이것이 앞에서 사라지게 한 적이 없었다. 이는 모두가 정심(正心)을 기르고, 음기(淫氣)를 없애기 위함이었다.

악(樂)이 마음속에서 움직이면 사람에게 도에 쉽게 접근하여 어진 것을 좋아하게 하고, 악(樂)이 밖으로 나타나면 사람으로 하여금 온공(溫恭)·문아(文雅)하게 한다.

아송지성(雅頌之聲)은 사람을 감동시켜 정기(正氣)가 응해 오게 하며, 화성(和成)·용호(容好)의 음악은 사람을 감동시켜 화기(和氣)가 응해 오게 한다. 또 조려(粗厲)·맹분(猛賁)한 음악은 사람을 감동시키되 노기(怒氣)가 응해 오게 하며, 정(鄭)·위(衛)의 음악은 사람을 감동시키되 음기(淫氣)가 응해 오게 한다.

이 까닭으로 군자는 사람을 감동시키는 바에 대해서 신중히 하는 것이다.

자로(子路)가 거문고로 북비지성(北鄙之聲)을 연주하는 것을 공자(孔子)가 듣고 이렇게 말하였다.
「사실이로구나. 자로의 재주 없음이!」

이때 염유(冉有)가 곁에서 공자를 모시고 있었는데, 공자가 염유를 보고서 이렇게 말하였다.

「염유야! 이리 오너라. 너는 왜 선왕(先王)이 만든 음악을 유(由)에게 일러 주지 않느냐? 선왕의 음악은 바르게 연주하여야 절도에 맞는다. 이것이 남방으로 흘러 들어와서 북방의 본래 모습으로 돌아가지 못하고 있다.

남방은 생육지향(生育之鄉)이고, 북방은 살벌지역(殺伐之域)이다. 그래서 군자는 그 가운데 지역을 고집하여 근본으로 삼되 삶에 힘쓰는 것을 기초로 한다. 이 때문에 그 음악은 온화하면서 거중(居中)하여 생육지기(生育之氣)를 상징한다. 이는 우애(憂哀)·비통(悲痛)의 감정을 마음에 담지 않도록 하며, 폭려(暴厲)·음황(淫荒)의 격동을 몸에 싣지 못하도록 한 것이다. 무릇 그렇게 될 수 있는 것은 치존지풍(治存之風)으로 편안함과 즐거움이 그렇게 되도록 하는 것이다.

그런데 저 소인(小人)은 그렇지 못하다. 끝을 잡아 근본을 논하고, 강(剛)에 힘쓰면서 이를 기본으로 삼고 있다. 그래서 그

음이 추려(湫厲)하고 미말(微末)하여 살벌지기(殺伐之氣)를 상징하고 있다. 화절(和節)·중정(中正)의 감격을 마음에 심지 못하고, 온엄(溫儼)·공장(恭莊)한 감동도 몸에 담지 못하고 있다. 무릇 살(殺)이라는 것은 난망지풍(亂亡之風)으로서, 북방으로 내달으면 그렇게 되는 것이다.

옛날 순(舜)임금은 남풍지성(南風之聲)을 지었다. 이는 흥하고 발(勃)하게 하여, 지금까지도 왕공(王公)이 이를 계속 풀어 보면서 손에서 놓지 않고 있다. 그러나 주(紂)는 북비지성(北鄙之聲)을 지었다. 이는 폐(廢)하고 홀(忽)하여 지금까지도 왕공의 웃음거리로 남아 있을 뿐이다.

저 순(舜)은 필부(匹夫)에 불과하였지만 적정합인(積正合仁)하고 이중행선(履中行善)하여 마침내 흥하였고, 주(紂)는 천자(天子)의 신분이면서도 호만음황(好慢淫荒)하고 강려포적(剛厲暴賊)하여 끝내 멸망하고 말았다.

지금 자로는 필부의 무리에 포의(布衣)의 추한 신분이다. 그런 처지에 이미 선왕지제(先王之制)에 뜻도 없고 도리어 망국지성(亡國之聲)을 즐기고 있으니, 그래서야 어찌 칠척(七尺)의 제 몸인들 보존할 수 있겠느냐?」

염유가 이 사실을 자로에게 알려 주자, 자로가 부끄러워하며 이렇게 말하였다.

「나의 죄입니다. 소인이라 그렇게 하지 못한 것입니다. 이런 지경에 빠져들었으니 선생님의 말씀이 어찌 그리 맞는지요!」

그리고 나서 후회하면서 밥도 먹지 않았다. 그리고 이레가 흐르자 뼈만 남아서 서 있는 것이었다. 이를 보고서 공자가 이렇게 말하였다.

「자로는 그 허물을 고쳤도다.」

・북비지성(北鄙之聲): 주(紂)가 지었다는 북방의 비루하고 천한 음악.

・남풍지성(南風之聲): 순(舜)임금이 지었다는 음악.

동문선

공자(孔子)가 점을 치다가 비괘(賁卦)를 얻자, 위연히 하늘을 우러러 탄식하면서 불만의 뜻을 표하였다. 이에 자장(子張)이 나서서 손을 들어 이렇게 질문하였다.

「제가 듣기로 비괘는 길한 괘라고 하였는데 어찌하여 탄식하십니까?」

그러자 공자가 이렇게 설명하였다.

「비괘는 본래의 빛깔이 아니다. 이 때문에 탄식하는 것이다. 나는 그 본바탕을 바랐던 것이다. 백색(白色)은 마땅히 본래대로의 백색이어야 하고, 흑색은 마땅히 본래대로의 흑색이어야 한다.

무릇 질소(質素)함이란 무엇인가?

내가 들으니 단칠(丹漆)은 더 이상 문식(文飾)을 가하지 않으며, 백옥(白玉)은 더 이상 조각하지 않고, 보주(寶珠)는 더 이상 가공하지 않는다 하였다. 왜 그렇겠느냐? 그 본바탕 자체가 이미 여유가 있기 때문이며, 더 이상 문식을 받을 필요가 없기 때문이다.」

· 비괘(賁卦): 육십사괘의 하나. 간괘(艮卦)와 이괘(離卦)가 거듭된 것으로, 산(山) 아래에 불이 있음을 상징.

귀신(鬼神)만 믿는 자는 모책(謀策)을 그르치고, 날짜만 점쳐 얽매이는 자는 때를 놓치게 된다. 어떻게 그러리라는 것을 아는가?

무릇 현성(賢聖)은 두루 알기 때문에 능히 날짜를 얽매어 잡지 아니하더라도 일이 순조롭게 된다. 또한 법령(法令)을 공경하고 공과 노고를 귀히 여기기 때문에 점을 치지 않아도 그 신변이 길(吉)하며, 인의(仁義)에 조심하고 도리(道理)에 순응함으로써 기도를 하지 않아도 복이 찾아오게 된다.

따라서 수(數)를 점치고, 날짜를 택하여 몸을 깨끗이 재계(齋戒)하며, 살진 희생(犧牲)을 잡고, 규벽(珪璧)으로 장식하여 사당에 정성들여 제사한다고 해서 패역지화(悖逆之禍)를 제거할 수 있는 것은 아니다.

신이 무엇이든지 안다고 여겨 이를 모시매, 도에 어긋난 망행(妄行)을 지으면서 제사를 지내고 복을 구한다면, 신명은 오히려 그런 자를 멀리할 것이다.

천자는 천지(天地)·오악(五嶽)·사독(四瀆)에 제사지내고, 제후는 사직(社稷)에, 대부는 오사(五祀)를, 선비는 문호(門戶)를, 서인은 그 조상을 모시고 제사지낸다. 이는 성왕(聖王)이 하늘의 뜻을 이어받아 그 제사를 구분한 것이다.

무릇 고대의 복일(卜日)은 장차 도를 보조하고 의심나는 것을 살피기 위한 것이었다. 이로써 먼저 열심히 하되 감히 제멋대로 하지 않는다는 것을 보여 주기 위한 것이지, 결코 뒤엎어서 오직 안전해지려니 하는 요행을 바라서 하는 것이 아니다.

공자(孔子)는 이렇게 말하였다.

「자기가 제사지낼 대상이 아닌데도 제사지내는 것은 아첨이다.」

이 까닭으로 태산(泰山)은 끝내 계씨(季氏)의 여제(旅祭)를 흠향하지 않았던 것이다.

또 《주역(周易)》에는 『동쪽 이웃에서 소를 잡아 제사지내는 것이, 서쪽 이웃의 간단한 약제(禴祭)만 못하다』고 하였으니, 이는 바로 예(禮)가 중요한 것이지 제물(祭物)의 많고적음이 중요한 것이 아니며, 실질이 귀한 것이지 화려함이 귀한 것이 아니라는 뜻이다.

진실로 덕을 갖추어 밀고 나간다면 어찌 불가능한 것이 있겠는가?

이 까닭으로 성인은 사람의 겉모습을 보면 반드시 그 본질을 잘 살펴보는 것이다.

· 오악(五嶽): 천자(天子)가 제사지내는 동·서·남·북·중앙의 다섯 산.
· 사독(四瀆): 천자(天子)가 제사지내는 주요 강.
· 여제(旅祭): 산천(山川)에 지내는 제사 이름.

 역산(歷山)의 농사짓는 사람들은 남의 밭두둑을 침범하기를 잘하였다. 그래서 순(舜)임금이 그곳에 가서 농사를 짓자 그런 일이 없어졌다. 또 뇌택(雷澤)의 어부들은 좋은 자리를 다투기를 잘하였다. 그래서 순임금이 그곳에 가서 고기를 잡으며 이들을 교화시켰다. 그런가 하면 동이(東夷)의 도공들은 그릇을 이지러지게 잘못 구웠다. 그래서 순임금이 그곳에 가서 그릇을 굽자 바르게 고쳐졌다.

본래 농사짓는 일, 고기 잡는 일, 그릇 굽는 일은 순임금이 할 일이 아니다. 그런데 순임금이 그렇게 한 것은 그들의 잘못됨을 구제하기 위한 것이었다.

백성들의 본성이란 모두가 자신의 욕심을 이기지 못하며, 질박(質樸)함을 버리고 화려한 곳으로 가려는 버릇이 있다. 이 까닭으로 잘 깨지고 이지러진 화려한 그릇을 만들고, 서로 이익을 위해 다투는 환난이 발생하는 것이다. 이렇듯 다투는 환난이 발생하는 것은 자신만의 이익을 위해서 나서기 때문이다.

그렇게 된 이유가 어디에 있겠는가?

이는 진실을 버리고 사기(詐欺)로 나가기 때문이요, 질박(質樸)을 버리고 거짓으로 내닫기 때문이며, 그 말(末)을 좇으면서 그칠 바를 모르기 때문이다.

이에 성인이 그 겉모습의 화려함을 억제하고, 그 본바탕에 힘쓰도록 해주어야 천하가 되돌아오는 것이다.

 《시경(詩經)》에 『뽕나무의 뻐꾸기, 어린 새끼는 일곱이라네. 훌륭하신 우리 임금, 그 의표(儀表)는 오직 하나일세!』라고 하였고, 그 전(傳)에는 『뻐꾸기가 새끼 일곱을 기를 수 있는 것은 오직 한 가지 일념으로 하기 때문이요, 군자가 만물을 다스릴 수 있는 것은 그 의표가 하나이기 때문이다』라고 하였다.

하나의 의표로 만물을 다스린다는 것은 천심(天心)이다. 다섯 가지가 떠나지 않으면서 합하여 하나를 이루는 것을 일컬어 천심이라 한다.

이것은 나에게 받아서 능히 스스로 하나에 마음을 맞추기 때문에 일심(一心)이면 1백 임금도 섬길 수 있지만, 백심(百心)이면 단 한 임금도 섬길 수가 없는 것이다. 이 까닭으로 정성이란 먼 곳에 있는 것이 아니다. 그 정성이란 곧 하나이며, 그 하나는 곧 질박(質樸)이다.

군자는 비록 밖의 모습이 멋지다 해도, 그것을 내부의 질박

함과 동떨어지게 해서는 안 되는 것이다.

위(衛)나라의 다섯 장정이 모두 물항아리를 짊어지고 우물에서 물을 길어 부추밭에 물을 주는데, 종일 해야 한 구역을 다 하지 못하는 것이었다. 등석(鄧析)이 지나다가 이를 보고 수레에서 내려 그들을 가르쳤다.

「기계를 만들되 뒤쪽은 무겁게 하고, 앞쪽은 가볍게 합니다. 이런 기구를 교(橋)라고 하지요. 이를 이용하여 하루 종일 부추밭에 물을 주면 1백 구역을 해도 힘이 들지 않습니다.」

그러자 다섯 장정이 이렇게 대답하는 것이었다.

「우리 선생님께서는 이렇게 말씀하셨습니다. 『하나의 교묘한 기계를 만들면, 그 기계로 인해 지혜가 어그러진다.』 우리가 몰라서 그러는 것이 아닙니다. 그렇게 하기를 싫어할 뿐입니다. 그대는 가십시오. 우리는 한결같은 마음으로 물을 주겠습니다. 고칠 생각은 아니하겠습니다!」

등석은 그 자리를 떠나 수십 리에 이르도록 여전히 불쾌한 생각뿐이었으며, 끝내 화병까지 난 기색이었다. 그러자 제자들이 이렇게 말하였다.

「대체 어떤 자들이기에 우리 선생님을 이렇게 화나게 하였지. 우리 선생님을 위해 그들을 죽여 버립시다.」

이 말을 들은 등석이 이렇게 만류하였다.

「두어라. 이런 사람들이 곧 진인(眞人)이다. 이런 자들이어야 나라를 지키게 할 수 있다.」

· 교(橋): 물을 자아올리는 수차(水車)의 일종.

금골리(禽滑釐)가 묵자(墨子)에게 물었다.

「금수치저(錦繡絺紵) 같은 좋은 옷감은 어디에 씁니까?」

이에 묵자가 이렇게 설명하였다.

「아! 이는 내가 힘써 하라고 한 것이 아니다. 옛날에는 무늬 없는 것, 즉 화려하지 않은 것을 썼으니 바로 하우(夏禹)가 그 예이다.

그는 궁실도 작고 낮게 하였으며, 음식도 화려한 것을 피하였고, 흙으로 만든 층계도 3단뿐이었으며, 의복은 가늘게 짠 베로 지은 보잘것 없는 것이었다. 그 당시에는 보불(黼黻)도 어디에 쓸 곳이 없었고, 모든 물건은 튼튼한 것이면 되었다.

그뒤 은(殷)나라의 반경(盤庚)은, 선왕(先王)의 식구가 늘어나자 (그 도읍을) 은(殷) 땅으로 옮기고 나서도 역시 띠로 지붕을 이어 끝을 가지런히 자르지도 않았고, 서까래도 다듬지 않은 채로 써 천하 백성들의 풍속을 바꾸어 놓았다.

그 당시에는 화려한 문채의 폐백인들 어디에 쓸 데가 있었겠느냐? 무릇 일반 서민들은 아무런 마음이 없었다. 오직 그 임금이 어떻게 하는가를 곧 그들의 마음으로 삼은 것이다.

진실로 윗사람이 그렇게 하지 않는데 아랫사람이 어찌 쓸 수가 있겠느냐? 앞의 두 임금은 그들 자신이 먼저 천하에 모범을 보여 주었다.

그래서 그 시대에 교화가 무성하였고, 그 명성이 지금까지 이어지게 된 것이다.

또 무릇 금수치저 같은 화려한 옷감은 난군(亂君)이 만든 것이다. 그 근본은 모두가 제(齊)나라 경공(景公) 때에 나오기 시작하였다. 그는 사치를 좋아하여 검소한 것을 망각한 사람으로, 다행히 안자(晏子) 같은 이가 있어 검소한 것으로 그를 말렸기에 그 정도이다. 그런데도 거의 그의 사치를 이겨내지 못할 뻔하기도 하였다.

사치스러운 일을 저지른 예가 어찌 한두 가지뿐이겠느냐?

주(紂)는 녹대(鹿臺)에 술지게미를 산처럼 쌓아두었고, 주지육림(酒池肉林)에 궁실과 장벽은 온갖 무늬와 그림으로 장식하였으며, 조각을 한 옥과 아름답게 꾸민 가구에 비단이 그 궁실을 다 덮을 정도였다.

게다가 금옥에 진귀한 구슬, 부녀자와 배우들, 각종 악기들에 휩쓸려 그칠 줄을 몰랐으니 천하가 날로 고갈되어 갔다. 그래서 끝내 몸도 죽고 나라도 망쳐 천하 사람에게 도륙을 당하였으니, 이것이 어찌 금수치저 때문이 아니겠느냐?

지금 천하에 흉년이 들었다면, 어떤 이가 너에게 수후지주(隨侯之珠) 같은 좋은 보물을 준다 해도 이를 팔아먹을 수가 없을 것이다. 이는 진귀한 보물로 장식용일 뿐이기 때문이다.

그런데 어떤 이가 너에게 일종(一鍾)의 곡식을 주는 자가 있다고 하자. 그러면서 구슬을 가지면 곡식을 가질 수 없고, 곡식을 가지면 구슬을 가질 수 없다고 한다면 너는 어느것을 택하겠느냐?」

이에 금골리는 이렇게 답하였다.

「저는 곡식을 취하겠습니다. 궁한 것을 구제할 수 있으니까요!」

그러자 묵자가 다시 이렇게 설명하였다.

「진실로 그러하다면 어찌하여 사치스러운 것을 중히 여기느냐? 길게 쓸 수도 없으면서 말음(末淫)이나 좋아하는 것, 이런 것은 성인이라면 급하게 여기지 않는 것이다. 그래서 음식은 실컷 먹을 수 있는 단계를 넘었을 때라야 아름다움을 추구해야 하며, 의복은 따뜻한 것이 해결된 뒤라야 그 고움을 찾아야 하고, 거처는 안전함이 해결된 뒤라야 즐거움을 찾게 되어야 한다. 그래야 상도(常道)를 얻을 수 있고, 그 행동도 오랠 수가 있는 것이다. 먼저 바탕을 따지고 문채는 뒤로 하는 것, 이것이 성인이 힘쓰는 일이다.」

이 말을 들은 금골리는 「훌륭합니다」라고 감탄하였다.

·금수치저(錦繡絺紵): 비단과 고운 칡베·모시 등 훌륭한 옷감.
·녹대(鹿臺): 주왕(紂王)이 재화와 보물을 보관하여 두었던 곳.

 진(秦)나라의 시황(始皇)은 이미 천하를 겸병하자 크게 사치를 부렸다.

즉위한 지 35년이 되기까지도 이런 사치는 그칠 줄 몰라 치도(馳道)를 크게 닦고, 구원(九原)으로부터 운양(雲陽)까지 산을 깎고 골짜기를 메워 직접 닿도록 하였다.

선왕(先王)의 궁실이 너무 비좁다고 여겨 풍(豐)·호(鎬) 사이 문왕(文王)·무왕(武王)이 살던 땅에 새로운 조궁(朝宮)을 짓고, 위수(渭水) 남쪽의 산속 임원(林苑)에는 전전(前殿)을 지었다.

그가 지은 아방궁(阿房宮)은 동서 길이가 5백 보(步), 남북 길이가 50장(丈)으로, 그 위에는 무려 1만 인이나 앉을 수 있었고, 그 아래에는 무려 5장 길이의 깃발을 세울 수 있었다. 사방 둘레에 합도(閣道)를 만들어 궁전에서 남산(南山)의 정상까지 이어지도록 하는 대궐이었다. 또 복도(複道)는 아방궁에서 위수를 건너 함양(咸陽)에 이어지도록 하여 천극(天極)을 상징하였고, 합도(閣道)는 은하수를 가로질러 영(營)에 닿는 형상이었다.

그리고 여산(驪山)의 백성을 동원하여 삼천(三泉)의 바닥을 메우게 하였으며, 관중(關中)에 세운 이궁(離宮)이 3백 곳, 관외(關外)에는 4백 곳이나 되어 어디나 악기와 장막을 갖추어 준비하고 부녀와 창우(倡優)를 대기시켰다.

동해(東海)의 구산(胸山) 위에는 비석과 비궐(碑闕)을 세우고, 이로써 진(秦)나라의 동문(東門)을 삼았다.

이에 한(韓)나라 출신인 후생(侯生)과 제(齊)나라 출신인 노생(盧生) 등의 방사(方士)들이 서로 이렇게 의논하였다.

「지금 같은 시대에는 살 수가 없다. 임금은 형벌과 살륙으로써 위엄을 삼기를 즐기니, 천하가 모두 죄를 뒤집어쓸까 두려워하여 그 녹(祿)에 매달려 감히 충성을 다하지 못하고 있다.

또 임금이 자신의 과실을 지적하는 말을 들으려 하지도 않고 날로 교만해져서, 아랫사람은 그저 엎드려 그를 속이면서 이를 통해 용납되기만을 바라고 있다. 그리고 간언을 하는 자는 등용되지 않아 도를 잃음이 갈수록 심해지고 있다. 그리고 우리가 이곳에 오래 머물러 살다가는 장차 해를 당할 것이 분명하다.」

그리고는 서로 더불어 도망쳐 버렸다. 시황이 이 사실을 듣고 크게 노하여 이렇게 말하였다.

「내 지난날 노생을 후히 대접하여 작위를 높여 받들었건만, 지금에 와서 나를 비방하다니! 내가 들으니, 여러 유생들이 많은 요언(妖言)을 지어 검수(黔首)를 동요시킨다고 하였다.」

그리고는 어사(御史)로 하여금 유생들의 비방을 고하도록 하였다. 유생들이 서로 돌아가며 범법자로 고발한 자가 4백60여인이나 되었는데, 시황은 이들을 모두 구덩이에 묻어 죽여 버렸다. 그 중에 노생은 잡히지 않았으나, 후생은 뒤에 결국 잡히고 말았다. 시황이 이를 알고서 그를 불러 직접 만날 생각이었다.

이에 시황은 아동(阿東)의 누대에 올라 사방이 탁 트인 거리에서 그의 죄를 질책한 다음 거열형(車裂刑)에 처할 작정이었다. 시황이 후생을 바라보며 크게 노하여 꾸짖었다.

「늙은이가 불량하도다. 네 임금을 비방하고서, 어찌 감히 나를 쳐다볼 수 있느냐?」

그러자 후생이 가까이 다가와 대(臺) 위의 황제를 바라보며 이렇게 말하였다.

「제가 듣건대, 죽음을 알고 나면 반드시 용감해진다 하였습니다. 폐하께서는 저의 말 한 마디를 들어 줄 수 있겠습니까?」

이에 시황이 「무슨 말인지 네 하고 싶거든 하라!」고 허락하였다.

그러자 후생이 이렇게 말하였다.

「제가 알기로 우(禹)임금은 비방지목(誹謗之木)을 세워 스스로의 과실을 알고자 하였습니다. 그런데 지금 폐하께서는 사치 때문에 그 근본을 잃고, 음일 때문에 끝으로 내닫고 있습니다. 궁실대각(宮室臺閣)은 연달아 이어져 있고, 주옥중보(珠玉重寶)는 쌓여서 산을 이루고 있으며, 금수문채(錦繡文綵)는 창고에서 넘쳐나고, 부녀창우(婦女倡優)는 그 수가 1만 단위를 헤아립니다.

그런가 하면 종고지악(鐘鼓之樂)이 끝없이 흐르고, 주식진미(酒食珍味)는 상다리가 휘어지게 널려 있고, 의복은 가볍고 따뜻하며, 수레와 말의 장식조차 화려함이 넘칩니다. 이렇게 스스로 사치하고 화려하기가 그 끝을 헤아릴 수 없을 정도입니다.

백성들은 모든 것이 고갈되었고, 백성들의 힘 또한 지칠 대로 지쳐 있는데도 오히려 스스로 알지 못하고 있는 상태입니다. 그런데도 비방의 소리만 들으면 제일 급히 벌주려 하고, 위엄만 가지고 아래를 누르고 계시니 아랫사람은 벙어리요, 윗사람은 귀머거리가 되었지요. 그래서 저희들은 도망쳐 버리려고 하였습니다. 저희들은 저희 스스로가 불쌍한 것이 아니라, 바로 폐하께서 나라를 망치는 것이 안타까울 뿐입니다.

옛날 뛰어난 명왕(明王)의 일들을 들어 보니 음식은 배부르면 족한 것이요, 의복은 따뜻하면 족하였고, 궁실은 살 만하면 되는 것, 그리고 수레와 말은 그저 다닐 수 있으면 된다고 여겼다 합니다. 그 때문에 위로는 하늘로부터 버림받지 않았고, 아래로는 백성들로부터 버림받지 않았던 것입니다.

요(堯)임금은 띠로 지붕을 이어 고르지 못한 처마조차도 가지런히 자르지 않았고, 서까래도 다듬지 않았으며, 또한 흙계단 3단으로도 종신토록 즐거웠던 것은 바로 문채(文采)는 적게, 질소(質素)는 많게 하였기 때문입니다.

그러나 단주(丹朱)는 오만하고 포악하여 만음(慢淫)을 즐기고, 이화(理化)는 닦지 않아 끝내 왕위에 오르지 못하였습니다. 지금 폐하의 사치와 음일은 단주의 1만 배에 해당하고, 곤오(昆吾)나 걸(桀)·주(紂)의 1천 배에 해당합니다.

제가 걱정하는 것은 망할 수밖에 없는 일은 열 가지나 하면서, 망하지 않을 일은 단 한 가지도 한 적이 없다는 것입니다.」

여기까지 들은 시황은 묵묵히 한참 동안이나 있었다. 그리고는 입을 열었다.

「너는 어찌하여 진작 말하지 않았느냐?」

그러자 후생이 다시 말을 이었다.

「폐하의 뜻이 바야흐로 청운(靑雲)을 타고 문장(文章)의 즐거움에 빠져 있을 때는 스스로 잘났고 스스로 건전한 것 같아, 위로는 오제(五帝)를 모욕하고 아래로는 삼왕(三王)을 능멸하였습니다. 게다가 소박(素樸)을 버리고 말초의 기술로 나아갔습니다. 그러므로 폐하께 망할 징조가 나타난 것은 이미 오래입니다. 저희들이 말을 해보았자 아마 헛수고일 뿐 스스로 죽음만 자초하는 짓입니다. 그래서 도망쳐 감히 말하지 못한 것입니다. 지금 저는 틀림없이 죽습니다. 이에 폐하께 진술합니다. 비록 폐하로 하여금 망하지 못하게 할 수는 없으나, 폐하 스스로도 알고는 있게 하려는 것입니다.」

시황이 다시 물었다.

「나는 가히 변할 수 있겠는가?」

그러나 후생의 의견은 단호하였다.

「패망의 형세는 이미 굳어졌습니다. 폐하께서는 그저 앉아서 망하기만을 기다리면 됩니다! 설령 폐하께서 고친다고 해도 어찌 능히 요(堯)임금이나 우(禹)임금같이 되겠습니까? 그렇게 못하는 한 조금도 달라질 수는 없는 것입니다. 폐하의 보좌들 또한 틀렸습니다. 폐하가 변한다 해도 능히 존속할 수 없음을 안타깝게 여기는 바입니다.」

이에 시황은 위연히 탄식하고는 그를 풀어 주어 버렸다. 그로부터 3년, 시황이 죽고 이세(二世)가 즉위하였으나 다시 3년이 지나 진나라는 망하고 말았다.

· 치도(馳道): 수레가 마음 놓고 달릴 수 있는 넓은 도로.
· 조궁(朝宮): 조회를 하는 궁전. 정궁(正宮).
· 아방궁(阿房宮): 진(秦) 시황(始皇)이 건립한 큰 궁전 이름.

•합도(閣道): 지붕을 씌워 만든 길.
•영(營): 별 이름. 성수(星宿).
•검수(黔首): 벼슬이 없어 관을 쓰지 않아 검은 머리라는 뜻으로, 일반
  백성을 지칭하는 말. 혹은 옛날 일반 백성들은 검은 수건으로 머리를
  싸매고 있었으므로 그렇게 지칭하였다 한다.
•거열형(車裂刑): 수레가 네 곳에서 끌도록 하여 찢어죽이는 극형.
•비방지목(誹磅之木): 임금의 잘못을 마음 놓고 비방할 수 있도록 세
  워 놓은 나무.

위(魏)나라의 문후(文侯)가 이극(李克)에게 물
었다.

「형벌(刑罰)의 근원은 어디에서 생겨납니까?」

그러자 이극이 이렇게 설명하였다.

「간사(姦邪)하고 음일(淫佚)한 행동에서 시작됩니다. 무릇 간
사한 마음은 기한(飢寒)에서 일어나고, 음일이란 너무 굶어 궤
휼(詭譎)을 부리는 것입니다. 궁실을 화려하게 짓고, 온갖 문채
(文彩)를 새기고 장식하느라 백성들을 노역에 동원하면 농사를
망치게 되고, 너무 아름다운 문채의 비단을 짜게 하면 여자들
의 공업(工業)을 상하게 합니다. 농사를 망치는 것은 굶주림의
근본이며, 여공(女工)의 손상은 추위의 근원입니다. 굶주림과
추위가 함께 이르렀을 때 간사한 죄를 짓지 않는 자는 없습니
다. 또 남녀가 아름답게 꾸며 서로 자랑하는 풍조가 만연하였
을 때, 능히 음일한 죄를 짓지 않을 수 있는 자는 없습니다. 그
래서 윗사람이 기교(技巧)를 금하지 아니하면 나라는 가난해지
고, 백성은 사치스럽게 됩니다.

나라가 가난하고 백성이 사치스러우면 빈궁(貧窮)한 자는 간

사해지고, 부유한 자는 음일에 빠지게 됩니다. 이렇게 되면 백성을 몰아 사악한 일을 하도록 하는 셈입니다. 백성이 이미 사악해지게 해놓고 법으로 이를 좇아 그들을 죽이고 용서해 주지 않는다면, 이는 백성들에게 함정을 파놓고 몰아넣는 것과 같습니다. 형벌이 생기는 것은 그 원인이 있는데, 임금된 자가 그 근본은 막지 않고 그 결과만 가지고 독려하는 것은 바로 나라를 상하게 하는 지름길입니다.」

문후는 이 말에 「옳습니다!」 하고는, 이극의 말을 법으로 삼아 이행하겠노라고 하였다.

진(秦)나라의 목공(穆公)이 유여(由余)에게 물었다.

「옛날 명왕(明王)과 성제(聖帝) 들은 어떻게 하면 나라를 얻고, 어떻게 하면 나라를 잃는다고 하였습니까?」

이에 유여는 간단히 「제가 듣기로 검소하게 하면 나라를 얻고, 사치를 부리면 나라를 잃는다고 하였습니다」라고 답하였다.

목공이 다시 물었다.

「사치와 검소의 절도에 대하여 듣고 싶습니다.」

그러자 유여가 이렇게 설명하였다.

「제가 듣기로 요(堯)임금은 천하를 가졌으면서도 토궤(土簋)에 밥을 담아 먹었고, 물은 토병(土瓶)으로 떠마셨습니다. 그런데도 그 땅이 남으로는 교지(交趾)에 이르고 북으로는 유도(幽都), 동서로는 해가 뜨고 지는 곳까지 이르러 누구 하나 빈복(賓服)해 오지 않는 이가 없었습니다.

요임금이 천하를 내어 놓자 순(舜)임금이 이를 이어받았습니다. 이에 순임금은 식기(食器)를 만들고, 나무를 베어 기구를 만들었으며, 구리와 쇠를 녹여 그 칼날을 다듬었고, 옻칠로 검게까지 하여 그릇들을 꾸몄지요. 그리하여 제후들이 차츰 사치를 부리기 시작하였고, 드디어 나라에 복종하지 않은 자가 13인이나 되었습니다.

다음으로 순임금이 천하를 내어 놓자 우(禹)임금이 이를 이어받았습니다. 그는 제기(祭器)를 만들고, 그 겉에 옻칠을 하였으며, 그 속은 붉은색으로 그림을 그려넣었고, 자리는 비단으로 만들어 깔고 앉았습니다. 게다가 술잔이나 구기도 온갖 문채로 장식을 하여 사치가 가득하였습니다. 이때에는 나라에 복종하지 않는 자가 32인이나 되었습니다.

이렇게 하후씨(夏后氏)가 몰락하자, 은(殷)나라와 주(周)나라가 이를 이어받았습니다. 이번에는 큰 그릇을 만들어 구오(九傲)를 세우고, 식기는 조각을 하였으며, 술잔과 구기는 무늬를 조각해서 썼고, 벽의 사면에는 휘장을 두르고, 자리는 조각과 문채를 넣어 사치가 가득하였지요. 그랬더니 나라에 복종하지 아니하는 자가 52인이나 되었습니다. 임금들은 꾸미기를 좋아하였고, 의복도 사치가 가득하였습니다. 그 때문에 검소하여야 한다고 한 것입니다.」

유여가 나가자, 목공이 내사료(內史廖)를 불러 이렇게 고하였다.

「내가 듣기로 이웃나라에 성인(聖人)이 있으면 이는 우리에게 해가 된다고 하였습니다. 그런데 지금 유여를 보니, 그가 성인인 듯합니다. 내 이를 걱정하고 있습니다. 장차 어떻게 하면 좋겠습니까?」

그러자 내사료가 이렇게 대책을 일러 주었다.

「무릇 융(戎)나라는 편벽하고 멀리 치우친 곳에 처해 있어서, 아직 중국(中國)의 음악을 들어 보지 못하였을 것입니다. 그러니 임금께서는 여자 악대(樂隊)를 보내어 그 나라 정치를 어지럽게 하고, 대신 유여에게는 많은 선물을 주어 오래도록 이곳에 머물도록 청하여 그 임금과의 사이를 벌려 놓는 것입니다. 그런 다음에 일을 도모하면 될 줄로 압니다.」

목공은 「옳습니다!」 하고는, 이에 여자 악대 27인을 융왕(戎王)에게 보냈다.

융왕은 유여가 진나라에 머물겠노라고 청해 온 터라, 과연 이 여자들을 보고 좋아하며 주연을 베풀고 그 음악 듣기에 정신이 없었다. 이렇게 하여 한 해가 다가도록 유목의 이동을 하지 않아 말·소·양이 반이나 죽어 버렸다.

유여가 돌아와 간언을 하였지만 융왕은 듣지 않았다. 유여는 할 수 없이 융 땅을 버리고 진(秦)나라로 되돌아올 수밖에 없었다. 목공은 이를 영접하여 상경(上卿)으로 삼고, 그 융나라의 병세(兵勢)와 지리(地利)를 물어 그 내용을 알게 되자 군대를 일으켜 쳐들어갔다. 그리하여 그곳의 열두 개 나라를 얻고, 땅을 1천 리나 더 넓힐 수 있었다.

목공은 원래 사치스러운 임금이었으나, 능히 어진 이의 말을 듣고 간언을 받아들인 결과 서융(西戎)을 제패할 수 있었던 것이다. 한편 서융은 음악에 빠지고 이익에 유혹을 받아 나라를 망치고 말았으니, 이는 질박(質樸)에서 멀어졌기 때문에 생긴 결과이다.

· 토궤(土簋): 궤(簋)는 대나무 그릇. 거친 그릇으로 밥을 먹었다는 뜻.
· 토병(土瓶): 병(瓶)은 술그릇의 일종이라 한다.

・구오(九傲): 아홉 개의 깃발을 말한다.

경후(經侯)가 위(魏)나라의 태자(太子)를 만나러 가면서, 왼쪽에는 새의 깃과 옥으로 장식한 검을 차고 오른쪽에는 고리 모양의 패옥(佩玉)을 차서, 왼쪽의 광채가 오른쪽을 비치고 오른쪽의 광채가 왼쪽을 비치도록 번쩍번쩍 요란하게 꾸몄다. 함께 앉아서 한참이 지났건만 태자는 그를 보려고도 하지 않고 아무런 질문도 아니하는 것이었다. 경후가 답답해서 먼저 물었다.

「귀국 위나라에도 보물이라는 것이 있습니까?」

이 말에 태자는 「있습니다」라고 간단히 대답하였다.

경후가 「무슨 보물입니까?」라고 되묻자, 태자는 이렇게 대답하였다.

「임금은 믿음이 있고 신하는 충성스러워 백성들이 모두 이들을 추대하는 것, 이것이 우리 위나라의 보물입니다.」

이에 알아듣지 못한 듯 경후가 다시 물었다.

「제가 물었던 보물은 그런 것이 아닙니다. 어떤 물건인가를 물은 것입니다.」

그러자 태자가 다시 이렇게 설명하였다.

「있지요! 도사소(徒師沼)가 위(魏)나라를 다스리자 시장에 매점매석이 사라졌고, 극신(郄辛)이 양(陽) 땅을 다스리자 땅에 떨어진 물건도 주워 가는 이가 없어졌으며, 망묘(芒卯)가 조정에서 일을 하자 사방 이웃의 어진 선비들이 누구 하나 찾아와 뵙고 싶어하지 않는 이가 없습니다. 이 세 명의 대부가 곧 우리 위나라의 큰 보물입니다.」

　　그러자 경후는 아무 말도 못하고서, 왼쪽의 옥으로 장식한 검과 오른쪽의 고리 모양의 패옥(佩玉)을 풀어 자리에 내려 놓고 부끄러워하며 일어섰다. 그리고는 말없이 인사도 하지 못한 채 달려나가 수레에 올라 도망치듯 사라져 버렸다.

　　위나라의 태자는 사람을 시켜 달려가 그가 두고 간 검과 패옥을 돌려 주도록 하면서 이렇게 고하게 하였다.

　　「내가 덕이 없어 이 귀한 보물인 주옥을 지켜낼 수가 없습니다. 이런 물건은 추위에 옷을 해입을 수도 없고, 배고플 때 먹을 수도 없습니다. 내게 남겨두어 괴로움만 더하게 하는 일이 없도록 해주십시오!」

　　이에 경후는 두문불출하다가 뒤에 죽었다는 소식이 전해졌다.

　　진(晉)나라의 평공(平公)이 사냥용 수레를 만들어 각종 용무늬의 깃발로 장식하고, 또 무소와 코끼리의 형상을 만들어 걸었으며, 깃과 풀무늬로 그 위를 꾸몄다.

　　수레가 완성되자 다시 천일(千鎰)이나 되는 황금으로 칠하여, 이를 궁전 아래에 세워 놓고는 여러 신하들에게 구경을 시켰다. 그러나 전차(田差)라는 신하는 세 번이나 그 앞을 지나면서도 한 번도 돌아보지 않는 것이었다. 이에 평공이 크게 화를 내며 전차에게 물었다.

　　「너는 세 번이나 이 앞을 지나면서도 한 번도 돌아보지 않으니 무슨 이유인가?」

　　그러자 전차가 이렇게 대답하였다.

　　「제가 듣기로 천자(天子)에게 이야깃거리가 되는 것은 천하요, 제후(諸侯)에게 관심거리라면 한 나라를 다스리는 일이며, 대부(大夫)에게 화제가 될 수 있는 것은 관직이고, 사(士)에게 관심거리는 일이며, 농부(農夫)에게 이야깃거리가 되는 것은 먹는 것, 그리고 부고(婦姑)에게 있어서의 관심거리는 베 짜는 일이라 하였습니다. 걸(桀)은 사치 때문에 멸망하였고, 주(紂)는 음일 때문에 패망하였습니다. 이 까닭으로 감히 그 수레를 쳐다볼 수가 없었습니다.」

이 말에 평공은 「옳다!」 하고, 이에 좌우에게 명하여 「그 수레를 치워 버리라!」고 하였다.

 위(魏)나라 문후(文侯)의 어름(御廩)에 불이 나자, 문후가 소복을 입고 정전(正殿)을 피해 닷새 동안이나 괴로워하였다. 이에 여러 신하들이 모두 소복을 입고 위로의 말을 하였지만, 공자(公子) 성보(成父)만은 아무런 위로를 아니하였다. 그러다 문후가 다시 궁전으로 나오자, 공자 성보가 달려가서 축하의 말을 하였다.

「대단히 잘된 일입니다. 어름에 불이 나기를 잘했습니다.」

이 말에 문후는 마음이 상하여 불쾌한 얼굴로 물었다.

「무릇 어름(御廩)은 과인의 보물을 소장하고 있는 창고요. 지금 화재가 나서 과인이 소복을 입고 정전을 피해 닷새 동안이나 괴로워하고 있었소. 그때 여러 신하들은 모두 소복을 입고 위로의 말을 하였는데 다만 그대만이 아무런 위로도 아니하더니, 지금 이미 다시 정전으로 돌아오자 도리어 들어와 축하를 하다니 무슨 뜻이오?」

그러자 공자 성보가 이렇게 설명하였다.

「제가 듣기로 천자는 사해지내(四海之內)에 그 물건을 저장하며, 제후는 그 다스리는 경내(境內)에 저장하고, 대부는 그 집에 저장하며, 사대부와 서인은 자신의 대오리 궤짝에 저장한다 하였습니다. 그 마땅한 장소에 저장하지 아니하면, 천재(天災)가 없으면 반드시 인환(人患)이 있다고 하였습니다. 지금 인환은 없고 천재만 있었으니, 이 어찌 다행스러운 일이 아닙니까?」

문후가 위연히 감탄하며 「옳습니다!」라고 하였다.

· 어름(御廩): 임금 전용의 창고.
· 인환(人患): 사람이 다치거나 죽음.

제(齊)나라의 환공(桓公)이 관중(管仲)에게 물었다.

「우리 나라는 심히 작아 그 재용(財用)도 적은데, 여러 신하들의 의복과 거마가 심히 사치스럽습니다. 내 이를 금지시키고 싶은데 가능하겠습니까?」

그러자 관중이 이렇게 대답하였다.

「제가 듣기로 임금이 맛만 보아도 백성은 이를 먹어 보려 하고, 임금이 좋아하기만 해도 백성들은 유행을 일으킨다 합니다. 그런데 지금 임금께서 잡수시는 것은 계피향의 음료요, 임금께서 입으시는 옷은 보랏빛의 좋은 비단과 호백구(狐白裘)의 좋은 외투이어야만 합니다. 이 때문에 여러 신하들이 사치를 부리는 것입니다.

《시경(詩經)》에 『몸소, 그리고 친히 실행하지 않으면 백성은 믿고 따르지 않네!』라고 하였습니다. 지금 임금께서 사치를 금하고자 하신다면 어찌 몸소 실천부터 하시지 않습니까?」

이 말에 환공이 「옳습니다!」 하고는 스스로 누인 비단옷에 흰 관을 쓰고 조회를 하자, 1년이 지나 제나라 전체가 검소해졌다.

계문자(季文子)가 노(魯)나라의 재상이 되었는데도 그 아내에게 좋은 옷도 입히지 아니하고, 말에게도 좋은 먹이를 주지 아니하는 것이었다. 그러자 중손타(仲孫它)가 이렇게 간하였다.

「그대가 노나라의 상경(上卿)까지 되어 아내에게 좋은 옷도 입히지 아니하고, 말에게 좋은 먹이도 주지 아니하면 남들은 자기 자신을 사랑해서 그렇듯 인색하게 구는 것으로 여깁니다. 또 이는 나라의 체면에도 맞지 않는 것입니다.」

이에 문자가 이렇게 설명하였다.

「그렇습니까? 내가 이 나라 백성의 부모들을 보니, 허름한 옷에 먹는 것 또한 시원치 않았습니다. 그래서 내가 감히 그런 사치를 누리지 않는 것입니다.

또 내가 듣기로 군자는 덕으로 나라의 체면을 살리지, 아내나 말로 나라의 훌륭함을 보인다는 소리는 듣지 못하였습니다. 무릇 덕이란 나에게 얻어지면 저들에게도 얻어지는 것, 그래서 가히 실행에 옮길 수 있는 것입니다. 만약 사치에 빠져들고 꾸미기에만 급급하여 스스로 되돌아오지 못한다면, 어찌 나라를 지킬 수 있겠습니까?」

중손타가 이 말을 듣고 부끄러워하면서 물러갔다.

조간자(趙簡子)는 다 낡은 수레에 비쩍 마른 말을 타고 다녔으며, 그 의복 또한 검은 양가죽으로 만든 것이었다. 이에 그의 재신(宰臣)이 보다 못해 이렇게 진간(進諫)하였다.

「수레가 새것이면 안전하고, 말이 튼튼하면 왕래가 빠르지요. 그리고 호백구(狐白裘)를 입으시면 따뜻하고도 가볍습니다.」

이 말에 간자가 이렇게 답하였다.

「나도 모르는 바가 아니오. 내 듣기로 군자가 좋은 옷을 입으면 더욱더 공손해지고, 소인이 좋은 옷을 입으면 더욱더 거만해진다고 하였소. 지금 나는 내 자신을 다스리고 있는 것이오. 혹시 소인의 마음이 생기면 어쩌나 하오!」

전(傳)에 이르기를 『주공(周公)은 높은 자리에 오르자 더욱 겸비(謙卑)하게 행동하였고, 적을 이기고 나자 더욱 두려워하는 태도를 취하였으며, 집이 부유해지자 더욱 검소하게 살았다. 그래서 주(周)나라는 8백여 년을 갈 수 있었다』라고 하였으니, 바로 이를 두고 한 말이다.

노(魯)나라가 낭유(郎囿)를 짓고 있었다. 계평자(季平子)가 이를 빨리 완성시키려고 욕심을 내자, 숙손소자(叔孫昭子)가 이렇게 말하였다.

「무엇에 쓰려고 그렇게 빨리 완성시키려 하십니까? 이로써 백성을 학대하면 그것이 옳은 일입니까? 원유(園囿)는 없어도 되는 것 아닙니까? 어찌 희희지유(嬉戲之游)를 위해서 그 다스리는 백성을 피폐케 하였다는 소리를 들으려 하십니까?」

· 낭유(郎囿) : 임금의 전용 동물원. 혹은 낭(郎) 땅에 세운 동물원.
· 희희지유(嬉戱之游) : 동물원을 즐거움을 위한 놀이터로 여긴 것.

위(衛)나라의 숙손문자(叔孫文子)가 왕손하(王孫夏)에게 물었다.

「우리 선군(先君)의 사당이 너무 협소해서, 이를 확충해 지으려 하는데 어떻겠습니까?」

이에 왕손하가 이렇게 대답하였다.

「옛날의 군자는 검소한 것으로 예(禮)를 삼았습니다. 그런데 지금의 군자는 사치스러움으로 이를 바꾸고 있습니다. 무릇 위나라가 비록 가난한 나라이기는 하나, 어찌 문채나는 신 한 켤레로 십직(十稷)의 값이 나가는 비단과 바꾸는 일이 없으리요? 이는 곧 예(禮)에 어긋난 것이라 할 수 있습니다.」

이 말에 문자는 계획을 철회하고 말았다.

진(晉)나라의 문공(文公)이 제후들을 모아 회맹(會盟)을 하면서 이렇게 말하였다.

「내가 듣기로 나라가 혼미(昏迷)에 빠지는 것은, 성색(聲色)이 아니면 반드시 간리(姦利)에 말미암는다고 하였습니다. 성색을 탐미하면 음일(淫泆)하게 되고, 간리에 탐욕이 생기면 미혹(迷惑)하게 됩니다. 무릇 음일이나 미혹에 빠진 나라는 망하지 않으면 반드시 잔폐하게 될 것입니다. 그러니 지금부터 예쁜 첩으로 인해 본처를 의심하는 일, 음악으로 인해 정의에 방해를 받는 일, 간악한 정리(情理)에 얽매여 공사(公事)를 그르치는 일, 재물로 인해 남을 멸시하는 일이 없도록 하여야 합니다.

그러한 일이 있는 것을 『뿌리를 자르면서 잎이 화려하기를 바란다』고 하는 것입니다. 만약 그러한 일이 있는 나라라면 환난이 생겨도 우리는 근심해 주지 않을 것이며, 도적이 쳐들어와도 막아 주지 않을 것입니다. 이 말대로 하지 않는 자가 있으면, 맹약에 따라 실행하여 보여 줄 것입니다.」

이에 군자가 이 소식을 듣고 이렇게 말하였다.

「문공은 도를 아는 분이로다. 그가 왕자까지 되지 못하였다면 천하는 바로 도와 줄 자가 없었으리라!」

 안자(晏子)가 경공(景公)과 술을 마시고 있었다. 날이 어두워지자 경공이 불을 밝히라고 소리쳤다. 그러자 안자가 이렇게 만류하였다.

「《시경(詩經)》에 『모자가 기운 모습, 이미 취했네!』라고 하였으니 이는 덕을 잃었다는 뜻이며, 『취해서 춤을 추네!』라고 하였으니 이는 그 용모를 잃었다는 뜻입니다. 『술로 이미 취하였으나 덕으로 배부르네』『취하여 그 자리를 떠나 준다면, 이는 함께 복받을 일이지』라고 한 것은 빈주(賓主) 사이의 예(禮)를 말한 것이며, 『이미 취하였는데 나가지 않는 것, 이는 덕을 손상하는 일!』이라 한 것은 빈주 사이의 죄(罪)를 말한 것입니다. 저는 낮을 택하여 즐겁게 술을 마신 것이지, 밤까지 택하여 마시러 온 것이 아닙니다.」

경공이 이 말을 듣고 「옳습니다」 하고는, 이에 술을 들어 제사를 지내고는 두 번 절하고 나갔다. 그리고는 이렇게 말하였다.

「어찌 나의 잘못을 그렇게도 잘 꼬집는고? 내가 이 나라를 그 안자에게 맡기기를 아주 잘했지. 그 집이 가난하면서도 나를 이렇게 잘 대해 주고 사치를 부리지 않도록 하는데, 하물며 나와 함께 이 나라의 일을 도모함에 있어서랴?」

 양왕손(楊王孫)이 곧 병으로 죽게 되자, 그 아들에게 이렇게 일렀다.

「내가 죽거든 알몸으로 장례를 지내어 나로 하여금 원래의 진체(眞體)로 돌아가게 해다오. 절대로 내 뜻을 어겨서는 안 된다.」

기후(祁侯)가 이 소식을 듣고 가서 만류하였다.

「듣자 하니, 그대 왕손께서 장례에 반드시 알몸으로 땅에 묻어 달라고 하셨다지요? 말씀대로라면 이는 생각건대 불가한 일입니다. 죽은 자가 아무것도 모른다면 이는 그만이겠지만, 만약 죽은 자도 무엇을 안다면 이는 땅 속에서 시신을 욕보이는 일이니, 어찌 장차 선조들을 만나볼 수 있겠습니까? 생각건대 불가합니다.」

그러자 왕손이 이렇게 말하였다.

「나는 장차 이 세상의 그릇된 것을 고쳐 주고자 한다. 무릇 후장(厚葬)은 진실로 죽은 자에게 아무런 이익이 되지 않는다. 오히려 세상에 서로 후장을 지내려고 경쟁을 시켜 그 높이만 키워 줄 뿐이며, 이로써 재물과 돈의 손실만 생긴다. 그러면서 이것을 지하에서 썩게 할 뿐이다. 혹시 오늘 묻었다가 내일이면 이를 훔쳐내는 일도 있으니, 이는 들에다 시신을 버려 햇빛을 내리쬐게 하는 것과 무엇이 다르겠는가?

또 무릇 죽음이란 일생을 마치는 자연섭리이며, 만물의 귀착점이다. 돌아가는 자는 가면 되고, 변화하는 자는 변화하면 된다. 이것이 곧 만물은 각각 그 본래의 진체(眞體)로 되돌아간다는 원리이다. 그 진리는 명명(冥冥)하여 보아도 형태가 없고, 들어도 소리가 없다. 이것이 도에 합당한 정리이다.

무릇 밖은 요란하게 수식하여 많은 사람에게 과장하며, 후장(厚葬)으로 진리에 어긋나게 하는 것은 돌아갈 자로 하여금 그 본래대로 가지 못하게 하는 것이며, 변화할 자로 하여금 변화하지 못하게 하는 것이니, 이는 만물로 하여금 각기 그 본연을 잃게 하는 것과 같다.

또 내 들으니 정신(精神)이라는 것은 하늘에 속한 것이요, 형해(形骸)라고 하는 것은 땅에 속한 것이라 하였다. 정신이 형해와 분리되면 각각 그 속한 곳으로 가야 한다. 그 때문에 이를 귀(鬼)라 하며, 그 귀(鬼)는 곧 귀(歸)라는 말이다. 그런데 그 시신만 한 덩어리로 홀로 남아 있는데, 그 빈 시신이 무엇을 안다는 말인가?

따라서 그 시신을 두껍게 싸서 묶되 폐백(幣帛)으로 하고, 이를 보내되 많은 재화(財貨)로 한다면, 이는 살아 있는 사람이 써야 할 재용(財用)을 빼앗는 것이다. 옛 성인들은 인정(人情)에 얽매여 그 친한 사람을 그냥 보낼 수 없어 그 때문에 예(禮)를 제정한 것이다.

그런데 지금은 이를 넘어서 있으니, 내 이 때문에 알몸으로 묻혀 세상을 바로잡아 고치려 하는 것이다.

옛날 요(堯)임금의 장례에는 빈 나무로 상자를 삼고 칡덩굴로 묶었으며, 그 무덤도 땅을 파되 샘물이 나도록 마구 하지 않았고, 그 봉분도 냄새가 새어나오지 않을 만큼만 하였다.

그래서 성인은 살아서는 숭상받고 죽어서도 쉽게 장례를 치르도록 하였으며, 쓸데없는 것에 무엇을 더 보탠다거나 이익 없는 것을 더 덜어낸다거나 하는 일이 없었던 것이다. 지금은 재물을 낭비하면서 후한 장례를 치르나, 이는 죽은 자는 알지도 못하는데 산 자만 재물을 옳은 데 쓰지 못하고 허비하는 것이니, 어찌 잘못이 아니겠는가? 그 미혹함이 심하다 할 것이다!」

기후가 이 말을 듣고 「옳습니다!」 하고는, 드디어 알몸으로 장례를 치러 주었다.

노(魯)나라에 아주 검소한 이가 있어 와력(瓦鬲)으로 밥을 끓여 먹고 있었다. 그런데 그 맛이 너무 훌륭하자, 이를 토형(土鉶)에 담아 공자(孔子)에게 드렸다. 공자가 이를 받아 매우 즐거워하며, 마치 태뢰(太牢)의 음식을 받듯이 하였다. 그러자 한 제자가 물었다.

「와변(瓦甒)은 조악한 그릇입니다. 또 끓인 음식은 지극히 보잘것 없는 선물입니다. 그런데 선생님께서는 어찌 이처럼 즐거워하십니까?」

이에 공자가 이렇게 대답하였다.

「내 들으니, 좋은 충간의 말을 보면 그 임금이 생각나고, 좋은 음식을 보면 그 어버이가 떠오른다고 하였다. 나는 그 음식이 후해서가 아니라, 이 좋은 음식이 나의 어버이를 떠올릴 수 있도록 하였기 때문에 그러는 것이다.」

· 와력(瓦鬲): 토제(土製)의 솥. 질솥.
· 토형(土鉶): 국을 담는 냄비 같은 토기(土器). 발이 셋이고, 양쪽에 귀가 달린 제기(祭器).

· 태뢰(太牢): 천자(天子)가 지내는 가장 큰 제사.
· 와변(瓦甌): 식기. 질 낮은 그릇.

　안자(晏子)가 병이 들어 죽음에 이르자, 기둥을 갈라 그 속에 글을 쓴 것을 감추어 두고는 그 아내에게 이렇게 일렀다.

「저 기둥 속에 들어 있는 나의 말을 아들이 자라거든 꺼내어 보여 주도록 하시오!」

아들이 자라서 이를 펴보았더니 이렇게 씌어 있었다.

「옷감이 떨어지지 않게 하라! 옷감이 떨어지면 겉을 꾸밀 게 없다. 우마(牛馬)를 마르게 하지 마라! 그것이 마르면 일을 시킬 수 없다. 선비를 궁하게 하지 마라! 선비가 궁하면 일을 맡길 수 없다. 궁하도다! 궁하도다! 궁하다는 것에 대하여 주의하라!」

　중니(仲尼)가 노담(老聃)에게 물었다.

「심합니다. 지금처럼 도를 행하기가 어렵다니오. 나는 도를 곧게 잡고 지금의 임금에게 모든 것을 바치려고 하지만, 그들이 나를 받아 주지 않는군요. 도를 행하기가 이렇듯 어렵습니다.」

이에 노자가 이렇게 설명하였다.

「무릇 도가 어쩌니 하는 자들은 모두 떠도는 말을 듣고 그러는 것이오. 이를 떠들고 다니는 자들은 그 말에 혼란만 일으키고 있습니다. 이런 두 가지에 매달린 자라면 도를 그에게 맡길 수가 없지요.」

자공(子貢)이 자석(子石)에게 물었다.
「그대는 왜 시(詩)를 배우지 않습니까?」

그러자 자석이 이렇게 말하였다.

「내 어찌 여가가 있으리요! 부모님은 나에게 효도하라 하고, 형제들은 나에게 우애를 베풀라 하고, 친구들은 나에게 믿음을 갖추라 하오. 그러니 내 어찌 시를 배울 틈이 있으리요!」

이에 자공이 이렇게 말하였다.

「나도 배우던 시를 버리고, 그대를 통해 배워야겠습니다.」

공명선(公明宣)이 증자(曾子)에게 학문을 배웠으나 3년이 다 되도록 제대로 배우지를 못하고 있었다. 이에 증자가 물었다.

「그대는 나의 문하에 거한 지 3년이나 되면서도 제대로 배우지를 못하니 무슨 이유인가?」

그러자 공명선이 이렇게 말하였다.

「어찌 감히 배우지 않겠습니까? 제가 선생님을 뵙건대, 집에 계실 때에는 그 꾸짖는 소리가 견마에게까지 이르게 하는 것을 한번도 보지 못하였습니다. 저는 이것을 매우 좋아하나 배워도 따르지를 못하고 있습니다. 또 선생님께서 손님을 맞이하실 때에는 공검(恭儉)히 하시되 허술함이 없었습니다. 저는 이를 매우 좋아하나 배워도 실행하지를 못합니다. 그리고 선생님께서 조정에 나가시면 아랫사람에게 엄하시되 그들을 상하게 하지 않으시니, 저는 이를 매우 좋아하나 배워도 따르지를 못합니다.

제가 말씀드린 이 세 가지는 배워도 실행하지 못할 뿐 어찌 감히 배우려 하지도 않으면서 선생님의 문하에 거하겠습니까?」

이 말에 증자가 자리를 고쳐 앉으며 이렇게 말하였다.

「나는 너에게 미치지 못한다. 너를 따라 배울 뿐이로다!」

노(魯)나라의 어떤 부부가 남편은 신발 만드는 노끈을 아주 잘 삼았고, 그의 아내는 모자 만드는 흰 비단을 아주 잘 짜는 솜씨가 있었다. 이들은 이런 재주를 가지고 월(越)나라로 이사를 가서 살고자 하였다. 그러자 어떤 사람이 그들에게 이렇게 일렀다.

「그대들은 반드시 곤궁해질 것입니다.」

이에 노나라 부부가 무슨 이유이느냐고 물었다.

그러자 그 사람이 이렇게 대답하였다.

「그 노끈은 신발을 만들기 위한 것이고, 그 흰 비단은 머리에 쓰는 관을 만드는 것입니다. 그런데 월나라 사람들은 맨발에 머리를 깎고 삽니다. 사용하지도 아니하는 나라에 가신다니, 가난하지 않으려 한들 그것이 가능하겠습니까?」

【인물 소개】

가家　춘추시대 정(鄭)나라의 공자(公子). 이름은 귀생(歸生).

가계賈季　호언(狐偃)의 아들 호사(狐射姑). 자(字)는 계(季). 가(賈) 땅을 식읍(食邑)으로 가지고 있어 가계(賈季)라 일컬었다.

가오자賈午子　범저(范雎)의 친구인 듯하다.

간공簡公〔齊〕　춘추 말기 제(齊)나라 군주. 재위 4년(B.C. 484~481).

간공簡公　춘추시대의 정(鄭)나라 군주. 재위 36년(B.C. 565~530).

간신干辛　하(夏)나라 말왕(末王)인 걸(桀)의 신하.

간자簡子 ⇒ 조간자趙簡子

간장干將　춘추시대 오(吳)나라의 칼을 잘 만들던 도장(刀匠). 전(轉) 하여 널리 명검(名劍)의 뜻으로 쓰였다.

감무甘戊　전국시대 진(秦)나라 하채인(下蔡人)인 감무(甘茂)가 아닌가 한다.

강羌　서북쪽의 이민족. 현재의 티베트족.

강공康公〔宋〕　송(宋)나라의 임금. 송(宋)나라는 은(殷)이 망한 후, 그 후손이 명맥을 유지한 나라.

강숙봉康叔封　성왕(成王)의 동생. 봉(封)은 이름. 즉 백금(伯禽)과 4 촌간이며, 주공(周公)의 조카.

강왕康王　초(楚)나라 공왕(恭王)의 아들. 재위 15년(B.C. 559~545).

강을江乙　강일(江一)로도 쓰며, 유명한 책사(策士).

강자康子〔魯〕 ⇒ 계강자季康子

강자康子　한(韓)나라 군주.

개자추介子推　중국 춘추시대의 숨은 선비. 진(晉)나라 문공(文公)이 공자(公子)로서 망명할 때 19년을 모셨으나, 문공이 귀국 후 봉록 (封祿)을 주지 않으므로 면산(緜山)에 숨었는데, 문공이 잘못을 뉘 우치고 그를 불렀지만 나오지 않았기 때문에 그 산에 불을 질러 나오도록 하였으나 기어이 나오지 않고 타죽었다 한다. 한식(寒食) 은 개자추가 타죽은 날이라고 한다. 개지추(介之推).

개지開地 유후(留侯) 장량(張良)의 할아버지.

거모渠牟 위(衛)나라 영공(靈公)의 아우.

거백옥蘧伯玉 이름은 원(瑗), 자는 백옥(伯玉). 위(衛)나라 영공(靈
  公) 때의 현대부(賢大夫). 공자(孔子)가 위(衛)나라에 갔을 때 그의
  집에 머물렀다 한다.

건建 초(楚)나라의 평왕(平王)이 태자(太子) 건(建)을 위해 진(秦)나
  라 여자를 구하였다. 그러나 여자가 너무 아름답자 그를 자신의 후
  궁으로 취하고, 태자가 이에 반감을 살 것을 염려하여 죽이려 하였
  다. 이 일로 오자서(伍子胥)의 원한과 함께 초(楚)나라가 혼란에 휩
  싸였다.

건숙蹇叔 백리해(百里奚)와 함께 진(秦)나라 목공(穆公)을 모셨던 명
  신(名臣). 진(秦)나라의 대부(大夫).

건중蹇重 위(魏)나라 문후(文侯)의 신하.

걸桀 중국 하(夏)나라의 마지막 왕(제17대). 이름은 제리계(帝履癸).
  은(殷)의 주왕(紂王)과 나란히 중국 상고시대(上古時代)의 폭군으
  로 대표된다. 걸의 증조부인 공갑(孔甲) 때부터 하나라는 이미 제
  후들에 대한 통제력을 잃고 있었으며, 걸이 즉위함에 이르러서는
  국세가 더욱 기울어져 갔다. 왕위에 오른 걸은 궁전을 사치스럽게
  치장하고 미녀들을 모아들이는 데 바빴으며, 음란한 음악을 좋아하
  고 주지육림(酒池肉林)의 놀이를 즐기는 등 악행을 일삼았다고 한
  다. 그즈음 민심을 얻는 한편, 여러 제후들을 승복시켜 세력을 키우
  고 있던 탕왕(湯王)이 병사를 일으켜 걸을 물리치고 새로이 은(초
  기 국명은 상商)을 세웠다. 패배한 걸은 양쯔 강〔揚子江〕 유역의 남
  소(南巢)로 도망쳐 그곳에서 죽었다고 한다. 물론 이러한 사적(史跡)
  들은 모두 전설에 의한 것이며, 이 가운데서 역사적 사실만을 가려
  내기는 매우 힘든 일이다. 걸이 왕비인 매희(妹喜)에게 빠져 정사(政
  事)를 게을리하고 백성들은 괴롭혔다는 이야기는 은 주왕의 사적과
  일치하는 점이 많은데 주왕과 걸왕은 〈국가의 멸망을 초래하는 폭
  군〉의 전형이라 할 수 있다.

검탁자黔涿子 제(齊)나라 위왕(威王)의 신하인 듯하다.

격擊 위(魏)나라 문후(文侯)의 태자(太子). 뒤에 무후(武侯)가 되었

다. 재위 26년(B.C. 395~370).

경공頃公〔齊〕 춘추시대의 제(齊)나라 군주. 이름은 무야(無野). 환공(桓公)의 손자인 혜공(惠公)의 아들. 제나라 20대 임금. 재위 17년(B.C. 598~582).

경공景公〔齊〕 춘추시대 제(齊)나라의 임금. 재위 58년(B.C. 547~490). 안자(晏子)의 도움을 받아 나라를 잘 다스렸다.

경공景公〔晉〕 춘추시대 진(晉)나라의 군주. 재위 19년(B.C. 599~581).

경공景公 초(楚)나라의 대부(大夫)인 듯하다.

경기慶忌 오왕(吳王) 요(僚)의 아들.

경족慶足 위(衛)나라 영공(靈公)의 신하.

경차景差 전국시대 초(楚)나라 사람으로 경양왕(頃襄王)을 섬겼다.

계강자季康子 춘추시대 노(魯)나라의 집정대신.《논어》에 보이는 이름.

계문자季文子 이름 우(友). 춘추시대 노(魯)나라 환공(桓公) 때 재상을 지냈다.

계성자季成子 위(魏)나라 문후(文侯)의 아우. 적황(翟黃)과 친하였다.《사기》에는 위성자(魏成子). 재상이 됨.

계손季孫 춘추시대 노(魯)나라의 대부(大夫).

계손행보季孫行父 계우(季友)의 손자인 계문자(季文子).

계우季友 노(魯)나라 사람.

계자季子 오(吳)나라의 공자(公子). 연릉계자(延陵季子, 季札). 노(魯)나라 장공(莊公) 때의 인물.

계찰季札(延陵季子) 수몽(壽夢)의 넷째아들. 오(吳)나라에서 가장 어진 이로 널리 칭송되었다.

계평자季平子 노(魯)나라 대부(大夫)인 계손의여(季孫意如).

계환자季桓子 노(魯)나라의 권신(權臣).

고료高繚 안자(晏子)의 가신.《안자춘추(晏子春秋)》에는 고규(高糾)로 실려 있다.

고몽자高夢子 제(齊)나라 경공(景公)의 신하.

고수瞽叟 순(舜)의 아버지로 장님이었다고 한다. 성질이 난폭하여 새로 얻은 아내의 말만 믿고 순(舜)임금을 죽이려 하였다.

고승古乘 뱃사공 이름. 합서(盍胥)·고상(固桑)으로도 실려 있다.

고요皐陶 고요(咎繇)라고도 쓴다. 요(堯)임금의 신하. 순(舜)임금의
　보필. 자(字)는 정견(庭堅). 우순시대(虞舜時代)에 사구(司寇), 즉 옥
　관(獄官)의 장(長)을 지냈다.

고정高廷 《공자가어(孔子家語)》에는 고정(高庭)으로 실려 있다.

고종高宗〔殷〕 ⇒ 무정武丁

고혁高赫 조양자(趙襄子)의 신하.

곡륙鵠鄐 주(周)나라 땅에서 나는 유명한 사냥개.

곤鯀 요(堯)의 신하. 전욱(顓頊)의 아들이며, 우(禹)의 아버지. 치수
　(治水) 사업에 종사한 지 9년이 되어도 그 보람이 나타나지 않자
　목숨을 잃었다.

곤오昆吾 하(夏)나라 때 육종씨(陸終氏)의 여섯 아들 중에 맏이로
　포악하였다 한다.

공공共工 요(堯)임금 때의 사흉(四凶)의 하나. 원래 수관(水官)이었
　다 한다.

공구孔丘 ⇒ 공자孔子

공로公盧 조간자(趙簡子)가 거느린 사병 중의 한 인물.

공리孔鯉 공자(孔子)의 아들. 자어(子魚).

공맹자고公孟子高 구체적인 사적은 미상.

공멸孔蔑 공자(孔子)의 제자.

공명선公明宣 증자(曾子)의 제자. 춘추시대 노(魯)나라 남무성(南武
　城) 출신이라 한다.

공보孔父 송(宋)나라 상공(殤公) 때의 인물.

공삭씨公索氏 노(魯)나라의 제사를 맡은 인물(人物)인 듯하다. 공삭
　(公索)은 복성(複姓). 씨(氏)는 대대로 어떤 공직을 맡아 세습하는
　씨족을 말한다.

공손락公孫雒 오왕(吳王) 부차(夫差)의 신하. 《오월춘추(吳越春秋)》에
　는 왕손락(王孫駱)으로 실려 있다.

공손성자公孫成子 ⇒ 자산子産

공손지公孫支 춘추시대 위(衛)나라 출신. 진(秦)나라 목공(穆公)의 신
　하. 《좌전(左傳)》 희공(僖公) 구년에는 공손지(公孫枝)로 실려 있다.

공손차公孫差   제(齊)나라의 장수.

공손휘公孫揮   정(鄭)나라의 행인지관(行人之官), 곧 외교관.

공숙문자公叔文子〔衛〕   위(衛)나라의 대부(大夫). 위(衛)나라 헌공(獻
公)의 손자(혹은 아들). 공손발(公孫發). 시호는 정혜문자(貞惠文子).

공숙문자公叔文子〔楚〕   초(楚)나라의 영윤(令尹).

공숙자公叔子   초(楚)나라의 신하. 혹은 공숙문자(公叔文子)의 아들이
아닌가 한다.

공승불인公乘不仁   공승(公乘)은 복성(複姓). 불인(不仁)은 이름. 위
(魏)나라 문후(文侯)의 신하.

공왕恭王   춘추시대 초(楚)나라의 23대 군주. 또는 공왕(共王)으로도
쓴다. 장왕(莊王, 侶)의 아들. 재위 31년(B.C. 590~560).

공유公劉   후직(后稷)의 증손으로 백성의 옹호를 받았다. 하(夏)나라
말 걸왕(桀王)의 폭정을 피해 융적(戎狄)의 땅으로 옮겨와 자리를
잡았다. 심성이 어질어 수레를 몰 때에도 살아 있는 갈대풀을 피해
다녔다고 한다.

공윤工尹   춘추시대의 초(楚)나라 대부(大夫).

공의휴公儀休(公儀子)   노(魯)나라 목공(穆公)의 재상을 지냈다.

공자孔子   중국 춘추시대의 대철학자·사상가. 유교(儒敎)의 비조. 노
(魯)나라 곡부(曲阜)에서 태어났다. 성은 공(孔), 이름은 구(丘), 자
는 중니(仲尼). 여러 나라를 두루 돌아다니며, 치국(治國)의 도(道)
를 설하기 30년, 육경(六經) 곧 예(禮)·악(樂)·시(詩)·   ·역
(易)·춘추(春秋)를 산술하고, 요(堯)·순(舜)·문왕(文王)·무왕(武
王)·주공(周公) 등을 존숭하여 고래의 사상을 대성하였다. 그의 학
파는 유가(儒家)라 불리며, 그의 사상은 맹자와 순자에 의해 계승
되었다. 인(仁)을 이상의 도덕이라 하여 효제(孝悌)와 충서(忠恕)로
써 이상을 이루는 근거로 하였다. 뒤에 그의 제자들이 그의 언행을
기록해 놓은 《논어(論語)》 7권이 있다.

공호자公扈子   자세한 사적은 알 수 없다.

곽광霍光   한(漢)나라 평양인(平陽人)으로 거병(去病)의 아우. 선제(宣
帝)를 옹립한 공로로 대사마(大司馬)·대장군(大將軍) 등의 관직을
지냈으며, 지나치게 권세를 누려 사후 그의 집안은 멸족당하였다.

곽외郭隗 전국시대 연(燕)나라의 현인(賢人). 소왕(昭王)이 국력을 회복하기 위하여 외(隗)에게 인재의 등용책을 물었을 때『외(隗)부터 먼저 시작하시오』하였던 바, 왕이 그를 위해 궁(宮)을 짓고 그에 사사(師事)하니 악의(樂毅) 등 제국(諸國)의 명사(名士)들이 많이 모여 이후 국력이 점차 부강하여졌다.

관룡봉關龍逢(關龍澄) 하(夏)나라의 현신(賢臣). 걸(桀)의 잘못을 간하다가 죽음을 당하였다.

관숙管叔 주(周)나라 무왕(武王)의 아우인 희선(姬鮮). 관(管) 땅에 봉해져서 관숙선(管叔鮮)으로도 불린다.

관요筦饒 초(楚)나라 문왕(文王)의 신하.

관이오管夷吾 ⇒ 관중管仲

관자筦子 관자管子·관중(管仲). 중국 춘추시대 초기의 정치가·사상가. 이름은 이오(黃吾). 영상(穎上). 지금의 안후이 성〔安徽省〕 서북부) 사람으로 제(齊)나라 환공(桓公) 때에 경(卿)의 벼슬에 올랐던 그는 환공의 개혁 추진을 도왔다. 토지 등급에 따라 세금을 걷고 농업을 발전시켰다. 동시에 염전·제철업을 일으켜 제나라를 춘추시대 가장 막강한 맹주(盟主)로 만들었다.《관자(管子)》의 목민(牧民)에선『창고가 가득 찬 뒤에야 예절을 알게 되고, 먹을 것과 입을 것이 넉넉해야 영예와 치욕을 안다』라고 써서 도덕교화(道德敎化)가 물질생활을 기초로 하고 있음을 설파했다. 또한『4유(四維: 禮·義·廉·恥)가 널리 퍼지지 않으면 나라가 곧 망한다』라고 강조하여 도덕교화의 역할을 중시했다. 관중의 이름을 딴《관자》는 86편 가운데 현재 76편만 전한다. 그중 목민(牧民)·권수(權修)·형세(形勢)·칠법(七法) 등은 관중의 언론사상을 기록한 것이다.

광光 수몽(壽夢)의 첫째아들인 제번(諸樊, 謁)의 아들. 임금이 되어 합려(闔廬)로 불렸다. 전제(專諸)를 시켜 요(僚)를 죽이고 임금이 되었다. 재위 19년(B.C. 515~496).

광간자匡簡子 광(匡) 땅의 제후(諸侯).

괴외蒯聵 춘추시대 위(衛)나라 영공(靈公)의 태자(太子). 괴외(蒯瞶)로도 쓴다. 서모(庶母)인 남자(男子)와 불화하여, 그녀를 죽이려다가 영공의 노여움을 사 진(晉)나라로 도망하였다. 뒤에 영공이 죽

으면서 아들 영(郢)에게 자리를 이으라 하였으나, 영(郢)은 괴외(蒯
聵)의 아들 첩(輒)이 있으므로 해서 망설였다.

괴자우蒯子羽 구체적으로는 알 수 없다.

괴통蒯通 초(楚)나라 한전(漢戰) 때의 변사. 한신(韓信)의 조반(造叛)
을 부추기다 고조(高祖)에게 잡혔으나, 고조가 그의 언변을 듣고
살려 주었다. 언론(言論)·유세(游說)에 뛰어나 지금의 《전국책(戰
國策)》이 그의 찬집(撰集)이 아닌가 여기는 설도 있다.

굉요閎夭 주(周)나라 문왕(文王)의 신하

교혁膠革 주왕(紂王)의 신하.

구계咎季 불상(不詳).

구범咎犯 《좌전(左傳)》희공(喜公) 24년(B.C. 636)에는 구범(舅犯)으
로 실려 있다. 중이(重耳)의 외삼촌. 호언(狐偃)으로도 불린다. 자
(字)는 자범(子犯). 그래서 구범(咎犯)으로 불린 것.

구오자丘吾子 《한시외전(韓詩外傳)》에는 고어(皐魚)로 실려 있다.

구천勾踐 중국 춘추시대 월(越)의 왕(B.C. 497~465 재위). 월은 구
천의 부친 윤상(允常) 때부터 인접국 오(吳)와 숙적관계에 있었다.
부친이 세상을 떠난 후 구천은 쳐들어 온 오왕 합려(闔閭)를 격퇴.
전사시키는 쾌거를 올렸다. 그러나 B.C. 494년 합려의 유언을 받고
침략해 온 아들 부차(夫差)에게 패하고, 회계산(會稽山)에서 굴욕적
인 강화를 맺어야만 했다. 그뒤 명신(名臣) 범려(范蠡)와 함께 군비
를 증강하고 힘을 키우며 와신상담(臥薪嘗膽)하기를 20년. B.C.
473년 구천은 드디어 부차를 물리쳐 자살하게 함으로써 복수에 성
공했다. 그뒤 월의 국력은 더욱 막강해져 구천은 패왕(覇王)이라는
칭호를 얻었다.

굴건屈建 초(楚)나라 공왕(恭王)의 신하. 자는 자목(子木). 초(楚)나
라 영윤(令尹)을 지냈다.

굴경屈景 초(楚)나라 출신으로 연(燕)나라에서 벼슬하였다.

굴의구屈宜咎 한(韓)나라 소후(昭侯)의 신하인 듯하다. 《사기(史記)》
에는 굴의구(屈宜臼)로 실려 있다.

굴춘屈春 초(楚)나라의 대부(大夫)로 여겨진다.

굴후부屈侯鮒 굴후부(屈侯附)라고도 쓰며, 적황(翟黃)에 의해 위(魏)

나라의 문후(文侯)에게 추천되었다.

궁지기宮之奇 춘추시대 우(虞)나라의 대부(大夫). 진(晉)나라의 순식(荀息)이 괵(虢)을 치겠다고 우(虞)나라에 길을 빌려 달라고 했을 때, 이의 부당함을 간(諫)하다가 우공(虞公)이 간언(諫言)을 받아들이지 않자 망할 것을 예견하고 우(虞)나라를 떠났다. 뒤에 진(晉)나라는 과연 우(虞)나라와 괵(虢)나라를 함께 멸망시켰다.

궤범机氾 노(魯)나라 선비. 기범(機氾)으로 잘못 쓴 것도 있다.

귀곡자鬼谷子 전국시대의 종횡가(縱橫家). 성(姓)·사적(事跡) 모두 미상. 그가 숨어 살던 귀곡(鬼谷)을 따서 호(號)로 삼았다. 소진(蘇秦)·장의(張儀)의 스승. 종횡설(縱橫說)의 법(法)을 기술한 《귀곡자(鬼谷子)》3권은 그가 지은 것이라고도 하며, 또는 위작(僞作)이라고도 한다.

규糾 환공(桓公, 小白)의 형. 제(齊)나라 양공(襄公)의 실정(失政)으로 공손무지(公孫無知)가 들어서자 관중(管仲)과 소홀(召忽)을 데리고 노(魯)나라로 망명하였다가, 뒤에 동생 소백(小白)보다 앞서 왕이 되려다 실패하였다. 한편 소백은 포숙(鮑叔)이 모시고 거(莒)로 망명하였다. 관중(管仲)이 소백(小白)을 죽이고, 공자(公子) 규(糾)를 임금으로 세우려 하였으나 실패하였다.

균로箘簵 미죽(美竹)으로 만든 좋은 화살. 실을 매어 새를 사로잡음.

극씨郤氏 진(晉)나라 공족(公族)인 헌자(獻子)의 후손.

극지郤至 중항헌자(中行獻子)의 가신(家臣). 진(晉)나라 경공(景公) 때의 온대부(溫大夫). 그래서 온계(溫季)로도 불린다.

금골리禽滑釐 제자백가(諸子百家) 가운데 묵가(墨家)의 인물. 묵자(墨子)의 제자. 혹은 자하(子夏)의 제자라고도 한다.

기夔 요(堯)임금 때에 음악을 관장하였다.

기棄 ⇒ 후직后稷

기기騏驥 하루에 천리를 달린다는 전설상의 명마(名馬). 천리마(千里馬).

기량杞梁 춘추시대 때 제(齊)나라의 대부(大夫)로 이름은 식(殖).

기보己父 《국어(國語)》에 주공(周公) 기보(忌父)라 하였다.

기사자祁射子 진(秦)나라 혜왕(惠王) 때의 유세객.《여씨춘추(呂氏春

秋)》에는 사자(謝子)로 실려 있으며, 묵학(墨學)을 공부한 인물이라 하였다.

기자箕子　은(殷)나라 주(紂)의 서형(庶兄). 주(紂)의 폭정을 간언하였다가 들어 주지 않자 거짓 미친 흉내를 내며 피해 버렸다. 은나라가 망한 후 조선에 도망하여 기자조선을 창업하였다 한다.

기주錡疇　주(周)나라 위공(威公) 때의 인물.《여씨춘추(呂氏春秋)》에는 의시(義蒔)로 실려 있다.

기질棄疾　초(楚)나라 강왕(康王)의 막내동생. 후에 형인 영왕(靈王)을 쫓아내고 자신이 군주가 되었다. 평왕(平王).

기해祁奚　춘추시대 진(晉)나라의 대부(大夫). 진(晉) 도공(悼公) 때 중군위(中軍尉)를 지냈다.

기후祁侯　이름은 타(它). 기후증하(祁侯繒賀)의 손자.

난격欒激　전국시대 조간자(趙簡子)의 영신(佞臣). 鸞·欒 등으로도 보인다.

난영欒盈　춘추시대 진(晉)나라의 대부(大夫). 난회자(欒懷子)라고도 부른다.

난지欒枝　진(晉)나라 문공(文公)의 신하. 대부(大夫).

난회자欒懷子　한(韓)나라의 무자(武子)를 모신 신하.

남궁경숙南宮敬叔　노(魯)나라의 대부(大夫)인 듯하다.

남궁변자南宮邊子　노(魯)나라의 대부(大夫).《논어(論語)》에는 남궁적(南宮適),《여씨춘추(呂氏春秋)》에는 남궁괄(南宮括)로 실려 있다.

남문자南文子　춘추시대 위(衛)나라의 대부.

남하자南瑕子　구체적으로는 알 수 없으나,《한시외전(韓詩外傳)》에는 남하자(南假子)로 실려 있다.

낭와囊瓦　초(楚)나라의 장수.

노盧　한자로(韓子盧)·동곽준(東郭逡) 등으로 불리는 유명한 명견(名犬).

노생盧生　통일 전 제(齊)나라 출신의 방사(方士).

노석공魯石公　고대 검법(劍法)에 뛰어났던 전설적인 인물.

노애嫪毐　여불위(呂不韋)는 장양왕(莊襄王)이 죽자 태후(太后)와 계속 사통하다가, 진(秦) 시황(始皇)이 커감에 발각이 두려워 이 노애

(嫪毐)를 태후에게 추천하였다. 그뒤 둘 사이에서 두 아이까지 낳게 되었다.

노온서路溫舒 서한(西漢) 때의 법관(法官)으로 자(字)는 장군(長君). 소제(昭帝) 때에 수정위리(守廷尉吏)가 되어 선제(宣帝)가 즉위하자 이 글을 올렸다. 이 글이 채택되어 임회(臨淮) 태수(太守)에까지 올랐다.

노자老子 중국 춘추시대의 사상가. 도가(道家)의 시조. 성은 이(李), 이름은 이(耳). 자는 담(聃) 또는 백양(伯陽). 초(楚)나라 사람. 그는 유교에서 말하는 예제(禮制)나 실천 도덕 등은 쓸데없는 것으로서, 세상이 어지러워지는 것은 사람들이 지식을 지나치게 구하는 때문이라고 하여, 자아를 버리고 무위자연의 도(道)에 따르면 사회는 평화롭게 되며 사람들은 행복하게 된다고 설하여, 자급자족하는 작은 나라를 이상으로 하였다. 또 태고의 황제(黃帝) 시대를 이상으로 하기 때문에 〈황로(黃老)의 도(道)〉라 이르며, 도를 설하므로 도가(道家)라 이르고, 장자(莊子)가 이를 이어받았으므로 노장사상이라 일컬어진다.

노중련자魯仲連子 전국시대 제(齊)나라의 책사. 현인. 자(子)는 그를 높여서 부른 것.

《논어論語》 예로부터 유교의 성전(聖典)으로서 존중되는 사서의 하나. 공자(孔子)의 언행, 제자와 당시 사람과의 문답 및 제자의 언행을 제자들이 모아 엮은 책. 공자 사상의 중심을 이루는 효제(孝悌)와 충서(忠恕)를 바탕으로 하여 인(仁)의 도를 설명하였으며, 사람의 살아가는 방법이나 정치·교육 등에 큰 영향을 끼쳤다.

뇌畾 한(韓)나라 무자(武子)의 신하. 음은 〈뢰〉.

단간목段干木 전국시대 예성인(芮城人). 위(魏)나라 문후(文侯)의 스승. 전자방(田子方)·복자하(卜子夏) 등과 같이 문후(文侯)를 보필하였다.

단규段規 조(趙)나라 사람.

단주丹朱 요(堯)임금의 아들. 순(舜)임금이 그를 방(房) 땅에 봉하였다.

당고唐姑 혜문왕(惠文王)의 신하. 《여씨춘추(呂氏春秋)》에는 당고과(唐姑果)로 실려 있다.

당숙唐叔 주초(周初) 당숙(唐叔)이 진(晉)에 봉해졌다. 즉 진(晉)나라의 시조.

당앙唐鞅 전국시대 송(宋)나라 강왕(康王)의 신하.

당저唐雎 전국시대 위(魏)나라 사람. 제(齊)·초(楚)가 위(魏)를 공격하자 계책을 세워 위(魏)를 구하였다.

당차唐且 전국시대 인물. 《사기(史記)》 위세가(魏世家)에는 당저(唐雎)로 실려 있다. 뒤에 상경(上卿)이 되었다.

대업大業 진(秦. 嬴氏)과 조씨(趙氏)의 시조. 고양씨(高陽氏)의 손녀인 여서(女壻)가 현조(玄鳥)의 알을 먹고 대업(大業)을 낳았다 한다.

도숙호陶叔狐 중이(重耳)를 따라 망명하였던 인물.

도안가屠岸賈 진(晉)나라의 대부. 조씨(趙氏)를 멸하였다가 뒤에 죽음을 당하였다. 〈도안고〉로도 읽는다.

도여屠餘 진(晉)나라의 태사(太史). 《여씨춘추(呂氏春秋)》에는 도서(屠黍)로 실려 있다.

도오道吾 구체적으로는 알 수 없다.

도올檮杌 《국어(國語)》 주(注)에 곤(鯀)이라 하였다. 혹설로는 전욱(顓頊)의 못난 아들 이름이라고도 하고, 혹은 호랑이의 일종으로 그 털의 길이가 2척이나 되며, 인면호족저아(人面虎足猪牙)에 미장팔척(尾長八尺)의 맹수라고도 한다.

도척盜跖 고대의 강도.

독주犢犫 춘추시대 진(晉)나라의 대부(大夫).

돈윤豚尹 초(楚)나라 대부(大夫).

동곽아東郭牙 제(齊)나라 환공(桓公)의 신하. 동곽수(東郭垂).

동곽자혜東郭子惠 《간자(荀子)》에는 남곽혜자(南郭惠子), 《상서대전(尙書大傳)》에는 동곽자사(東郭子思)로 실려 있다.

동려자東閭子 동려(東閭) 성을 가진 어떤 인물.

동안우董安于 조맹(趙孟)을 섬겼던 순영(荀盈)이라는 인물. 매우 영특하여 조(趙)나라를 위해 자살하자 사당을 세워 주었다. 춘추시대 조씨(趙氏)의 가신(家臣).

동제백화銅鞮伯華 공자(孔子)의 제자. 동제(銅鞮)가 성(姓), 백화(伯華)는 이름.

동충董忠 한(漢)나라 선제(宣帝) 때의 대신(大臣)으로서, 곽광(霍光)의 세력을 물리친 공으로 봉(封)을 받았다.

두백杜伯 주(周)나라 선왕(宣王)의 신하로 충간을 하다가 죽었다.

등석鄧析 춘추시대 정(鄭)나라의 대부(大夫). 명가학설(名家學說)에 뛰어났던 인물. 자산(子産)과 동시대 인물로, 뒤에 자산과 대립하였다가 피살되었다.

등원鄧元 진(陳)나라 영공(靈公)의 신하.

려廬 진(晉)나라의 대부(大夫).

료廖 진(秦)나라의 공자(公子).

막야鏌鋣(莫邪) 고대 칼을 잘 만들던 대장간의 아내. 이들이 만든 칼이 너무 훌륭하여 그 이름을 붙였다.

만장萬章 전국시대 제(齊)나라 사람으로 맹자(孟子)의 제자.

망묘芒卯 맹묘(孟卯). 제(齊)나라 사람. 위(魏)나라 재상.

매買 노(魯)나라 공자(公子).

매승枚乘 자는 숙(叔). 문장가(文章家). 사부(辭賦)로 널리 알려진 인물. 특히 칠발(七發)은 부(賦)의 발전에 큰 공을 세웠으며, 본문은 상서간오왕(上書諫吳王)으로 불린다.

맹간자孟簡子 위(魏)나라의 재상을 지낸 인물.

맹상군孟嘗君 전국시대의 제(齊)나라 공족(公族). 성은 전(田)이고, 이름은 문(文)이며, 맹상군은 시호이다. 제(齊)나라 위왕(威王)의 막내아들이며, 선왕(宣王)의 이복동생 정곽군(靖郭君) 전영(田嬰)의 아들로 태어났다. 식객 1천여 명을 거느렸고 위(魏)의 신릉군(信陵君), 조(趙)의 평원군(平原君), 초(楚)의 춘신군(春申君)과 함께 전국시대 말기 4군 가운데 한 사람으로 꼽힌다. 진(秦)나라 소양왕(昭襄王)의 초빙으로 재상이 되었으나 곧 의심을 사게 되어 죽음을 당할 위기에 처했는데, 그의 식객 중에 좀도둑질〔狗盜〕을 잘하는 사람과 닭울음 소리〔鷄鳴〕를 잘 흉내내는 사람이 있어 그들의 도움으로 위기를 모면했다고 하는 고사 계명구도(鷄鳴狗盜)가 유명하다. 제와 위에서 잠시 재상을 지냈고, B.C. 284년 제의 민왕(湣王)이 죽은 후에 자립해 제후가 되었다.

맹손孟孫 노(魯)나라의 권신.

맹의孟儀　증자(曾子)보다 낮은 나이로 제기·그릇 등에 관심이 있었던 듯하다. 《논어(論語)》에는 맹경자(孟敬子)로 실려 있다.

맹자孟子　전국시대의 사상가. 본명은 가(軻), 자는 자여(子輿)·자거(子車, 또는 子居), 시호는 추공(鄒公). 공자의 정통유학을 계승 발전시켰고, 공자 다음의 아성(亞聖)으로 불린다. 그가 내세운 기본 원칙의 핵심은 백성에 대한 통치자의 의무를 강조한 것이다. 《맹자》는 그의 언행을 기록한 것으로서 인간의 성선설(性善說)을 주장하고 있다. 성선설은 현대에 와서도 유교학자들 사이에서 열띠게 논의되고 있는 주제이다.

면구綿駒　춘추시대 제(齊)나라 사람. 노래를 잘하였다.

면자眄子　제(齊)나라의 장수. 제나라 선왕(宣王) 때에 전기(田忌)와 함께 장수를 지냈던 전반자(田盼子)를 말한다.

모牟　위(魏)나라의 공자(公子).

모장毛廧　모장(毛嬙)으로도 쓰며, 고대의 미인. 서시(西施)와 병칭되며, 월왕(越王)의 미희(美姬)라고도 한다.

모초茅焦　제(齊)나라 출신의 책사.

모택母擇　위(魏)나라 문후(文侯)의 신하.

목공穆公〔莒〕　거(莒.지금의 산둥성 경내에 있던 고대 소국)의 임금.

목공穆公〔魯〕　전국시대 노(魯)나라의 군주. 재위 34년(B.C. 407~374).

목공穆公〔繆公, 秦〕　중국 춘추시대의 진(秦)나라 제9대 왕. 이름은 임호(任好). 대부(大夫) 백리해(百里奚)를 등용, 선정을 베풀고 국력을 신장하여 국토를 넓혀 천리에 달하였다. 서융(西戎)의 패자(覇者)라 불리었다. 오고대부(五羔大夫), 기하식마(岐下食馬) 등의 고사를 남겼다. 재위 39년(B.C. 659~621).

목문자고木門子高　진(晉)나라의 현대부(賢大夫). 뒤에 위(衛)나라의 경(卿)이 되었다.

목영穆嬴　진(晉)나라 양공(襄公)의 아내이자, 영공(靈公)의 어머니.

목왕穆王(商臣)　초(楚)나라 성왕(成王)의 태자(太子). 뒤에 부왕(父王)인 성왕(成王)을 공격하여 목매달아 죽게 하고, 자신이 왕이 되었다.

목왕穆王〔周〕 소왕(昭王)의 아들. 희만(姬滿). 목천자(穆天子)라고도 부르며, 팔준마(八駿馬)·서왕모(西王母)와의 고사 등을 남긴 임금.

목이目夷(司馬子魚) 송(宋)나라 양공(襄公)의 이복동생. 양공(襄公)을 도와 재상이 되었다. 자어(子魚). 송(宋)나라의 공자(公子). 초(楚)나라와 싸울 때, 양공(襄公)에게 적이 포진하기 전에 쳐부수자고 제의하였다. 송양지인(宋襄之仁)의 고사를 남겼다.

묘보苗父 상고시대의 신의(神醫)로 주술로써 병을 고치던 시대의 명의(名醫).

묘분황苗賁皇 초(楚)나라 투초(鬪椒)의 아들. 초(楚)나라가 투씨(鬪氏)를 멸하자 진(晉)나라로 도망하였다. 식읍(食邑)이 묘(苗) 땅이었다.

무기無忌 ⇒ 신릉군信陵君

무령왕武靈王 전국시대 조(趙)나라를 부흥시키기 위해 애쓴 임금. 재위 27년(B.C. 325~299). 호복(胡服) 착용의 고사로 유명하다.

무마기巫馬期 이름은 시(施), 자(字)는 기(期). 공자(孔子)의 제자.

무왕武王 B.C. 12세기 중국에서 활동한 주(周: B.C. 1111~255)의 창건자이며, 제1대 황제(B.C. 1111~04 재위). 이름은 희발(姬發). 후대의 유학자들은 그를 현군(賢君)으로 평가했다. 아버지 문왕(文王)의 뒤를 이어 서쪽 변경에 있던 도시국가 주의 우두머리가 되었다. 서백(西伯)이라는 칭호를 사용했던 문왕 때부터 은나라(殷: B.C. 18~12세기)를 무너뜨릴 계획을 세웠다. 무왕은 아버지의 뒤를 이어 다른 8개의 변경국가들과 연합하여 은의 마지막 황제이며 폭군이던 주왕(紂王)을 몰아냈다. 은과의 마지막 전투는 대단히 치열했다고 한다. 은의 생존자들은 한반도 같은 먼 지역으로 달아나 이들 지역에 중국 문화를 전파한 것으로 보인다. 무왕은 주를 세우고 나서 동생 주공(周公)의 도움을 받아 봉건적인 통치제도를 수립함으로써 통치권을 강화했다. 이 제도는 주의 종주권을 인정한다는 전제하에 왕실 친척들과 가신(家臣)들에게 영토를 나누어 주는 것이었다. 싸움에서 패한 은조차도 속죄의 대가로 이전의 지배영역 가운데 작은 지역을 나누어 받았다.

무자武子〔韓〕 춘추 말기와 전국 초기! 삼진(三晉) 분립시대의 한(韓)

나라 지도자.

무자승武子勝 조간자(趙簡子)를 모신 신하.

무정武丁 중국 은(殷)나라의 제23대 왕. 59년간 재위했으며, 시호는 고종(高宗)이다. 반경(盤庚)의 아우인 소을(小乙)의 아들로, 어릴 적에 민간에서 자라 백성들의 사정을 잘 알고 있었다고 전해진다. 즉위한 후에 노예 부열(傅說)을 등용해서 보좌로 삼고 감반(甘盤)을 대신으로 삼았다. 농업생산을 중시하고 힘써 부강을 도모해 훌륭한 정치를 폈다. 무정은 제후의 군대를 규합해, 연달아 국경을 침범해 오던 서북 지방의 강(羌)·홍방(洪方)·귀방(鬼方)·토방(土方), 남쪽 변방의 호방(虎方)·형초(荊楚). 동남 지방의 이(夷)를 차례로 토벌했는데 모두 크게 승리를 거두었다. 무정의 통치기간은 은의 최고 번영기였다. 농사 시기를 놓치지 않도록 친히 명령을 내려 씨를 뿌리게 했으며, 이를 위해 역법(曆法)을 고쳤다. 이 시기의 갑골문(甲骨文)의 복사(卜辭) 가운데에서 연말의 윤달을 〈13월〉이라고 부른 것이 발견되었다.

무중武仲 ⇒ 장무중臧武仲

무후武侯〔魏〕 위(魏)나라의 무후(武侯). 재위 26년(B.C. 395~370). 문후(文侯)의 아들로 오기(吳起)·전자방(田子方)·서문표(西門豹) 등을 등용하여 개혁정치를 편 명군.

묵자墨子 중국 춘추시대 노(魯)나라의 철학자·사상가. 이름은 적(翟). 제학파의 하나인 묵가(墨家)의 시조. 난세의 원인은 사람에게 사랑이 결여된 것이라 하여, 서로 사랑하여 다른 사람에게 이롭게 하면 하늘의 의사와 일치되어 천하는 태평하다는 겸애설(兼愛說)을 주장. 실행방법으로는 근검을 권하고 생활의 간소화를 주장. 묵적(墨翟).

문강文姜 노(魯)나라 환공(桓公)의 부인. 제(齊)나라 양공(襄公)과 사통(私通)하여 노나라 환공의 노여움을 샀다. 이에 양공(襄公)이 공자(公子)인 팽(彭)으로 하여금 환공(桓公)을 죽이게 하였다.

문공文公〔邾〕 주(邾)나라의 임금. 주(邾)는 지금의 산동성(山東省) 추현(鄒縣)에 있던 나라. 뒤에 추(鄒)로 나라 이름을 바꾸었다.

문공文公〔晉〕 중국 춘추시대 진(晉)나라 군주(B.C. 638~628 재위)

로 춘추오패(春秋五覇)의 하나. 이름은 중이(重耳). 진 헌공(獻公)의
아들로, 헌공이 어린 이복동생을 후계자로 바꾸는 바람에 국외로
도망 가 19년을 보냈다. 나중에 진(秦)나라에서 돌아와 즉위했다.
정치기강을 바로잡고 군대를 확충하며 통치에 전념해 국력을 증강
시켰다. B.C. 635년 군대를 보내 주(周) 왕실의 내란을 평정하고
주 양왕(襄王)을 모셔다 복위시키고 존왕(尊王)을 호소하면서 정치
위신을 수립했다. 이후 제(齊)·진(秦)·송(宋) 등의 나라들과 연합
해서 초(楚)와의 패권을 다투었다. B.C. 632년 성복회전(城濮會戰.
성복은 지금의 산둥 성〔山東省〕 쥐안청〔鄄城〕 린푸지〔臨濮集〕)에서 초
나라 군대에 크게 승리했다. 그해 겨울 천토(踐土. 지금의 허난 성
〔河南省〕 잉양〔滎陽〕의 동북)에서 많은 제후들을 모아 놓고 패주(覇
主)가 되었다.

문신후文信侯 ⇒ **여불위**呂不韋

문왕文王〔楚〕 춘추시대 초(楚)나라의 임금. 재위 13년(B.C. 689~
677).

문왕文王〔周〕 B.C. 12세기 중국 주(周: B.C. 1111~256/255)의 창건
자인 무왕(武王)의 아버지. 서백(西伯)이라고도 함. 유교 역사가들
이 칭송하는 성군(聖君) 가운데 하나이다. 문왕은 중국 서부 국경
에 위치한 주의 통치자였는데, 이 나라는 오랫동안 문명화된 중국
과 유목침략자들 사이의 전쟁터가 되어 왔다. B.C. 1144년에 그는
서백이라는 칭호를 갖게 되었으며, 은나라(殷: B.C. 18~12세기)를
위협하기 시작했다. 1144년에는 은의 마지막 왕인 주왕(紂王)에게
포로로 잡혀 감옥에 갇혔다. 3년간 감옥에 있으면서 유교의 고전인
《역경(易經)》의 괘사(卦辭)를 지었는데, 《역경》의 점(占)에 기반이
되는 8괘(卦)는 이미 오래 전부터 있었던 것으로 보인다. 문왕은
주나라 사람들이 미녀 1명, 좋은 말 1필, 4대의 전차(戰車)를 몸값
으로 지불해 풀려났다. 주나라에 돌아와 그 시대의 잔인함과 타락
상에 대해 비판하며 남은 생을 보냈다. 그의 사망 직후 아들이며
후계자인 무왕이 은을 멸망시키고 주를 세웠다.

문자文子 춘추시대 위(衛)나라의 장군. 대부(大夫).

문종文種 월(越)나라의 대부(大夫). 초(楚)나라의 추(鄒) 땅 사람. 자

(字)는 회(會). 범여(范蠡)와 함께 구천(勾踐)을 잘 받들어 오(吳)나라를 멸하였다. 그러나 뒤에 구천(勾踐)의 미움을 받아 죽음을 당하였다.

문후文侯〔魏〕 전국시대 위(魏)나라의 영명한 군주로, 개혁정책을 처음으로 펴서 칠웅(七雄) 중에 최초로 부국강병을 꾀하였다. 재위 50년(B.C. 445~396). 이름은 사(斯)이며, 《사기》에는 도(都)로 실려 있다. 그는 복자하(卜子夏)·단간목(段干木)·전자방(田子方) 등을 보필로 삼았다.

문후文侯〔晉〕 춘추시대 진(晉)나라 군주. 재위 35년(B.C. 780~746).

미자微子 은(殷)나라 주왕(紂王)의 신하. 공족(公族). 무왕(武王)이 은(殷)을 멸한 후 은(殷)의 제사를 잇도록 그 자리에 봉하였다. 그리하여 그 나라 이름을 송(宋)이라 하여 시조가 되었다.

미자하彌子瑕(彌子) 위(衛)나라 영공(靈公) 때의 총신(寵臣). 대부(大夫).

민왕閔王(湣王) 전국시대 제(齊)나라의 군주. 재위 17년(B.C. 323~284). 많은 실정으로 나라를 어지럽혔다.

민자건閔子騫 공자(孔子)의 제자. 민손(閔損).

반경盤庚〔殷〕 은(殷)나라의 제27대 왕. 은조(殷朝) 중흥(中興)의 명군(名君). 도읍을 은(殷)으로 옮기고, 백성을 잘 다스려 국운을 부흥시켰다. 재위 28년.

반지潘阯 주(周)나라 문왕(文王)·무왕(武王) 때의 인물.

방몽逄蒙 고대의 활의 명수(名手). 봉몽(逢蒙)으로도 쓴다.

방축보逄丑父 제(齊)나라 대부.

방풍씨防風氏 하(夏)나라 때의 제후(諸侯). 키가 큰 인종. 하우씨(夏禹氏)가 천자(天子)가 되어 회계산(會稽山)에서 제후(諸侯)들을 불러 모았을 때, 중주(中州)의 제후인 방풍씨가 가장 늦게 도착하여 우(禹)임금이 방풍씨의 목을 쳐서 위엄을 보이자, 천하의 제후들이 모두 복종하였다.

백공白公 ⇒ 승勝

백규白圭 전국시대 위(魏)나라 사람으로서(혹은 주나라 사람이라고도 한다) 시변(時變)에 능통하였으며, 장사를 해서 부자가 된 인물.

백금伯禽 주공(周公)의 아들. 아버지 주공(周公) 단(旦)을 이어 노(魯)나라에 봉해졌다. 재위 46년간 노(魯)나라를 잘 다스렸다.

백락伯樂 백락(伯樂)은 원래 별 이름으로 천마(天馬)를 관장하였다. 흔히 지기(知己)·지인(知人). 어떤 사물을 꼭 알아서 인정해 주는 사람으로 알려져 있다. 한편 진(秦)나라 목공(穆公) 때 말에 대해서 잘 알던 손양(孫陽)을 일컫기도 한다. 《전국책(戰國策)》에 백락일고(伯樂一顧)의 고사(故事)가 실려 있다.

백리해百里奚 춘추시대 우(虞)나라 사람. 자(字)는 정백(井伯). 우공(虞公)을 섬겨 대부(大夫)가 되었다. 우나라가 진(晉)나라에게 망하였을 때 포로가 되었다가 초(楚)나라로 달아나 그 나라 사람에게 잡혔는데, 진(秦)나라의 목공(穆公)이 그가 어질다는 소문을 듣고 검은 암양 다섯 마리의 가죽, 곧 오고양피(五羖羊皮)를 몸값으로 주고 신하를 삼아 국정을 맡겼으므로 오고대부(五羖大夫)라 일컬었다. 진나라의 목공이 오패(五覇)의 한 사람이 된 것은, 그의 공에 힘입은 바가 크다.

백비伯嚭 자는 자여(子餘). 진(晉)나라 대부(大夫)인 백종(伯宗)의 증손으로 초(楚)나라 태재(太宰)였던 백주리(伯州犁)의 손자. 초(楚)나라를 떠나 오(吳)나라에 망명하여 부차(夫差)의 신임을 얻었으며, 오자서(伍子胥)의 반대에도 아랑곳 없이 월(越)나라 문종(文種)과 범여(范蠡)의 뇌물을 받았다.

백상건栢常騫 제(齊)나라 경공(景公)의 신하. 재이(災異)를 믿었던 인물. 백상건(柏常騫)으로도 실려 있다.

백아伯牙 춘추시대 거문고를 잘 탔던 인물. 백아절현(伯牙絶絃)—참다운 벗의 죽음을 이르는 말. 옛날 백아가 거문고를 잘 타고, 종자기가 이를 듣기를 좋아하였는데, 종자기가 죽은 후엔 백아가 절망한 나머지 거문고의 줄을 끊고 다시는 타지 않았다는 옛일에서 온 말.

백양보伯陽父 주(周)나라 때의 태사(太史) 백양(伯陽).

백유伯兪 효성이 지극한 인물로서 한백유(韓伯兪)로도 불린다.

백이伯夷 은(殷)나라 고죽국(孤竹國)의 왕자. 아우 숙제(叔齊)와 왕위를 양보하다가, 주(周)나라 서백창(西伯昌, 즉 文王)의 어짊을 듣고 주(周)나라로 왔다. 그러나 문왕(文王)이 죽고 아들 무왕(武王)

이 아버지의 신위를 모시고 은(殷)을 치려는 것을 보고, 옳지 못하다 여겨 말렸으나 듣지 않자 수양산(首陽山)에 들어가 고사리를 캐 먹으며 살다가 죽었다고 한다.

범문자范文子 진(晉)나라 육경(六卿)의 하나. 이름은 사섭(士燮). 진(晉)나라 경공(景公) 때의 대부(大夫).

범여范蠡 춘추시대 말기의 월왕(越王) 구천(句踐)의 충신. 초(楚)나라 사람. 자는 소백(小伯). 월왕 구천을 도와, 오왕(吳王) 부차(夫差)를 죽여 회계(會稽)의 치욕을 씻게 하였다. 뒤에 제(齊)나라에서 크게 치부(致富)하여, 소위 도주공(陶朱公)의 부(富)를 쌓았다.

범저范雎(應侯) 전국시대의 위(魏)나라 사람. 원교근공책(遠交近攻策)을 진(秦)의 소양왕(昭襄王)한테 진언하여 재상이 되고, 응후(應侯)에 봉해졌다. 범저(范雎)를 흔히 범수(范睢)라고 읽는데, 이는 잘못이다.

범좌范座 위(魏)나라의 재상. 《전국책(戰國策)》에는 범좌(范座). 《전국책》에 의하면, 우경(虞卿)이 조(趙)나라의 효성왕(孝成王)에게 범좌(范座)를 없앨 것을 요구하여 부추겼다.

범환자范桓子 춘추시대 진(晉)나라 육경(六卿)의 하나. 당시 진(晉)나라의 대권을 쥐고 있었다.

병길邴吉 병길(丙吉)로도 쓰며, 자는 소경(少卿). 선제(宣帝)가 아기였을 때, 태자의 일에 연루되어 옥에 갇혔다. 이때 병길(邴吉)이 그를 구해 주어 뒤에 황제(皇帝)에 등극하였다. 선제(宣帝)가 즉위하자 병길(邴吉)은 승상이 되었고, 뒤에 박양후(博陽侯)에 봉(封)해졌다.

병촉邴歜 춘추시대 제(齊)나라의 신하.

보신保申 문왕(文王)의 아버지인 무왕(武王, 재위 B.C. 740~690) 때부터의 신하였던 노신(老臣). 《여씨춘추(呂氏春秋)》에는 신(申)으로 실려 있다.

복자僕子 미상(未詳).

복자천宓子賤 공자(孔子)의 제자. 자천(子賤), 복부제(宓不齊)라고도 쓴다.

복자하卜子夏 ⇒ 자하子夏

봉활逢滑 진(陳)나라 회공(懷公)의 신하.

봉도封荼 적(翟)나라 출신인 듯하다.

봉몽逢蒙(逄蒙) 고대에 활을 잘 쏘았던 인물. 방몽(逄蒙)으로도 쓴다.

부리符里 자세히 알 수 없다.

부열傳說 은(殷)나라 고종(高宗, 武丁)을 도운 명신(名臣). 고종이 어
    느 날 꿈에서 깨어 꿈에 본 인상(人相)을 그리게 하여 이를 찾았던
    바, 마침내 부암(傅巖)의 들에서 부열을 찾았다고 한다.

부차夫差 합려(闔廬)의 아들. 춘추 말기 오(吳)나라의 군주. 합려(闔
    廬)의 뒤를 이어 왕이 되었다. 재위 23년(B.C. 495~473). 오자서
    (伍子胥)를 써서 흥하였으나, 뒤에 월왕(越王) 구천(勾踐)에게 망하
    였다.

북곽소北郭騷 북곽(北郭)이 성씨(姓氏). 제(齊)나라 북곽자거(北郭子
    車)의 후예.

북곽조발자北郭垣勃子 제(齊)나라 위왕(威王)의 신하인 듯하다.

북문가北門可 북문(北門)은 성씨(姓氏), 가(可)는 이름. 위(魏)나라
    문후(文侯)의 신하.

분성자盆成子 분성(盆成)은 성씨(姓氏).

분양奮揚 원래 성보(城父)의 사마(司馬). 태자(太子) 건(建)을 죽이라
    는 명령을 받았다.

비濞 오(吳)나라에 봉해졌던 유비(劉濞).

비嚭 백비(伯嚭).

비간比干 은(殷)나라의 마지막 왕인 주(紂)의 숙부. 주왕의 악정(樂
    政)을 간언하자, 주왕이 화를 내며 성인(聖人)에게는 심장에 일곱
    개의 구멍이 있다는데 어디 살펴보자 하며 배를 갈라 죽였다 한다.

비심裨諶 정(鄭)나라의 대부(大夫). 모책에 뛰어났던 인물.

비중費仲 은(殷)나라 주왕(紂王)의 신하.

빈서무賓胥無 제(齊)나라 환공(桓公)의 신하.

사강師強 〈군사가 강하다〉라는 뜻을 사람 이름에 붙인 것. 채(蔡)나라
    의 사신.

사경師經 위(魏)나라 문후(文侯)의 신하로 악관(樂官)이었던 듯하다.

사광師曠 진(晉)나라의 평공(平公)을 모신 악사(樂師). 악광(樂曠)으로
    도 부른다. 정치에 탁견을 가지고 있었다. 평공(平公)의 사부(師傅).

사구師懼 노(魯)나라 양공(襄公)의 신하.

사궐赦厥 조간자(趙簡子)의 신하.

사리史理 주(周)나라 위공(威公)의 간신(諫臣). 《여씨춘추(呂氏春秋)》
  에는 사린(史驎)으로 실려 있다.

《사마법司馬法》 춘추시대 사마양저(司馬穰苴)가 지은 병법서(兵法書).

사마양저司馬穰苴 춘추시대 제(齊)나라의 장군. 본성은 전씨(田氏).
  대사마(大司馬)를 지냈으므로 사마양저(司馬穰苴)라 칭한 것.

사마자기司馬子期 초(楚)나라의 대부(大夫)로 백공(白公)의 난 때
  죽었다. 사마(司馬)는 관직 이름.

사마자기司馬子綦 초(楚)나라 소왕(昭王)의 신하.

사마자반司馬子反 초(楚)나라 장왕(莊王)의 신하. 정경공자(正卿公子)
  인 측(側)의 자(字).

사마자어司馬子魚 ⇒ 목이目夷

사마희司馬喜 송(宋)나라 출신으로 뒤에 중산(中山)의 재상이 되었다.

사문백士文伯 진(晉)나라의 신하.

사부리史附里 제(齊)나라 환공(桓公) 때의 인물.

사성정자司城貞子 송(宋)나라의 현대부(賢大夫)라고 《맹자(孟子)》에
  실려 있으나, 진(陳)나라의 대부(大夫)이어야 옳을 듯하다.

사수史叟 공숙문자(公叔文子)의 친구나 수하(手下)인 듯하다.

사수四水 월왕(越王) 구천(勾踐)의 신하.

사암史黯 조간자(趙簡子)의 신하. 춘추시대 진(晉)나라의 태사(太史).

사염史黶 조간자(趙簡子)의 신하. 《사기(史記)》에는 사염(史厭)으로
  실려 있다. 사암(史黯)·사묵(史墨)·채묵(蔡墨) 등으로도 불린다.

사은史嚚 춘추시대 괵(虢)나라의 대부(大夫).

사정백士貞伯 사정자(士貞子)·사악탁(士渥濁)·사백(士伯) 등으로
  불리며, 진(晉)나라 소공(昭公)의 신하.

사줄士茁 지백(智伯)의 가신(家臣).

사추史鰍 위(衛)나라 영공(靈公)의 태사(太史). 자는 자어(子魚).

사추史鰌 위(衛)나라 영공(靈公)의 신하. 시간(尸諫)으로 유명했던
  인물. 사어(史魚). 자(字)는 자어(子魚).

산융씨山戎氏 북쪽 변방(오늘날의 내몽고·외몽고 지역)에 있던 이민

족. 흉노(凶奴)·훈육(勳育) 등으로도 쓴다.

산의생散宜生　주(周)나라 때의 현인(賢人). 서백창(西伯昌, 文王)이
　어진 이를 잘 봉양한다는 소문을 듣고 굉요(閎夭)와 함께 주(周)나
　라로 찾아와 문왕(文王)·무왕(武王)을 도왔다.

삼묘씨三苗氏　중국 남방의 민족. 지금의 호남성(湖南省) 계동(溪峒)
　근처에 살았다.

상공殤公〔宋〕　춘추시대 송(宋)나라의 군주. 재위 9년(B.C. 719~
　711).

상서尚書　십삼경(十三經)의 하나. 《서경(書經)》.

상신商臣 ⇒ 목왕穆王

상자商子　당시의 고사(高士). 현인(賢人)인 듯하다.

상창常摐　노자(老子)의 스승. 상용(商容)이 아닌가 한다.

상해우上解于　초(楚)나라 평왕(平王)의 신하.

《서경書經》　중국 고대 오경(五經) 가운데 하나. 《상서(尚書)》라고도
　한다. 《서경》은 일부는 후대에 쓰였다고 밝혀졌지만, 이 부분을 제
　외한 나머지는 중국에서 가장 오래 된 역사서이다. 《서경》은 모두
　58편으로 이루어져 있는데, 그 중 33편을 《금문상서(今文尚書)》라
　부르고, 나머지 25편을 《고문상서(古文尚書)》라 한다. 《금문상서》는
　원래 29편이었지만 일부를 분할하여 편수가 늘어났다. 대부분의 학
　자들은 이것을 B.C. 4세기 이전에 작성된 진본으로 생각하고 있다.
　《고문상서》는 원래 16편으로 이루어져 있었지만 오래 전에 소실되
　었다. 4세기에 나타난 모작(模作)은 원본의 제목을 붙인 16편에 9
　편을 더하여 모두 25편으로 이루어져 있다. 처음의 5편은 중국의
　전설적인 태평시대에 나라를 다스렸다는 유명한 요(堯)·순(舜)의
　말과 업적을 기록한 것이다. 6~9편은 하(夏: B.C. 2205경~1766경)
　나라에 대한 기록이지만, 역사적으로는 아직 명확히 밝혀지지 않고
　있다. 그 다음 17편은 은(殷)나라의 건국과 몰락(B.C. 1122)에 대
　한 기록인데, 은나라의 멸망을 마지막 왕인 주왕(紂王)이 타락한 탓
　으로 돌리고 있다. 주왕은 포악하고 잔인하며 사치스럽고 음탕한
　인물로 묘사되어 있다. 마지막 32편은 B.C. 771년까지 중국을 다스
　렸던 서주(西周)에 대해 기록하고 있다.

서려과西閭過 전국시대의 책사(策士). 유세객(遊說客)으로 여겨진다.

서문표西門豹 전국시대 위(魏)나라 문후(文侯)의 신하. 문후의 개혁 정치에 적극 참여하여 영(令)이 된 후, 그곳에서 수재를 빌미로 하신(河神)에게 처녀를 바치며 백성을 괴롭히던 지방 토호를 물리치고 관개사업을 벌인 일로 유명하다.

서복徐福 무릉(茂陵) 사람으로서, 뒤에 낭중(郎中) 벼슬에 올랐다.

서시西施 춘추시대의 월(越)나라 미인. 월나라의 왕 구천(句踐)이 오(吳)나라에 망한 뒤, 서시를 오나라 왕 부차(夫差)에게 보냈던 바, 부차가 반하여 국사를 돌보지 아니하여 구천과 범소백(范少伯)의 침공을 받아 망하였다.

서지미鉏之彌 진(晉)나라 영공(靈公) 때의 대역사(大力士).《좌전》선공(宣公) 2년에는 서예(鉏麑)로 실려 있다.

석晳 초(楚)나라 공왕(共王)의 아들.

석걸石乞 초(楚)나라 백공(白公) 승(勝)의 참모. 석을(石乙)로도 쓴다.

석익石盆 오(吳)나라의 대부(大夫)인 듯하다.

선씨單氏 성왕(成王)이 멸(蔑)을 선읍(單邑)에 봉하여 주(周)나라 공신(功臣)이 되었다.

선왕宣王〔齊〕 전국시대 전씨제(田氏齊)의 왕. 성은 전(田), 이름은 강(疆). 제후(諸侯)로서 왕(王)을 참칭하였다. 재위 19년(B.C. 319~301).

선왕宣王〔周〕 서주(西周) 때의 임금. 희정(姬靜). 재위 46년(B.C. 827~782).

선자宣子 위(魏)나라 군주.《사기(史記)》에는 위(魏) 선자(宣子)가 없으며, 한(韓)·조(趙)와 연합하여 지백(智伯)을 멸망시킨 인물은 위(魏) 환자(桓子)이다.《전국책(戰國策)》에는 위(魏) 환자(桓子)로 실려 있다.

선제宣帝 ⇒ 효선황제孝宣皇帝

선진先軫(原軫) 춘추시대 진(晉)나라의 대부. 문공(文公)의 신하. 식읍(食邑)이 원(原) 땅이어서 원진(原軫)으로도 불리며, 용병(用兵)에 뛰어났던 인물.

선쾌單快 생애는 자세히 알 수 없다.

설契 은(殷)나라의 시조. 고신씨(高辛氏)의 아들로 우(禹)의 치수(治水)를 도와 공을 세웠으며, 후에 상(商)에 봉해져 자(子)라는 성(姓)을 받았다. 오륜(五倫)을 정하였다.

설야泄冶 춘추시대 진(陳)나라 영공(靈公)의 신하로서, 영공에게 간언을 하다가 죽었다. 《좌전(左傳)》에는 설야(洩冶)로 실려 있다.

섭공葉公 섭(葉) 땅의 군주. 섭(葉)은 고대의 읍명(邑名)으로 춘추시대 초(楚)나라 땅. 전국시대 진(秦)나라 소양왕(昭襄王) 15년(B.C. 292)에 이를 빼앗은 다음 섭양(葉陽)으로 고쳤다.

섭타涉他 조간자(趙簡子)의 신하. 《좌전(左傳)》에는 섭타(涉佗)로 실려 있다.

성공成公〔晉〕 춘추시대 진(晉)나라의 군주. 재위 7년(B.C. 606~600).

성공건成公乾 초(楚)나라의 대부(大夫)인 듯하다.

성공조成公趙 구체적인 사적이나, 이 사건의 발단·배경·원인 등에 대해서는 자세히 알 수가 없다.

성단成摶 춘추시대 진(晉)나라의 신하(臣下).

성보成父 제(齊)나라 환공(桓公)의 왕자(王子).

성보成父 위(魏)나라의 공자(公子).

성왕成王(姬誦) 주(周)나라 초기 무왕(武王, 姬發)의 아들. 주공(周公) 단(旦)의 조카. 어려서 임금이 되어 주공(周公)의 보필을 받았다.

성왕成王〔楚〕 춘추시대 초(楚)나라의 군주. 재위 46년(B.C. 671~626).

성탕成湯 ⇒ 탕湯

성하成何 조간자(趙簡子)의 신하.

성회成回 춘추시대의 제(齊)나라 사람. 자로(子路)보다 훨씬 연장(年長)이었다.

성후경成侯卿 제왕(齊王)의 재상인 성후(成侯) 추기(鄒忌). 음양가(陰陽家)이기도 하다.

세숙世叔 간공(簡公)의 신하.

소공召公(邵公) 고대 중국 주(周)나라 초기의 정치가. 문왕(文王)의 서자(庶子)이며, 무왕(武王)의 아우인 석(奭). 성왕(成王)을 도와 주나라의 기초를 만들고, 산둥반도의 이족(夷族)을 정벌하여 동방(東方) 경로(經路)의 사업을 이룩하였다.

소공昭公〔晉〕 춘추시대 진(晉)나라 군주. 재위 6년(B.C. 531~526).

소사경少師慶 장왕(莊王)의 신하. 정리(廷理)의 이름인 듯싶다. 소사(少師)는 복성, 경(慶)은 이름.

소왕昭王〔燕〕 전국시대의 연(燕)나라를 부흥시켰던 임금. 연왕(燕王) 쾌(噲)를 이어 왕이 되었다. 재위 33년(B.C. 311~279). 연(燕)나라는 소공석(召公奭)을 시조로 하며, 춘추전국시대를 거쳐 지금의 베이징〔北京〕을 중심으로 흥했던 나라. 수도는 계(薊).

소왕昭王〔秦〕 전국시대의 진(秦)나라 군주. 재위 56년(B.C. 306~251). 위염(魏冉)·범저(范雎) 등을 등용하여 강국으로 만들었으며, 범저(范雎)의 원교근공책(遠交近攻策)을 이용하였고, 백기(白起)를 장군으로 삼아 병력을 강화하였다. 진(秦) 무왕(武王)의 배다른 아우로 이름은 직(稷).

소왕昭王〔楚〕 춘추시대 초(楚)나라의 임금. 재위 27년(B.C. 515~489). 오(吳)나라의 침입으로 수(隨)나라로 달아났으나, 진(秦)나라의 애공(哀公)이 신포서(申包胥)의 말을 듣고 구원병을 보내 주어 다시 초(楚)나라 왕실을 일으킬 수 있었다.

소왕昭王〔周〕 주(周)나라 성왕(成王)의 손자이며, 강왕(康王)의 아들. 이름은 하(瑕).

소정묘少正卯 춘추시대 노(魯)나라의 대부(大夫). 공자(孔子)가 사구(司寇)가 되어 그를 죽여 버렸다.

소종蘇從 초(楚)나라 장왕(莊王)의 신하.

소진蘇秦 중국 전국시대의 책사(策士)로 종횡가(縱橫家)의 한 사람. 자는 계자(季子). 동주(東周)의 뤄양〔洛陽〕에서 태어나 장의(張儀)와 함께 제(齊)의 귀곡자(鬼谷子)에게 웅변술을 배웠다. 처음에는 진(秦)의 혜왕(惠王)에세 유세했으나 기용되지 않았다. 후에 연(燕)의 문후(文侯)에게 기용되어 동방 6국을 설득하고 합종동맹(合從同盟)을 체결해 진에 대항했다. 공을 인정받아 조(趙)의 우안〔武安. 지금의 허베이 성〔河北省〕에 있음〕에 봉토를 받았으나, 곧이어 참소를 받아 망명했다. 제에서 암살당했다고 한다. 《사기》에 실려 있는 그의 행적에 대해서는 종래부터 신빙성에 문제가 있었는데, 최근 마왕두이〔馬王堆〕한묘(漢墓)에서 출토된 백서(帛書)에 소진에 관한 자료가 발견되어 《사기》의 착오가 분명하게 밝혀졌다.

소하蕭何 한대(漢代) 삼걸(三傑)의 하나. 고조(高祖)를 도와 천하를 다스리고 찬후(酇侯)가 되었다. 한(漢)나라의 율령(律令)은 주로 그가 제정한 것이다.

소흘召忽 관중(管仲)과 함께 공자(公子) 규(糾)를 모시고 노(魯)나라로 망명하였던 인물. 소백(小白)이 왕이 되자 죽음.

소후昭侯〔韓〕 전국시대 한(韓)나라의 군주. 재위 30년(B.C. 362~333). 한(韓)나라는 소후(昭侯) 다음에 왕을 칭하였다. 곧 선혜왕(宣惠王). 한편 소후(昭侯)는 신불해(申不害, 법가사상가)를 재상으로 삼아 나라를 크게 일으켰다.

손경孫卿 ⇒ 순자荀子

손무孫武 고대의 뛰어난 병법가(兵法家). 원래 제(齊)나라 출신으로 합려(闔廬)를 섬겨 오(吳)나라 장수가 되었다. 《손자병법》 13편을 남겼다.

손백孫伯 오(吳)나라의 대부(大夫)인 듯하다.

손숙오孫叔敖 춘추시대 초(楚)나라 장왕(莊王)의 명신(名臣). 음덕양보(陰德陽報)의 고사를 남겼다. 세 번 재상 자리에 올랐으나 희색을 나타내지 않았고, 세 번이나 재상에서 물러나면서도 서운한 표정을 짓지 아니하였다 한다.

손파損頗 초(楚)나라 굴춘(屈春)의 친구.

송宋 춘추시대 정(鄭)나라의 대부(大夫). 자는 자공(子公).

송양지인宋襄之人 송(宋)나라의 양공(襄公)처럼 너무 착하기만 하다가, 도리어 남에게 해를 입는 어진 마음을 이름. 춘추시대 송나라 양공이 초(楚)나라와 싸울 때, 송나라의 공자(公子) 목이(目夷)가 적이 포진(布陣)하기 전에 치자고 청하였으나, 양공이 군자(君子)는 남이 곤경에 있을 때 괴롭혀서는 안 된다고 반대하고 적이 포진하기를 기다리다가 도리어 패전하여 그 자신도 부상을 입어 남의 조소거리가 된 고사에서 나온 말.

수倕 요(堯)임금 때의 공인(工人)·장인(匠人).

수逐 노(魯)나라 공자(公子).

수곡양竪穀陽(穀陽竪) 자반(子反)의 신하. 부하.

수몽壽夢 춘추시대 오(吳)나라의 임금. 오(吳)나라는 원래 고공단보(古公亶父)의 첫째아들인 태백(太伯)이, 동생 우중(虞仲)과 함께 막내인 계역(季歷, 文王의 아버지)에게 왕위를 물려 주기 위해 남쪽으로 내려와 세운 나라이다. 이 때문에 《사기(史記)》에서는 오태백세가(吳太伯世家)라 하였다. 수몽(壽夢)은 재위 25년(B.C. 585~561). 오태백(吳太伯)의 19세손이라 한다.

수조竪刁 제(齊)나라 환공(桓公)의 간신. 환공(桓公)을 가까이하기 위해 스스로 거세(去勢)하였다.

수회隨會 진(晉)나라 문후(文侯)의 신하.

숙기叔祁 진(晉)나라 숙향(叔向)의 후손.

숙대叔帶 조씨(趙氏)의 선대. 주(周)나라에서 진(晉)나라로 옮겨왔다.

숙문자叔文子 위(衛)나라의 대부(大夫).

숙손문자叔孫文子 위(衛)나라의 대부(大夫).

숙손소자叔孫昭子 숙손약(叔孫婼). 춘추시대 노(魯)나라의 재상. 숙손표자(叔孫豹子). 시호는 소(昭).

숙우叔虞 고대 당(唐)이라는 소국(小國)의 후예.

숙제叔齊 중국 옛적 고죽군(孤竹君)의 아들 백이(伯夷)의 아우. 부친이 자기를 세사(世嗣)할 마음을 가지고 있었으나, 동생이라 하여 받지 않았다. 주(周)나라 무왕(武王)이 은(殷)나라 주왕(紂王)을 토벌할 때, 신(臣)이 군(君)을 반역함은 안 된다고 간(諫)하였으나, 듣지 않자 주나라의 곡식을 먹는 것을 부끄럽게 생각하고, 백이와 함께 수양산에서 숨어 살다가 굶어죽었다고 전한다.

숙중소백叔仲昭伯 숙중소자(叔仲昭子). 이름은 대(帶). 희숙(僖叔) 손방생(孫彭生)의 손자. 숙중씨(叔仲氏)가 됨.

숙향叔向 춘추시대 진(晉)나라의 대부(大夫). 양설힐(羊舌肹), 양설직(羊舌職)의 아들이며 양설적(羊舌赤)의 아우. 숙향(叔嚮)으로도 쓰며, 숙힐(叔肹)·숙예(叔譽) 등으로도 불린다.

숙흥叔興 주내사(周內史).

순舜 중국 신화에 나오는 전설상의 성왕. 정식 이름은 우제순(虞帝

舜). B.C. 23세기경에 고대 황금시대의 제왕으로서, 공자는 그를 완
전함과 찬연히 빛나는 덕의 상징으로 칭송했다. 그의 이름은 항상
전대의 전설적인 제왕인 요(堯)와 관련되어 언급된다. 순의 아버지
는 계속 그를 죽이려 했으나 소년 순은 결코 효성을 버리지 않았
다. 하늘과 땅이 그의 미덕을 알게 되자 새들이 논에 씨 뿌리는 일
을 도와 주었고, 동물들이 어디선가 나타나서 쟁기를 끌어 주었다.
요는 자기의 아들을 제쳐 놓고 순을 새로운 통치자로 선택했다. 또
한 그에게 두 딸 아황(娥皇)과 여영(女英)을 주어 결혼시켰다. 순은
6개의 신성한 것(그것이 무엇인지는 전해지지 않음)과 땅의 정령들
에게 제사를 지냈다. 그는 도량형을 표준화시켰고, 관개사업을 시
행했으며, 왕국을 12개의 지방으로 나누었다. 그의 재임기간 동안
하늘과 땅에는 놀라운 현상들이 일어났다고 한다.

순림보荀林父　중항환자(中行桓子). 중항씨(中行氏)의 시조. 순백(荀
伯), 혹은 중항백(中行伯)으로도 불린다. 진(晉)나라 육경(六卿)의
하나.

순우곤淳于髡　전국시대 제(齊)나라의 변사(辯士), 책사(策士), 골계가
(滑稽家).

순자荀子　중국 전국시대의 유학자. 이름은 순황(荀況), 자는 순경(荀
卿). 공맹사상을 가다듬고 체계화하였으며, 사상적인 엄격성을 통해
이해하기 쉽고 응집력 있는 유학사상의 방향을 제시했다. 또한 맹
자의 성선설(性善說)에 대하여 성악설(性惡說)을 제창하였으며, 형
명법술(刑名法術)을 대성한 한비(韓非)는 그의 문화생이다. 저서로
는 《순자》 20권이 있다.

습붕隰朋　제(齊)나라의 환공(桓公)을 도운 인물.

승勝　평왕(平王)의 손자. 즉 태자(太子) 건(建)이 오자서(伍子胥)와
망명하던 중에 낳은 아들. 오(吳)나라로부터 돌아와 백공(白公)으로
칭해졌으며, 초(楚) 혜왕(惠王) 10년(B.C. 479)에 난을 일으켜 영윤
(令尹) 자서(子西), 사마(司馬) 자기(子期)를 죽이고 혜왕(惠王)을
위협하였다. 뒤에 섭공(葉公) 자고(子高)에게 패하자 스스로 목을
매어 죽었다.

승분저承盆疽　도(陶)나라의 대부(大夫)인 듯하다.

시황제始皇帝　중국 진(秦)나라의 초대 황제. 이름은 정(政). 장양왕
(莊襄王)의 아들. 기원전 246년 13세 때에 진왕(秦王)이 되어 기원
전 233～221년에 동방 여러 나라를 평정하고 천하를 통일 스스로
시황제라 칭하였다. 주(周)나라의 봉건제도를 폐하고, 군현제도(郡
縣制度)를 실시하였으며, 화폐·도량형·문자·물품의 규격 통일, 무
기의 몰수, 사상 통일을 위한 분서갱유(焚書坑儒)를 하는 등 중앙집
권의 확립에 힘썼다. 시황제 35년에 지금의 섬서성 장안현의 서북
위수(渭水)의 남쪽에 아방궁(阿房宮)을 화려하게 지었다. 흉노(匈
奴)를 치고, 만리장성을 쌓았으며, 지금의 베트남 지방까지 영토를
넓혀 동아시아 사상 최초의 대제국을 건설하였다.

신기申旗　《사기(史記)》에는 중기(中旗)로 실려 있다.

신농씨神農氏　중국의 옛 전설에 나오는 제왕. 삼황(三皇)의 한 사람.
성(姓)은 강(姜). 인신우수(人身牛首). 화덕(火德)으로써 임금이 된 까
닭에 염제(炎帝)라고 일컬으며, 백성에게 농사짓는 법을 가르쳤으므
로 신농씨라 일컬음. 의료·악사(樂師)의 신, 또 8괘를 겹쳐서 64괘
를 만들어 역자(易者)의 신 주조(鑄造)와 양조(釀造) 등의 신이 되고,
교역의 법을 가르쳐 상업의 신으로도 되어 있다.

신도적申屠狄　《순자(荀子)》에는 신도적(申徒狄)으로 실려 있다. 무모
한 용기가 있었던 인물.

신력辛櫟　노(魯)나라 목공(穆公)의 신하.《여씨춘추(呂氏春秋)》에는
신관(辛寬)으로 실려 있다.

신릉군信陵君　전국시대 사공자(四公子)의 하나. 위(魏)나라 소왕(昭
王)의 공자(公子). 안희왕(安釐王)의 이모제(異母弟). 이름은 무기
(無忌). 신릉군(信陵君)은 그의 봉호(封號). 식객이 3천 명이나 되었
다. 진(秦)나라가 조(趙)나라를 포위하였을 때, 그의 자형(姉兄)인
조나라의 평원군(平原君)이 그에게 구원을 청하매, 후영(侯嬴)의 계
교를 써서 진비(晉鄙)를 죽이고 조(趙)나라를 구해 주었으며, 또 진
(秦)나라가 위(魏)나라를 침공하매 오국(五國)의 군사를 거느리고
나가서 크게 격파하였다. 그뒤 위왕(魏王)이 푸대접하자 병이라 칭
탁하고 조정에 나가지 않았다.

신명申鳴　초(楚)나라의 혜왕(惠王)을 도와 백공지란(白公之亂)을 평

정한 인물.

신생申生 진(晉)나라 헌공(獻公)의 태자. 여희(驪姬)의 참소를 입어 자결하였다.

신유申孺 제(齊)나라의 장수.《전국책(戰國策)》에는 신전(申縛),《사기(史記)》에는 신기(申紀)로 실려 있다.

신유辛兪 난영(欒盈)의 가신(家臣).

신포서申包胥 춘추시대 초(楚)나라의 대부. 오자서(伍子胥)와 절친한 사이였으나 그가 오(吳)나라로 도망하여 군대를 이끌고 초(楚)나라를 쳐들어오자, 진(秦)나라에 구원병을 청하러 갔다. 진왕(秦王)이 들어 주지 않자, 이레 동안을 버티고 울어 허락을 받아냈다. 진(秦)나라 소왕(昭王)이 이를 가상히 여겨 상을 내렸으나 받지 않고 도망하였다.

신후申侯 신(申)나라의 후(侯). 후(侯)는 작위.

신후백申侯伯 초(楚)나라 문왕(文王)의 신하.

심구沈駒 진(晉)나라 대부(大夫).

심윤沈尹 초(楚)나라 영윤(令尹)으로 손숙오(孫叔敖)에게 영윤(令尹)을 양보한 인물.

악樂 진(晉)나라 문공(文公)의 서자(庶子).

악군자석鄂君子晳 초(楚)나라 공왕(公王)의 아들로 영윤(令尹)을 지냈다. 악(鄂) 땅에 봉해졌다.

악달樂達 춘추시대 진(晉)나라의 대부(大夫).

악래惡來 상(商)나라 말왕(末王)인 주(紂)의 신하.

악양樂羊 위(魏)나라 문후(文侯) 때의 장군. 중산(中山)을 쳐서 멸하였다. 자신의 아들을 삶은 국을 먹고 의심을 받은 인물. 아들의 죽음을 맛본 이야기와 공을 자랑하다가 방서(謗書)를 보고 문후(文侯)에게 공을 돌린 이야기로 유명하다.

악의樂毅 전국시대 연(燕)나라 소왕(昭王)의 장수. 조(趙)·초(楚)·한(韓)·위(魏)·연(燕) 다섯 나라의 연합군을 거느리고 제(齊)나라를 쳐서 70여 성을 빼앗았으나, 소왕이 죽은 후 뒤를 이은 혜왕(惠王)은 그를 중용(重用)치 아니하여 조(趙)나라로 가서 중용되었다.

안顏 지백(智伯)의 아들.

안릉전安陵纏　초(楚)나라 공왕(共王)의 총신(寵臣).

안수유顔讐由　위(衛)나라의 현대부(賢大夫).

안연顔淵 ⇒ 안회顔回

안자晏子　안영(晏嬰). 중국 춘추시대 제(齊)나라의 정치가. 자는 평중(平仲). B.C. 556년 아버지 안환자(晏桓子)가 죽고, 그 뒤를 이어 제나라의 대부(大夫)가 되었다. 영공(靈公)·장공(莊公)·경공(景公)을 섬겼으며, 근검절약하고 힘써 노력하여 사람들의 존경을 받았다. 최저가 장공을 살해했을 때 장공의 시체 위에 엎드려 곡(哭)을 했지만, 사람들의 신망을 받고 있는 인물이었기 때문에 죽음을 면했다. B.C. 517년 혜성이 나타나 두려워 떨고 있는 경공에게 사치를 삼가고, 세금을 줄이고, 형벌을 가볍게 하면 재난을 피할 수 있을 것이라고 충간(忠諫)했다. 이같은 충직한 성품 때문에 관중(管仲)과 함께 제나라의 명신(名臣)으로 일컬어진다. 안자에 관한 이야기를 모은 《안자춘추(晏子春秋)》(8편)가 있다.

안촉추顔燭趨　제(齊)나라 경공(景公)의 신하.

안회顔回　공자(孔子)의 수제자. 자는 자연(子淵), 춘추시대의 노(魯)나라 사람. 공자의 제자 가운데 학덕이 가장 높아 스승의 총애를 받았다. 집이 가난하고 불우하였으나, 이를 괴로워하지 않고 무슨 일에 성내거나 과오를 저지르는 일이 없어, 공자의 다음 가는 아성(亞聖)으로 존경을 받았다.

안희왕安釐王　전국시대 위(魏)나라 소왕(昭王)의 아들. 재위 34년(B.C. 276~243).

알謁　수몽(壽夢)의 첫째아들. 알(遏)로도 쓴다. 《사기(史記)》에는 제번(諸樊)으로 실려 있다. 재위 13년(B.C. 560~548).

애공哀公〔魯〕　춘추 말기 노(魯)나라의 마지막 군주. 공자(孔子)와 같은 시대. 재위 27년(B.C. 494~468).

애공哀公〔秦〕　진(秦)나라 군주. 재위 36년(B.C. 536~501).

양공襄公〔魯〕　《춘추》의 양공(襄公). 재위 31년(B.C. 572~542). 춘추시대 노(魯)나라의 군주. 이름은 오(午). 성공(成公, 黑肱)의 아들.

양공襄公〔宋〕　춘추오패의 하나. 이름은 자보(玆父). 자보(玆甫)로도 쓴다. 재위 14년(B.C. 650~637). 제(齊)나라의 환공(桓公)에 이어

중국의 맹주(盟主)가 되어 초(楚)나라와 더불어 패(覇)를 다툴 때,
마음이 너무 착하여 도리어 패하여 죽었다. ⇒ **송양지인宋襄之人**

양공襄公〔齊〕 이름은 제아(諸兒). 제(齊)나라 희공(釐公)의 태자. 포악
하여 신하에게 죽임을 당하였다. 재위 12년(B.C. 697~686). 뒤를
이어 환공(桓公)이 들어섰다.

양공襄公〔晉〕 춘추시대 진(晉)나라 문공(文公)의 아들. 이름은 환
(驩). 재위 7년(B.C. 627~621).

양공홍梁公弘 초(楚)나라의 대부(大夫).

양구거梁丘據 춘추시대 제(齊)나라 경공(景公)의 신하.

양설호羊舌虎 숙향(叔向)의 서제(庶弟). 숙호(叔虎)라고도 쓴다.

양성군襄成君 구체적으로 알 수 없다. 당시 어느 나라의 공족(公族)
인 듯하다.

양식羊殖 춘추시대 진(晉)나라의 인물.

양왕襄王 제(齊)나라 민왕(閔王)의 아들. 재위 19년(B.C. 283~265).
제(齊)나라의 민왕(湣王)이 혼란 속에 요치(淖齒)에게 죽음을 당하
자, 그 아들인 공자 법장(法章)이 거(莒)에 숨었다가 왕이 되었다.

양왕손楊王孫 한(漢)나라 무제(武帝) 때의 인물. 황노술(黃老術)에
밝았던 인물.

양유기養由基 초(楚)나라의 활 잘 쏘던 사람.

양의陽儀 편작(扁鵲)의 제자.

양인楊因 조간자(趙簡子)의 신하.

양자襄子 ⇒ **조양자趙襄子**

양주陽晝 구체적으로는 알 수 없다.

양주楊朱 중국 전국시대 초기의 도가 철학자. 양자(楊子)·양자거(楊
子居)·양생(楊生)이라고도 한다. 위(魏)나라 사람으로 중국 역사에
서 철저한 개인주의자이며 쾌락주의자라는 비난을 받았다. 이는 그
가 〈각자 자신만을 위한다〉는 위아설(爲我說)을 제창했다고 맹자가
비난한 데서 비롯되었다. 맹자는 『털 하나를 뽑아 온 천하가 이롭
게 된다 하더라도 그렇게 하지 않는다』라고 양주를 평하여, 그의
이기주의를 비난했다. 그러나 전해지는 그의 말들을 모아 보면 맹
자의 이런 평가가 그의 사상을 얼마나 잘 이해한 것인지 의문이

생긴다. 양주는 방종과 방탕이 아닌 자연주의의 옹호자였다. 『삶을
대하는 유일한 방식은 방해하지 말고 그대로 내버려두는 것이다』
라고 하여, 즐겁게 사는 것은 자연스럽게 사는 것이며 이는 자신에
게 달려 있는 것이라고 주장했다. 지나친 탐닉은 지나친 자기 억제
와 마찬가지로 자연을 거스르는 것이고, 남을 돕든 침해하든 간에
남의 일에 끼어드는 것은 무의미한 일이라고 했다.

양짐羊斟 자는 자장(子牂). 화원(華元)의 융어(戎御).

양처보陽處父 진(晉)나라의 대부. 문공(文公)의 신하. 뒤에 가계(賈
季)에게 피살되었다.

양호陽虎 《논어》에 보이는 양화(陽貨). 춘추시대 노(魯)나라 사람으
로 계씨(季氏)의 가신(家臣)이었으나, 노(魯)나라에서 반란을 일으
켰다. 공자(孔子)와 모습이 비슷하였다고 한다. 자(字)는 화(貨).

양후穰侯 위염(魏冉). 전국시대 진(秦)나라의 재상. 소왕(昭王)의 어
머니인 선태후(宣太后)의 아우. 양(穰) 땅에 봉해져서 양후(穰侯)로
일컬어졌다.

양희楊姬 미인(美人)을 말하나 구체적인 상황은 알 수 없다.

언왕偃王 주(周)나라 목왕(穆王) 때의 서(徐)나라 임금. 스스로 칭왕
(稱王)하다가 망하였다.

여공厲公 춘추시대 진(晉)나라의 29대 군주. 재위 8년(B.C. 580~
573). 이름은 주포(州蒲). 《사기》에는 수반(壽曼)이라 하였다.

여구閭丘 복성(複姓). 제(齊)나라 여구영(閭丘嬰)의 후대.

여망呂望 ⇒ **태공망太公望**

여불위呂不韋 전국시대 말기 진(秦)나라의 정치가. 원래 상인 출신
이었던 그는, 자신의 영향력을 행사해 진의 왕자들 중 왕위계승권
을 절대적으로 가지고 있던 자초(子楚)를 매수하였다. 그의 첩 중 1
명과 자초가 사랑에 빠지게 되자, 그는 이미 자신의 아이를 임신했
다는 소문이 나돌던 그 첩을 자초에게 주었다. 그는 자초의 아버지
안국군(安國君, 孝文王)과 화양부인(華陽夫人)의 환심을 사 자초가
태자(太子)로 책봉되도록 하는 데 성공했다. B.C. 250년 장양왕(莊
襄王)으로 즉위한 자초는, 그를 상국(相國)으로 임명하고 문신후(文
信侯)에 봉하였다. 여불위는 장양왕이 죽고 자기 첩의 아들 영정(嬴

政)이 B.C. 246년 왕위에 오르고 난 뒤에도 직책을 사임하지 않았
다. B.C. 238년 어린 황제에 대한 반역 음모에 말려든 그는, 파면당
하여 자신의 봉지인 허난으로 돌아갔다. 그후 반란을 두려워한 황
제가 그를 촉(蜀, 지금의 四川省) 지방으로 쫓아 버리려 하자, 독약
을 먹고 자살했다고 한다. 스스로 시황제(始皇帝)라고 칭한 영정은,
그가 시작해 놓은 중국 통일을 완성하여 통일제국 진(B.C.
221～206)을 이룩했다. 여불위는 승상으로 재임하는 동안 수많은
학자들을 동원하여 여러 학문을 집대성한 책을 만들게 하였다. 그
결과 최초로 정리되어 나온 방대한 내용의 《여씨춘추(呂氏春秋)》는,
제자백가의 학설뿐만 아니라 민간전설·민간요법·도교 등에 관한
개론이다.

여상呂尙 ⇒ **태공망太公望**

여왕厲王 서주(西周) 때의 어리석은 임금. 희호(姬胡).

여이如耳 한(韓)나라 신하. 《사기(史記)》 정의(正義)에는 위(魏)나라
대부(大夫)로 실려 있다.

여제餘祭 수몽(壽夢)의 둘째아들. 재위 17년(B.C. 547～531).

여황如黃 초(楚)나라의 유명한 사냥개. 《여씨춘추(呂氏春秋)》에는 여
황(茹黃)으로 실려 있다.

여희驪姬 여융(驪戎) 출신. 진(晉)나라 헌공(獻公)의 비(妃)로서 헌공
과의 사이에 해제(奚齊)를 낳자, 이를 태자로 삼으려고 신생(申生)
을 참살하였다.

역아易牙 제(齊)나라 환공(桓公)의 간신. 환공(桓公)의 요리를 맡은
신하로, 어느 날 환공이 『나는 세상에 모든 것을 다 먹어 보았으나
사람 고기만은 먹어 보지 못하였다』고 하자, 자기 아들을 삶아 바
쳤다고 한다.

연릉계자延陵季子 오(吳)나라의 공자(公子)로서 현인(賢人)으로 알
려져 있다. 계찰(季札)이 연릉(延陵) 땅에 봉하여져 부르는 이름.

염유冉有 공자(孔子)의 제자. 구(求).

영盈 한(韓)나라 무자(武子)의 신하.

영靈 초(楚)나라 문왕(文王)의 아들.

영계기榮啓期 춘추시대의 고사(高士)로서, 영성기(榮聲期)·영익계

(榮益啓) 등으로도 쓴다.

영공靈公〔晉〕 이름은 이고(夷皋). 양공(襄公)의 아들. 춘추시대 진 (晉)나라의 24대 임금. 재위 14년(B.C. 620~607).

영공靈公〔衛〕 춘추 말기 위(衛)나라의 군주. 재위 42년(B.C. 534~ 493). 위(衛) 양공(襄公)의 첩(妾)이 낳은 인물로 이름은 원(元).

영공靈公〔鄭〕 춘추시대 정(鄭)나라의 군주. 재위 1년(B.C. 605). 목공 (穆公)의 아들. 이름은 이(夷).

영공靈公〔陳〕 춘추시대의 진(陳)나라 임금. 재위 15년(B.C. 613~ 599). 하(夏)나라의 징서(徵舒)에게 시해(弑害)당하였다.

영륜伶倫 황제(黃帝) 때에 해곡(嶰谷)의 대나무로 십이률(十二律)을 제정하였다는 악사(樂師).

영문자甯文子 위(衛)나라의 대부(大夫).

영월甯越 전국시대의 중모(中牟) 땅 사람으로서, 출신은 비록 미천 하였지만 부지런히 공부하여 성공한 사례로 널리 알려져 있다.

영자甯子 자세히 알 수 없다.

영척甯戚 춘추시대의 위(衛)나라 사람. 집이 가난하여 남의 수레를 끌다가, 정치가의 잘못을 비방하는 노래를 불렀다. 제(齊)나라의 환 공(桓公)이 쇠뿔을 두드리며 노래하는 것을 듣고, 이를 기이하게 여겨 관중(管仲)으로 하여금 맞이하도록 하였다. 상경(上卿)을 거쳐 재상이 되었다. 영척(寧戚)으로도 쓴다.

예羿 하(夏)나라 때 유궁씨(有窮氏) 나라의 군주. 그래서 유궁후예 (有窮后羿)라고도 부른다. 하(夏)나라를 멸하고 스스로 왕이 되었으 나, 정사(政事)를 닦지 않아 한착(寒浞)에게 패하였다.

《예기禮記》 중국 유가 5경(五經) 중의 하나. 원문은 공자가 편찬했다 고 전해진다. 공자가 직접 지은 책에는 경(經)자를 붙이므로, 원래 이름은 《예경》이었다. 그러나 B.C. 2세기경 대대(大戴. 본명은 戴德) 와 그의 사촌 소대(小戴. 본명은 戴聖)가 원문에 손질을 가한 것이 분명하므로 〈경〉자가 빠지게 되었다. 《예기》에서는 그 주제인 곡례 (曲禮)·단궁(檀弓)·왕제(王帝)·월령(月令)·예운(禮運)·학기(學 記)·악기(樂記)·대학(大學)·중용(中庸) 등을 다룸에 있어서 도덕 적인 면을 매우 중요하게 보았다. 1190년 성리학파의 주희(朱熹)는

《예기》 중의 대학·중용·2편을 각각 별개의 책으로 편찬하여 유
교 경전인 《논어》·《맹자》와 더불어 4서(四書)에 포함시켰다. 4서는
보통 중국에서 유교 입문서로 사용되고 있다.

예양豫讓 전국시대 진晉나라 사람. 지백(智伯)을 섬겨 총애를 받던
중 조양자(趙襄子)가 지백을 쳐서 멸하매, 양(讓)이 원수를 갚고자
몸에 옻칠을 하여 문둥이가 되고, 숯을 삼켜 벙어리가 되어서는 양
자(襄子)를 척살(刺殺)코자 꾀했으나 뜻을 못 이루고 잡히자 자살
하였다.

예오裔敖 《안자춘추(晏子春秋)》에는 예관(裔款)으로 실려 있다.

예차豫且 송(宋)나라의 어부.

오午 초(楚)나라의 공자(公子).

오고대부五羖大夫 ⇒ **백리해百里奚**

오기吳起 전국시대의 병법가(兵法家). 위(衛)나라 사람. 처음 노(魯)나
라에 벼슬하였다가, 위(魏)나라의 문후(文侯)가 어질다는 소문을 듣
고 위(魏)나라로 갔다. 문후(文侯)가 그를 장군으로 삼았다. 오기(吳
起)는 뒤에 다시 초(楚)나라로 가서 재상이 되었다가, 대신들의 미
움을 받아 참살당하였다. 그의 병술서 《오자(吳子)》는 《손자(孫子)
와 더불어 중국 고대의 2대 병법서로 유명하다.

오왕吳王 오자서(伍子胥)와 연결된 것으로 보아 합려(闔閭)이거나, 혹
은 부차(夫差).

오자吳子 ⇒ **오기吳起**

오자서吳子胥 춘추시대 초(楚)나라 사람. 이름은 원(員). 아버지인
사(奢)와 형인 상(尙)이 초나라 평왕(平王)에게 피살되었기 때문에
오(吳)나라에 가서 오나라를 도와 초나라를 쳐서 원수를 갚았다 한
다. 또 오왕 부차(夫差)에게 월왕 구천(句踐)의 항복을 용서할 것을
간하였으나 받아들여지지 않아 자결하였다.

오호烏號 황제(黃帝)가 가졌었다는 활의 이름.

옹雍 진(晉)나라 문공(文公)의 아들. 양공(襄公)의 서제(庶弟). 진(秦)
나라에서 아경(亞卿)을 지냈다.

옹계雍季 진(晉) 문공(文公)의 모신(謀臣).

옹문자주雍門子周 전국시대의 제(齊)나라 사람. 옹문(雍門)은 원래

제(齊)나라의 서문(西門). 뒤에 성씨(姓氏)가 되었다. 자주(子周)는 이름.

옹저雍雎(癰疽) 《맹자(孟子)》에는 옹저(癰疽)로 실려 있다. 조기(趙岐)의 《맹자주(孟子注)》에서는 옹저(癰疽)라는 창병(瘡病)을 치료하는 대부(大夫)로 보았다.

왕견王堅 〈임금이 굳세다〉라는 뜻을 사람 이름에 붙인 것. 채(蔡)나라의 사신.

왕계王季 계역(季歷). 주(周)나라 태공(太公. 太王, 즉 古公亶父)의 아들. 문왕(文王)의 아버지.

왕량王良 춘추시대 진(晉)나라의 대부(大夫). 우무휼(郵無恤)의 아들이며, 역시 수레를 잘 몰았다고 한다.

왕릉王陵 한(漢)나라 패(沛) 땅 사람으로 안국후(安國侯)에 봉해졌으며, 승상(丞相)을 지냈다.

왕림王林 위(衛)나라 영공(靈公)의 신하.

왕만생王滿生 주(周)나라 초기 제(齊) 땅 출신. 생평(生平)은 미상(未詳).

왕망씨汪芒氏 상(商)나라 때의 방풍씨(防風氏) 후예.

왕손려王孫厲 춘추시대 초(楚)나라 문왕(文王)의 신하.

왕손만王孫滿 춘추시대 동주(東周)의 대부(大夫). 초(楚)나라 장왕(莊王)이 주실(周室)을 없애려 하자, 이를 설득하여 철회시켰다.

왕손상王孫商 위(衛)나라 영공(靈公)의 신하. 《좌전(左傳)》에는 왕손가(王孫賈)로 실려 있다.

왕손하王孫夏 구체적인 사적은 미상.

왕축王歜 제(齊)나라의 선비. 《사기》에는 왕촉(王蠋)으로 실려 있다.

왕표王豹 춘추시대 위(衛)나라 사람. 노래를 잘 불렀다.

요堯 B.C. 24세기경에 활동한 중국 신화에 나오는 전설적인 제왕. 정식 이름은 당제요(唐帝堯). 고대 황금기를 다스렸으며, 공자에 의해 덕(德)·정의(正義) 및 이타적인 희생의 영원한 본보기로 찬양되었다. 그와 떼어 놓을 수 없는 사람으로 순(舜)이 있는데, 그는 요의 후계자로서 요의 두 딸과 결혼했다. 요 이전의 제왕이었던 복희(伏羲)·신농(神農)·황제(黃帝)의 경우와 마찬가지로 요임금 때

에도 특별한 사원이 세워졌다. 이 사원에서 그는 제물을 바치고 제
사를 지냈던 것으로 전해진다. 후계자를 선정하는 데 있어서 그는
자신의 열등한 아들 대신에 순을 선택했으며, 이 새로운 황제를 위
한 조언자로 봉사했다고 한다.

요僚〔吳王〕 여말(餘昧)을 이어 스스로 임금이 되었다가 공자(公子)
광(光)에 의해 죽었다. 재위 12년(B.C. 526~515).

요리要離 거짓으로 오(吳)나라에 죄를 짓고, 경기(慶忌)가 있는 위
(衛)나라를 찾아가 다시 오나라로 가서 나라를 빼앗자고 유혹한
후, 오나라에 이르자 경기를 찔러죽이고 자신도 죽었다.

욕수蓐收 소호(少皞) 금천씨(金天氏)의 아들로 이름은 해(該). 죽어
서 금신(金神, 서방의 신)이 되었다 한다.

용龍 어룡씨(御龍氏)의 후예로 외교를 맡았다. 순(舜)임금의 신하.

용직庸織 염직(閻職)으로도 쓰며, 그 아내를 의공(懿公)에게 빼앗겼다.

우禹 중국에서 가장 오래 된 왕조인 하(夏)나라의 시조라고 전해지
는 전설상의 인물. 홍수를 다스려 나라를 구했다고 한다. 그의 탄생
에 관한 많은 전설이 있는데 그 중 하나는 다음과 같다. 순(舜)임금
이 곤(鯀)에게 홍수를 다스리게 하자, 곤은 둑을 쌓기 위해 하늘나
라에서 식양(息壤)이라는 요술 흙을 한 줌 훔쳤는데, 이에 노한 상
제(上帝)가 그를 처형했다. 3년 후에 그동안 썩지 않았던 그의 몸
에서 한 사내아이가 태어났는데, 그가 바로 우라는 것이다. 우는 용
의 도움으로 몇 년간 열심히 일한 끝에 바다로 물길을 내어 살기
좋은 세상을 만들었다고 한다. 그 공으로 순에게 왕위를 물려받아
국호를 〈하〉라 정하고, 중국 전역을 9주(州)로 나누어 공부(貢賦)를
정했다.

우공于公 한(漢)나라 때의 유명한 판관(判官). 일찍이 대문을 높고
크게 하여 거마(車馬)의 통행에 지장이 없도록 하여 이르되, 내 후
손 중에 반드시 흥하는 자가 나오리라 하였더니, 과연 그 아들 정
국(定國)이 크게 되어 승상(丞相)이 되었다.

우구수왕虞丘壽王 우구(虞丘)는 복성. 오구(吾丘)로도 쓴다. 수왕(壽
王)은 이름.

우구자虞丘子 초(楚)나라 장왕(莊王) 때의 영윤(令尹).

우군虞君　우(虞)나라의 임금. 우(虞)나라는 지금의 산서성(山西省) 평륙현(平陸縣)에 있던 나라.

우자고虞子羔　진(晉)나라 문공(文公)의 신하.

우정국于定國　우공(于公)의 아들. 한(漢)나라 선제(宣帝) 때의 뛰어난 법관. 뒤에 승상(丞相)에 올라 서평후(西平侯)에 봉해졌다.

우호공虞胡公　《좌전(左傳)》에는 호공(胡公)으로 실려 있다.

원앙袁盎　원앙(爰盎)으로도 쓰며, 한(漢)나라 전기(前期)의 중신(重臣). 문제(文帝) 때 중랑장(中郞將)이 되어 직언극간(直言極諫)으로써 섬기었다. 뒤에 오초칠국(吳楚七國)의 반란이 일어났을 때, 어사대부(御史大夫) 조착(鼂錯)이 주살당한 것은 그의 참소에 말미암은 것이다.

월석보越石父　제(齊)나라의 현사(賢士)로서 안자(晏子)의 식객(食客).

월희越姬　초(楚)나라 출신의 미인을 뜻한다.

위圍　초(楚)나라 강왕(康王)의 동생으로 후에 강왕의 아들인 겹오(郟敖)를 목졸라 죽이고, 자신이 군주가 되었다. 영왕(靈王).

위공威公　《여씨춘추(呂氏春秋)》에는 주(周)나라 위왕(威王)으로 실려 있다. 주(周)나라 위왕(威〔烈〕王)은 B.C. 425~402년간의 동주(東周, 戰國)의 왕.

위왕威王〔齊〕　전국시대 제(齊)나라의 군주. 재위 37년(B.C. 356~320).

위제魏齊　위(魏)나라 소왕(昭王)을 돕던 공자(公子). 일찍이 범저(范雎)를 고문하였던 인물로 범저가 진(秦)나라의 재상이 되자 두려워 자살하였다.

위타尉佗　성은 조씨(趙氏). 즉 조타(趙他). 한(漢)나라 진정(眞定) 땅 사람. 고조(高祖)가 남월왕(南越王)에 봉하였으며, 여후(呂后) 때에 제(帝)를 칭하였다. 《사기(史記)》에는 위타(尉他)로 실려 있다.

유궁후예有窮后羿 ⇒ 예羿

유묘씨有苗氏　옛 삼묘(三苗)의 후예. 반호(槃瓠)의 자손.

유방劉邦　한(漢: B.C. 206~A.D. 220)나라를 세운 첫번째 황제. 자는 유계(劉季), 묘호는 고조, 시호는 고황제(高皇帝). 1911년까지 유지되었던 중국 황제제도의 특징은 대부분 이때 갖추어졌다. 농부의

아들로 태어난 유방은 진(秦: B.C. 221~206)의 하급관리인 쓰수이
[泗水] 지방의 정장(亭長)으로 출발하여 경력을 쌓기 시작했다. 중
국을 처음으로 통일한 진의 시황제(始皇帝)가 죽은 다음 모반을 일
으켰다. 반군은 명목상 항우(項羽)의 지휘 아래 있었다. 항우는 진
의 군대를 쳐부수고 많은 옛 귀족들을 복권시켰으며, 자신의 장수
들에게 토지를 나누어 주면서 진나라 이전의 봉건제도를 다시 시
행했다. 그때 주요한 반군 지도자였던 유방은 지금의 쓰촨 성[四川
省]과 산시 성[山西城] 남쪽, 즉 중국 서부지역의 제후인 한왕(漢
王)으로 봉해졌다. 그러나 이들은 곧 적대관계가 되었으며 농민 출
신의 경험과 영리함을 갖춘 유방은 군사적으로 뛰어났지만 정치적
인 면에서 고지식했던 항우를 패배시켰다. 유방은 학자들을 싫어하
여 학자의 관에 오줌을 누어 혐오감을 표시하기도 했으나, 『마상
(馬上)에서 천하를 얻을 수는 있어도 마상에서 천하를 다스릴 수
없다』는 신하의 간언을 받아들여 유교의 예를 채택했다. 그는 농촌
경제를 부흥시키고 농민들의 세금부담을 덜어 주는 데 각별한 관
심을 보였다. 유방이 세운 한나라의 통치체제는 관제(官制)의 경우
진나라의 제도를 답습했으나, 지방통치의 경우는 군현제와 봉건제
를 병용한 군국제(郡國制)였다. 그는 한나라 건설에 공이 큰 부하
장수들과 친인척들을 제후왕(諸侯王)·열후(列侯)로 봉해 각지에
내보냈다. 그러나 후에 그는 항우를 물리치고 천하를 통일하는 데
가장 공이 컸던 한신(韓信)·팽월(彭越)·영포(英布) 등의 공신 제
후들을 모두 처형하고 제후왕은 한나라의 일족에 한한다는 규정을
만들어 왕조의 기초를 굳건히 했다. B.C. 200년 스스로 흉노(匈奴)
원정에 나섰다가 백등산(白登山)에서 패하여 포로가 될 뻔 한 적도
있었다. 이후 흉노에 대해서는 화친정책을 취함으로써 대외정책의
기본으로 삼았다.

유변臾騈 춘추시대 진(晉)나라의 대부(大夫).

유부俞柎 《사기(史記)》 정의(正義)에 황제시대(黃帝時代)의 대장(大
將)이라 하였다.

유여由余 원래는 진(晉)나라 출신이나 융(戎)으로 가서 그곳의 신하
가 되었다. 목공(穆公)이 유여(由余)가 훌륭하다는 것을 알고 이를

발탁하였다.

유왕幽王　선왕(宣王)의 아들. 이름은 희궁열(姬宮涅). 재위 11년(B.C.
781~771). 서주(西周)의 마지막 임금으로 포사(褒姒)를 총애하였다
가, 신후(申侯)와 견융(犬戎)에 의해 멸망당하였다.

유하혜柳下惠　춘추시대 노(魯)나라의 현인(賢人). 전금(展禽). 이름은
획(獲). 호는 버드나무 아래에 살아서 유하자(柳下子). 시호는 혜
(惠). 이름은 계(季).

유호씨有扈氏　고대 국명(國名). 지금의 섬서성(陝西省) 근처에 있었
으며, 뒤에 계(啓)에게 망하였다.

육가陸賈　한(漢)나라 초기의 학자·정치가. 고조(高祖) 유방(劉邦)의
모사(謀士). 고조의 통일사업을 도왔으나 군사에 치우침을 경계하
고, 문무(文武)의 두 길만이 장구의 길이라고 주장하였다.《신어(新
語)》12편과《초한춘추(楚漢春秋)》가 있다.

윤문자尹文子　윤문(尹文). 제(齊)나라의 직하학사(稷下學士)로서 공
손룡(公孫龍)에게 배웠으며, 제자학(諸子學)에서는 도가(道家)·묵
가(墨家)·법가(法家)·명가(名家) 등에 두루 이름이 오르내린다.
그의 저작으로는《윤문자(尹文子)》가 있으며(물론 위작으로 알려져
있다),《제자집성(諸子集成)》에는 명가(名家)에 소속되어 있다(청대
(淸代) 전희조(錢熙祚)의 교정본). 그의 사적은《설원(說苑)》 외에
《예문유취(藝文類聚)》 권20,《여씨춘추(呂氏春秋)》 정명편(正名篇)
등에 산견(散見)된다.

윤일尹逸　성왕(成王)의 사부(師傅). 윤일(尹佚)로도 쓴다.

윤작尹綽　조간자(趙簡子)의 신하.

윤탁尹鐸　조간자(趙簡子)의 신하.

응후應侯 ⇒ **범저**范雎

의공懿公　춘추시대 제(齊)나라의 군주. 재위 4년(B.C. 612~609) 만
에 죽음을 당하였다. 뒤에 환공(桓公)의 아들 공자(公子) 원(元)이
왕위를 이었다. 이가 제(齊)나라의 혜공(惠公).

의상倚相　춘추시대 초(楚)나라의 좌사(左史). 삼분(三墳)·오전(五
典)·팔삭(八索)·구구(九丘)를 읽어 영왕(靈王)이 양사(良史)라 칭
한 인물.

이극李克   전국시대 초기 위(魏)나라의 정치가. 위(魏)나라 문후(文
侯)의 명신(名臣). 위(魏)나라의 문후(文侯)를 도와 개혁정치를 주
도하였다.《한서(漢書)》예문지(藝文志) 유가(儒家)에《이극(李克)》
7편이 있었으나 일실되었다. 청대(淸代) 마국한(馬國翰)의 집일본
(輯佚本)이 있다. 일설에는 이리(李悝)가 곧 이극(李克)이 아닌가
한다.《신서(新序)》에는 이극(里克)·이극(李克)으로 실려 있다.
이담李談   평원군(平原君) 승(勝)에게 계책을 일러 준 인물.
이말夷昧   《사기(史記)》에는 여말(餘昧)로 실려 있다. 수몽(壽夢)의
셋째아들. 재위 4년(B.C. 530~527).
이사李斯   중국 전국시대의 정치가. 무자비하나 매우 효율적인 법가
(法家) 사상을 이용하여 여러 나라를 합병하고, 통일제국 진(秦, B.C.
221~206)을 건설하는 데 공헌했다. B.C. 247년 진나라로 가서 그
후 거의 40년간 나중에 시황제(始皇帝)가 된 진왕 정(政)을 위해
일했다. 진의 승상으로서 B.C. 221년 이후 시행된 거의 모든 정
치·문화의 급진적 개혁을 주도했다. 이사는 전국을 36군(郡)으로
나누었으며, 모든 군은 조정에서 임명한 관리가 다스리도록 했다.
그의 제안에 따라 시황제는 화폐단위와 도량형을 통일하고 흉노의
침입을 막기 위해 만리장성을 쌓았다. 또한 그는 천하의 모든 문자
를 전서체(篆書體)로 통일시키도록 했는데, 한자(漢字)는 그후 큰
변화없이 지금까지 존속되어 왔다. 마지막으로 불온한 사상의 확산
을 막기 위해 B.C. 213년 역사교육을 금지하고 분서(焚書)를 명령
했다. 이로 말미암아 그는 후대 모든 유학자들의 증오의 대상이 되
었다. B.C. 209년 시황제가 죽자, 황위 계승자를 바꾸려는 환관 조
고(趙高)의 음모에 가담했다. 그러나 2년 후 둘 사이에 암투가 생
겼고 조고는 그를 사형에 처했다.
이성狸姓   《국어(國語)》주(注)에 단주(丹朱)의 후손이라 하였다.
이세二世   진(秦) 시황(始皇)의 둘째아들인 호해(胡亥). 조고(趙高)가
첫째인 부소(扶蘇)를 죽이고, 황제(皇帝)에 오르게 해준 인물. 재위
3년(B.C. 209~207). 그뒤 아들 자영(子嬰) 때에 나라가 완전히 망
하였다.
이윤伊尹   중국 은(殷)나라 대신. 이름은 〈이〉이고, 〈윤〉은 관직명이

다. 일설에는 지(摯)라는 이름도 있다. 가노(家奴) 출신으로 원래는 유신씨(有薪氏)의 딸이 시집갈 때 딸려간 몸종이었다고 전해진다. 이후 은나라의 탕왕(湯王)에게 불려가서 재상이 되어 하(夏)의 걸왕(桀王)을 토벌함으로써 은이 천하를 평정하는 데 공헌했다. 나중에 뒤이은 외병(外丙)·중임(中壬) 두 왕에게서도 벼슬을 했으며, 그뒤 태갑(太甲)의 재상이 되었다. 그러나 태갑이 포학하여 탕왕의 법을 어기면서 동궁(桐宮)으로 추방하고, 이윤이 직접 정치를 했다. 3년 뒤 태갑이 과오를 뉘우치자 정권을 태갑에게 되돌려 주고 그를 보좌했으며, 뒤이어 태갑의 아들 옥정(沃丁) 밑에서도 벼슬을 했다. 일설에는 중임이 죽은 뒤 태갑이 뒤를 이었는데, 이윤이 왕위를 찬탈하고 태갑을 내쫓았다가 7년 뒤 태갑이 비밀리에 돌아와 그를 죽였다고도 한다. 후세에 주공(周公), 제(齊)의 관중(管仲) 등과 함께 명신(名臣)으로 불렸으나, 전국시대에는 여러 가지 전설이 덧붙여지면서 변질되어 확실한 얘기는 알 수 없다. 다만 그에 관한 기록이 갑골문자(甲骨文字)에서도 보이므로 은나라와의 관계가 매우 오래 되었음을 알 수 있다. 또 그는 비와 곡식의 풍흉(豊凶)을 꿰뚫어보는 힘이 있었으며, 왕에게 재앙을 내리거나 병을 일으킬 수 있는 힘을 가지고 있었다고 한다. 탕왕과 함께 제사를 행하고 있는 점을 보면, 이미 은나라 때부터 은의 왕실과 관계가 깊은 신격(神格)이었을 것이다.

이태李兌 무령왕(武靈王)의 신하인 듯하다.

익益 요(堯)임금의 신하. 금수(禽獸)의 우환을 없앴다.

인상여藺相如 전국시대 조(趙)나라의 명신. 진(秦)나라 소양왕(昭襄王)이 열다섯 성(城)을 조(趙)나라 화씨(和氏)의 벽(璧)과 바꾸고자 하였을 때, 사신(使臣)으로 가서 소양왕의 간계(奸計)를 간파하고 벽(璧)을 잘 보존하여 귀국하였다. 뒤에 상경(上卿)이 되어 용장(勇將)인 염파(廉頗)와 문경지교(刎頸之交)로써 사귀어 함께 조나라를 융성케 하였다.

임기林旣 제(齊)나라 경공(景公) 때의 인물. 사적은 자세하지 않다.

임좌任座 위(魏)나라의 신하.

임증任增 위(魏)나라 선자(宣子)의 모신(謀臣). 《한비자(韓非子)》와

《전국책(戰國策)》에는 임장(任章)으로 실려 있다.

자가기子家羈 노(魯)나라 장공(莊公)의 현손(玄孫)인 의백(懿伯). 장공의 아들인 공자 수(遂)가 동문랑중(東問郞仲)으로 불리어 동문씨(東門氏)가 되었고, 수(遂)의 아들인 공손귀보公(孫歸父)의 자(字)가 자가(子家)였다. 기(羈)는 바로 귀보(歸父)의 손자로서, 따로 자가(子家)의 성(姓)으로 불린다.

자경子庚 노(魯)나라 목공(穆公)의 신하.

자고子羔 고시(高柴). 위(衛)나라 사람으로 자고(子羔)는 그의 자(字). 또 자고(子皐)라는 인물이 있다. 공자(孔子)의 제자(弟子)이다. 《공자가어(孔子家語)》에는 계고(季羔)로 실려 있다.

자공子貢(子贛) 공문십철(孔門十哲)의 한 사람으로, 중국 춘추시대의 학자. 위(衛)나라 사람. 성은 단목(端木), 이름은 사(賜). 자공(子貢)은 그의 자(字). 정치에 뛰어나, 후에 노(魯)나라·위(衛)나라의 재상이 되었다. 제자 중에서 으뜸가는 부자였으므로 경제면에서 공자를 도왔다고 한다.

자낭子囊 초(楚)나라 장왕(莊王)의 아들인 공자(公子) 정(貞)의 자(字).

자란자子蘭子 난자(蘭子)라고도 쓰며, 제(齊)나라 출신으로 초(楚)나라 백공(白公) 승(勝)의 가신(家臣).

자로子路 춘추시대 변(卞)나라 사람. 성은 중(仲), 이름은 유(由). 자로(子路)는 그의 자. 계로(季路)라고도 한다. 자유(子由)·중유(仲由). 공자(孔子)의 제자 중에서, 공자를 제일 잘 섬겼다는 사람임. 정치 방면에 뛰어나고 효성이 지극하였으며, 성질이 용맹하였는데 위(衛)나라에서 벼슬하다가 공리(孔悝)의 난 때 전사하였다.

자맹子猛 래(萊)나라의 신하. 《순자(荀子)》에는 자마(子馬)로 실려 있다.

자명子明 편작(扁鵲)의 제자.

자문子文 초(楚)나라 성왕(成王) 때의 영윤(令尹). 공자(孔子)도 늘 칭찬하였다.

자배子倍 초(楚)나라 장왕(莊王)의 신하.

자복경백子服景伯 노(魯)나라 대부(大夫). 자복씨(子服氏). 이름은 하(何), 자는 백(伯), 시호는 경(景).

자사子思 춘추시대 노(魯)나라의 유가(儒家). 증자(曾子)의 제자. 원헌(原憲)·원사(原思)라고도 한다. 공자(孔子)의 손자이자 이(鯉)의 아들. 이름은 급(伋). 학문은 증삼(曾參)에게 배웠으며,《중용(中庸)》을 지은 것으로 알려져 있다.

자산子産 중국 춘추시대의 정치가. 성은 공손(公孫), 이름은 교(僑). 자는 자산. 정(鄭)나라 목공(穆公)의 손자이며 자국(子國)의 아들이다. B.C. 554년 정경(正卿) 자공(子孔)이 내란으로 죽은 뒤 경(卿)이 되었다. B.C. 543년 백유(伯有)의 내란 이후 정경의 위치에서 난을 수습한 뒤, 죽을 때까지 정나라의 정치를 지배했다. 당시 정나라는 북방의 패자인 진(晉)나라와 남방의 패자인 초(楚)나라 사이에 끼여 고초를 겪었으나, 자산은 그의 박식과 웅변으로써 두 나라의 세력 균형을 이용하여 일시적인 평화를 누렸다. 진·초 두나라에 대한 공납의 부담을 줄이는 한편 국내의 농지를 정리 개척하여 토지세를 징수함으로써 국가경제를 부흥시켰다. 또 국내 귀족의 항쟁을 방지하기 위한 새로운 법률을 만들고 중국 최초의 성문법(成文法)을 완성했다. 그는 전통적인 봉건적 통치에 대하여 법치주의에 의한 통치를 실현했다. 자산은 유능한 정치가·외교가일 뿐만 아니라 합리주의적인 사상을 지니고 있었다. 종래의 구복(龜卜)과 무사(巫師) 등을 통해 하늘의 뜻을 받들어 정치적 결정을 내리는 데서 탈피해 법을 토대로 하여 합리주의적으로 국가를 통치했다. 이 합리주의 사상은 이후 공자의 원시유교에서 주장한 인간 자각의 선구가 되었다.

자상子上 초(楚)나라의 영윤(令尹).

자서子西 초(楚)나라 소왕(昭王)의 영윤(令尹)

자석子石 공손룡자(公孫龍子)를 말한다. 춘추시대 초(楚)나라 사람. 공자(孔子)의 제자로서 공자보다 53세 적었다고 한다. 즉 명가(名家)의 대표적인 인물로 〈백마비마론(白馬非馬論)〉·〈견백이동(堅白異同)〉 등의 논리를 남겼다. 저작에 《공손룡자(公孫龍子)》가 있다.

자옥득신子玉得臣 춘추시대 초(楚)나라의 영윤(令尹). 성복(城濮) 싸움에서 진晉나라에게 패하자 자살하였다.

자용子容 편작(扁鵲)의 제자.

자우子羽 간공(簡公)의 신하.

자월子越 편작(扁鵲)의 제자.

자유子游 편작(扁鵲)의 제자.

자유子游 중국 춘추시대 유가(儒家). 공자(孔子) 문하의 십철(十哲) 가운데 한 사람. 본명은 언언(言偃). 자유는 자(字). 오(吳)나라 사람으로, 노(魯)나라에서 벼슬하여 무성(武城)의 재상이 되었다. 자하(子夏)와 더불어 문학에 뛰어났으며, 예(禮)의 사상이 투철하였다.

자유子由 ⇒ 자로子路

자장子張 손사(孫師). 진(陳)나라 출신. 공자(孔子)보다 48세나 어렸다고 한다.

자적子狄 사적은 알 수 없으나 수문장(守門長)인 듯하다.

자중子重 초(楚)나라 장왕(莊王)의 장군(將軍).

자태숙子太叔 정(鄭)나라의 대부(大夫). 《좌전》에는 자대숙(子大叔)으로 실려 있다.

자피子皮 이름은 한호(罕虎). 정(鄭)나라의 명신(名臣).

자하子夏 중국 춘추시대 공문십철(孔門十哲)의 한 사람. 본명은 복상(卜商), 자하는 자. 문학에 뛰어났으며, 위(魏)나라 문후(文侯)의 스승. 공문 중에서 후세에까지 가장 많은 영향을 끼쳤다. 공자(孔子)가 산정(刪定)한 《시경》과 《역경》·《춘추》를 전하였다고 한다.

자한子罕 성은 악(樂), 이름은 희(喜), 즉 악희(樂喜). 송(宋)나라 대공(戴公)의 아들인 악보(樂父, 術)의 후예. 사성(司城)의 관직을 맡고 있었다.

장공莊公〔魯〕 춘추시대 노(魯)나라 군주. 재위 32년(B.C. 693~662).

장공莊公〔齊〕 춘추시대 제(齊)나라 군주. 재위 6년(B.C. 553~548).

장량張良 중국 전한(前漢) 초기의 정치가. 자는 자방(子房). 할아버지와 아버지는 한(韓)나라 소후(昭侯)·선혜왕(宣惠王) 등의 5대에 걸쳐 승상을 지냈다. 진(秦)이 한을 멸하자, 그는 자객들과 사귀면서 한의 회복을 도모했다. 박랑사(博浪沙) 지금의 허난 성〔河南省〕 위안양(〔原陽〕 남동쪽)에서 진의 시황제(始皇帝)를 공격했으나 실패했다. 전설에 따르면 하비(下邳) 지금의 장쑤 성〔江蘇省〕 쥐닝 현〔睢寧縣〕 북쪽)에서 황석공(黃石公)을 만나 《태공병법(太公兵法)》을

얻었다고 한다. B.C. 209년 진에 반대하는 무리를 모아 유방(劉邦)
과 합세했고, 이후 주요 전략가가 되었다. 초(楚)·한(漢) 전쟁 기
간에 그는 6국(六國)의 후예를 세우지 말고, 영포(英布)와 팽월(彭
越)을 빼앗아 오도록 했다. 또한 한신(韓信) 등의 책략을 중용하여,
항우(項羽)로 하여금 안팎으로 적의 공격을 받게 하라고 제안했다.
유방이 셴양[咸陽]을 함락시킨 후 장량은 진의 보물창고인 부고(府
庫)를 봉하여 보관하고 바수이 강[灞水] 상류로 철군하도록 건의했
는데, 유방은 그의 모든 의견을 받아들였다. 201년 유후(留侯)로 봉
해졌다.

장록張祿　맹상군(孟嘗君)의 식객. 원래 전국시대 위(魏)나라의 범저
(范雎)가 위(魏)나라에서 핍박을 받고 진(秦)나라로 도망 가면서
그 이름을 장록(張祿)으로 고쳐 뒤에 재상이 되었다.

장맹담張孟談　조양자(趙襄子)의 모신(謀臣). 진양(晉陽) 싸움에서 큰
공을 세웠다.

장무중臧武仲　장문중(臧文仲)의 아들인 장손흘(臧孫紇). 무중(武仲)
은 시호.

장문중臧文仲　춘추시대 노(魯)나라의 대부(大夫)인 장손진(臧孫辰).
시호가 문중(文仲).

장생張生　제(齊)나라 장군 전귀(田瞶)의 친구.

장신莊辛　전국시대 초(楚)나라의 대부. 사람. 뒤에 초(楚)나라를 버리
고 조(趙)나라로 갔던 인물. 초(楚) 장왕(莊王)의 후예로 장(莊)을
성으로 삼았다. 양릉군(陽陵君)에 봉해졌다.

장왕莊王[楚]　중국 춘추시대 초(楚)나라의 왕. 이름은 여(侶), 성왕
(成王)의 손자. 뒤에 진(晉)나라를 격파하고, 제후의 패자(覇者)가
되었다. 영명한 군주로 문구정지경중(問九鼎之輕重), 삼년불비(三年
不飛), 절영(絶纓) 등의 고사를 남겼다. 재위 23년(B.C. 613~591).

장이長夷　동쪽의 이민족. 미상(未詳).

장용臧容　장무중(臧武仲)의 아들.

장자莊子(莊周)　중국 전국시대의 사상가. 맹자(孟子)와 같은 시대의
인물. 이름은 주(周). 물(物)의 시비(是非) 선악(善惡)을 초월하여,
자연 그대로 살아가는 자연철학을 제창하였다. 노자(老子)의 무위

자연(無爲自然)의 사상을 발전시켜 공문(孔門)의 사상을 반박. 노자가 정치적·사회적 문제를 대상으로 다룬 데 대하여, 장자는 개인의 안심입명(安心立命)을 문제삼았다. 남화진인(南華眞人)이라 추호(追號)됨. 저서에 《장자(莊子)》가 있다.

장적씨長狄氏 춘추시대의 씨족.

장홍萇弘 주(周)나라 경왕(敬王) 때의 대부(大夫).

재여宰予(宰我·子我) 춘추시대의 노(魯)나라 사람. 공자(孔子)의 제자로서 십철(十哲)의 한 사람. 간공(簡公)의 신하. 언어(言語)에 뛰어났다.

적시赤市 오(吳)나라의 사신.

적인翟人 적인(狄人)과 같음. 북방(北方)의 이민족.

적촉翟觸 적황(翟黃)·적황(翟璜). 《사기》 위세가(魏世家)에는 적황(翟璜), 《여씨춘추》·《신서》·《한시외전》에는 적황(翟黃), 《설원》에는 적촉(翟觸)과 적황(翟黃)을 같이 쓰고 있다. 전국시대 사람으로 서문표(西門豹)를 위(魏)나라의 문후(文侯)에게 추천하였다.

전거田居 제(齊)나라의 장수.

전거자田居子 제(齊)나라 위왕(威王)의 신하. 전씨(田氏)는 전국시대 제(齊)나라의 왕족 성씨.

전과田過 제(齊)나라 선왕(宣王)의 신하.

전귀田瞶 제(齊)나라의 장군.

전기田基 중모(中牟)의 선비. 《신서》에는 전비(田卑)로 실려 있다.

전기田忌 전국시대 제(齊)나라의 장수. 제나라 선왕(宣王) 때의 인물. 추기(鄒忌)의 계략에 말려들어 초(楚)나라로 도망 갔다.

전단田單 전국시대 제(齊)나라 임치(臨淄) 사람으로 연(燕)나라 악의(樂毅)가 쳐들어와 70여 성을 모두 함락시키자, 즉묵(卽墨)으로 가 그곳 백성을 이끌고 화우공법(火牛攻法)으로 이를 물리치고 제(齊)나라를 수복하였다. 뒤에 안평군(安平君)에 봉해졌다.

전성자상田成子常 전상(田常)·전항(田恒)·진항(陳恒). 성자(成子)는 그의 시호. 그 후손이 전씨제(田氏齊)를 세웠다.

전손자막顓孫子莫 이름은 손사(孫師).

전양田襄 구체적으로 알 수 없다.

전요田饒 종위(宗衛)의 가신(家臣).

전읍田邑 주(周)나라 위공(威公) 때의 인물.

전자방田子方 전국시대의 사람. 위(魏)나라 문후(文侯)의 스승. 위
  (魏)나라 발전에 큰 공을 세웠다.

전자안田子顔 전국시대의 위(魏)나라 대부(大夫).

전제專諸 오자서(伍子胥)가 공자(公子) 광(光)의 속셈을 알아차리고
  추천한 인물. 구운 생선 속에 비수를 숨겨 잔치자리에 가서 요(僚)
  를 죽였다.

전종수자田種首子 제(齊)나라 위왕(威王)의 신하인 듯하다.

전차田差 진(晉)나라 평공(平公)의 신하.

전항田恒 《사기(史記)》에는 전상(田常),《좌전(左傳)》에는 진항(陳恒)
  으로 실려 있다. 전걸(田乞)의 아들로 원래 진(陳)나라 출신. 진완
  (陳完)의 후예. 간공(簡公)을 죽이고 평공(平公)을 세웠으며, 그 후
  손이 전국시대 제(齊)나라를 찬탈하여 전씨제(田氏齊)를 세우게 되
  었다. 전성자(田成子).

전해자田解子 제(齊)나라 위왕(威王)의 신하.

정백鄭伯 정(鄭)나라의 백(伯). 백(伯)은 작위. 정(鄭)나라의 임금.

정영程嬰 조삭(趙朔)의 문객(門客). 식객(食客).

정자程子 고사(高士). 다른 기록에는 정본자(程本子). 진(晉)나라 출
  신으로 자화자(子華子)로도 불린다.

정태자程太子 《사고전서본(四庫全書本)》과 《사부비요본(四部備要本)》
  에는 모두 정태자(程太子)로 실려 있으나,《설원소증(說苑疏證)》과
  《한시외전(韓詩外傳)》에는 정본자(程本子)로 실려 있다.

제발諸發 춘추시대의 월(越)나라 사람.

제신帝辛 ⇒ 주紂

제어기諸御己 제어(諸御)는 복성(複姓), 기(己)는 이름.

제어앙諸御鞅 제(齊)나라 간공(簡公)의 신하.

조간자趙簡子 춘추시대 진(晉)나라 사람인 조앙(趙鞅)을 이른다. 간
  (簡)은 시호. 조맹(趙孟). 간자(簡子). 진(晉)나라 대부로서 지씨(智
  氏)·위씨(魏氏)·한씨(韓氏)·범씨(范氏)·중항씨(中行氏) 등과 다
  투어 전국시대 조(趙)나라의 기운을 틔운 지도자. 당시는 정식으로

나라를 세우지 못하였다.

조간주趙簡主 ⇒ 조간자趙簡子

조고趙高 중국의 환관. 통일제국 진(秦: B.C. 221~206)의 제1대 황제인 시황제(始皇帝)가 죽고 난 후 정권을 장악하려는 음모를 꾸몄다. 그 결과 진이 몰락하게 되었다. 시황제를 모시는 환관 책임자였던 그는 황제와 외부 세계 사이의 모든 연락을 맡고 있었으므로, B.C. 209년 여행 도중에 일어난 시황제의 죽음을 별 어려움 없이 감출 수 있었다. 시황제의 큰아들 부소(扶蘇)는 이단적인 사상이 씌여 있다는 이유로 서적들을 모두 불태우게 한 승상 이사(李斯)의 조처에 반대한 까닭에 북쪽 변방인 상곡군(上谷郡)에 유배되어 있었다. 시황제는 부소에게 보내는 유조(遺詔)를 남겼는데, 이 조서에서 그가 부소를 후계자로 지명한 것은 분명한 것 같다. 이사와 조고는 만약 부소가 제위를 잇는다면 자신들의 관직을 박탈함은 물론 죽일 것이라고 생각하여, 부소와 그의 친구이자 상곡군의 장군인 몽염(蒙恬)에게 가짜 조서를 보내 자살할 것을 명령했다. 편지가 위조되었다는 사실이 밝혀지지 않은 채 두 사람은 죽었다. 이사와 조고는 죽은 시황제의 시체에서 냄새가 심하게 나자, 포어(鮑魚: 소금에 절인 냄새가 심한 생선) 한 가마를 수레에 같이 실어 시체의 냄새를 숨겨 수도로 돌아왔다. 그리고 나서 시황제의 막내아들 호해(胡亥)로 제위를 잇게 한다는 억지 조서를 꾸몄다. 얼마 후 이사와 조고는 서로 사이가 나빠졌고, 조고가 이사를 처형했다. 그 후 전국에서 반란이 일어났으며, 얼마 가지 않아 반란군들이 수도에까지 들어왔다. 조고는 허수아비 황제 호해를 처형하고 호해의 아들 자영(子嬰)을 재위에 앉혔다. 그는 다시 자영까지도 처형하려고 했으나 음모가 발각되어 황궁에 들어서는 순간 암살당하고 말았다.

조괄趙括 조씨(趙氏)의 일족. 조병괄(趙屛括).

조기曹羈 춘추시대 조(曹)나라의 신하.

조기祖己 은(殷)나라 고종(高宗)의 현신(賢臣).

조돈趙盾 ⇒ 조선자趙宣子

조무趙武(趙孟) 조삭(趙朔)의 아들. 춘추시대 진(晉) 육경(六卿)의 하나.

조발刁敥(刁勃) 초(楚)나라의 신하.

조백曹伯 조(曹)나라의 군주.

조보造父 주(周)나라 목왕(穆王)의 행신(幸臣)으로 서(徐)나라를 쳐서 공을 세웠다. 조(趙) 땅에 봉해져서 조씨(趙氏)의 시조가 되었다. 수레를 잘 몰았다고 한다.

조삭趙朔 조돈(趙盾)의 아들. 조장자(趙莊子)로도 불린다. 조무(趙武)의 아버지.

조삼曹參 한(漢)나라의 공신(功臣). 고조(高祖)를 보필하여 천하를 평정하고 평양후(平陽侯)로 봉후(封侯)되었다. 뒤에 소하(蕭何)의 뒤를 이어 상국(相國)이 되어 하(何)의 정책을 그대로 시행하였으므로 세상에서 소규조수(蕭規曹隨)라 일컫고, 또 소조(蕭曹)라 병칭한다.

조선맹趙宣孟 ⇒ 조선자趙宣子

조선자趙宣子 조돈(趙盾). 전국시대 조(趙)나라의 선조, 혹은 조맹(趙孟)으로 여겨진다. 조맹(趙孟)은 조씨(趙氏) 가문(家門)의 후계자. 조돈(趙盾)·조무(趙武)·조앙(趙鞅)·조무휼(趙無卹) 등을 모두 조맹(趙孟)이라 한다. 진(晉)나라 육경(六卿) 중의 하나. 조쇠(趙衰)의 아들. 양공(襄公) 때에 중군(中軍)을 통솔하였다. 시호는 선(宣). 뒤에 그 후손이 조(趙)나라를 세웠다.

조손趙巽 주(周)나라 위공(威公)의 간신(諫臣). 《여씨춘추(呂氏春秋)》에는 조병(趙騈)으로 실려 있다.

조쇠趙衰 진(晉)나라 문공(文公)의 신하로 큰 공훈이 있었다.

조양자趙襄子 춘추 말기 진(晉)나라 육경(六卿)의 하나. 뒤에 조(趙)나라를 이루었다. 조무휼(趙無卹). 조앙(趙鞅)의 차자(次子)로 형인 태자(太子) 백로(伯魯)를 폐하고 재위에 올랐다. 지백(智伯)이 몹시 미워하여 그의 근거지인 진양(晉陽)을 물로 공격하자, 장맹담(張孟談)을 시켜 한(韓)·위(魏)와 결합, 지씨(智氏)를 멸망하였다. 이름은 무(毋). 조간자(趙簡子)의 태자(太子). 재위 51년(B.C. 475～425).

조영제趙嬰齊 조씨(趙氏)의 일족. 조루(趙樓).

조조祖朝 진(晉)나라 백성.

조천趙穿 조숙(趙夙)의 서손(庶孫).

종위宗衛 제(齊)나라의 재상을 지냈던 인물. 다른 기록에는 송연(宋
燕)·관연(管燕)으로 실려 있다.

종자기鍾子期 춘추시대 초(楚)나라 사람. 그가 죽은 후, 거문고의 명
수인 백아(伯牙)는 자기의 거문고 소리를 알아 주던 유일한 사람인
자기(子期)의 죽음을 한탄하고, 일체 거문고를 타지 않았다고 한다.

좌유左儒 주(周)나라 선왕(宣王)의 신하.

주周 진후(陳侯).

주紂 중국 은(殷: B.C. 18~12세기)의 마지막 왕. 제신(帝辛)·제신
수(帝辛受)라고도 한다. 전설에 의하면 지나친 방탕으로 나라를 잃었
다고 한다. 애첩 달기(妲己)를 즐겁게 해주기 위해 술로 가득 채운
연못(酒池)을 만들고, 그 주변에서 벌거벗은 남녀들이 서로 잡으러
다니는 놀이를 하게 했다. 또 대단히 잔혹해서 호수 근처의 나무에
사람고기를 걸어 놓았다고도 한다. 게다가 7년에 걸쳐 건축한 호화
로운 궁전 녹대(鹿臺)의 공사를 위해 무거운 세금을 부과하여 백성
들의 원성을 샀다. 그 궁전은 높이가 1백80미터, 둘레가 8백 미터
에 이르고 문과 궁실들은 정교한 돌로 만들어졌다고 한다. 주(周:
B.C. 1111~255)의 창건자인 무왕(武王)이 은을 무너뜨리자 주는
자신의 궁전에 불을 지르고 그 불길 속으로 뛰어들어 자살했다.

주공周公 단(旦). 문왕(文王)의 아들이며, 무왕(武王)의 동생. 희단(姬
旦). 성왕(成王)의 숙부. 성왕(成王)이 어려서 즉위하자 섭정(攝政)
하였다. 유가(儒家)의 성현(聖賢)으로 받들었다. 노(魯)나라에 봉을
받아 아들 백금(伯禽)을 보내었다.

주려州黎 초(楚)나라 소왕(昭王) 때의 태사(太史).

주려부朱厲附 거(莒)나라 목공(穆公)의 신하.

주보언主父偃 서한(西漢) 때의 인물로 종횡설(縱橫說)을 익혀 무제
(武帝) 때에 낭중(郎中)을 지냈다.

《주역周易》 중국의 유교경전. 《역경(易經)》이라고도 한다. 《경(經)》·
《전(傳)》의 두 부분을 포함하며 대략 2만 4천 자이다. 주(周)의 문
왕이 지었다고 전해진다. 괘(卦)·효(爻)의 2가지 부호를 중첩하여
이루어진 64괘·384효, 괘사(卦辭), 효사(爻辭)로 구성되어 있는데,

괘상(卦象)에 따라 길흉화복을 점쳤다. 주나라 사람이 간단하게 8
괘로 점을 치는 책이었으므로 《주역》이라고 했다. 정이(程頤)의 주
석서 《역전(易傳)》은 경전의 해석을 통해 철학적인 관점을 나타내
고 있을 뿐만 아니라 세계관, 윤리학설 및 풍부하고 소박한 변증법
을 담고 있어, 중국 철학사상 중요한 위치를 차지하고 있다. 《역전》
계사편(繫辭篇) 등에서는 음·양 세력의 교감작용을 철학범주로 격
상시켜 세계 만사만물(萬事萬物)을 통일된 체계로 조성했다. 이로
써 진대(秦代)·한대(漢代) 이후의 사상계에 많은 영향을 끼쳤으며
서양 학자들의 관심을 끌었다.

주작舟綽 당시의 고명한 인사인 듯하다.

주지교舟之僑 춘추시대 괵(虢)나라의 신하로 노(魯)나라 민공(閔公)
  2년(B.C. 660)에 진(晉)나라로 망명하였다.

주지희舟之姬 이름이라기보다는 주(舟) 땅의 여자.《여씨춘추(呂氏春
  秋)》에는 단지희(丹之姬)로 실려 있다.

주창周昌 어느 때의 인물인지 확실치 않다. 어사대부(御史大夫).

중重 습후(隰侯).

중궁仲弓 공자(孔子)의 제자. 옹(雍).

중니仲尼 ⇒ 공자孔子

중손타仲孫它 중손씨(仲孫氏). 이름은 타(它).

중연中衍 대업(大業)의 후손으로 진(秦)나라 영씨(嬴氏)의 선조가
  되었다.

《중용中庸》 1190년 중국의 위대한 성리학자인 주희(朱熹)가 사서(四
  書)로 편입한 유교 경전 가운데 하나. 불교도들과 초기 성리학자들
  은 일찍부터 《중용》의 형이상학적인 관점에 관심을 기울였으며, 주
  희도 이러한 점에 주목하여 사서의 하나로 선택했다. 서문에서 주
  희는 《예기(禮記)》 가운데 한 편이었던 이 글을 공자(孔子)의 손자
  인 자사(子思. 이름은 孔伋)가 지었다고 했다. 자사는 중용을 유가사
  상의 핵심 주제로 보았으며, 중용은 사람들이 모든 행동에서 본받
  아야 할 원칙이며, 나라를 다스리는 근본이라고 했다. 중용의 중은
  치우치지 않음(不偏不倚), 지나치지도 모자라지도 않음(無過不及),
  감정이 겉으로 드러나지 않은 상태(喜怒哀樂之未發)를 뜻하고, 용은

변함 없음(平常, 不易)을 뜻한다. 중용을 실천하는 일은 평범한 사람도 할 수 있을 만큼 쉬우나, 철저히 지키는 일은 성인(聖人)도 어렵다고 한다. 그러나 지극한 정성(誠)이 곧 중용에 거의 가깝다고 할 수 있다. 중용을 지켜 이것에서 벗어나지 않는 것이 군자의 도(道)이며 세상의 정해진 이치(定理)라고 한다.

중이重耳 진(晉)나라 헌공(獻公)의 아들. 여희(驪姬)의 횡포로 19년간의 망명생활 끝에 돌아와 문공(文公)이 되었다. 춘추오패의 하나이며, 개자추(介子推, 寒食)의 고사 등을 남겼다.

중자仲子 진중자(陳仲子).

중자仲子 노(魯)나라 환공(桓公)의 어머니.

중항목자中行穆子 진(晉)나라 육경(六卿)의 하나. 이름은 순오(荀吳). 중항헌자(中行獻子. 荀偃)의 아들. 진(晉)나라 평공(平公) 때의 대부(大夫).

중항문자中行文子 춘추시대 진(晉)나라 육경(六卿)의 하나. 뒤에 범씨(范氏)와 결탁하여 반란을 일으켰다가 진(晉)나라에게 패하였다.

중항헌자中行獻子 진(晉)나라 육경(六卿)의 하나. 순언(荀偃). 자(字)는 백유(伯游). 중항(中行)은 성씨. 헌자(獻子)는 작호.

증석曾晳 증자(曾子)의 아버지.

증원曾元 증자(曾子)의 아들.

증자曾子 이름은 증삼(曾參). 무성인(武城人)으로 자(字)는 자여(子輿). 공자(孔子)의 제자 중에 효성(孝誠)으로 이름난 인물. 증삼살인(曾參殺人)의 고사를 남겼다.

증화曾華 증자(曾子)의 아들.

지摯 위(魏)나라 문후(文侯)의 아들로 《한시외전(韓詩外傳)》에는 소(訴)로 실려 있다.

지과智果(智過) 지백(智伯)의 가신(家臣).

지백智伯 춘추시대 진(晉)나라 육경(六卿)의 하나. 지백(知伯)으로도 쓴다. 순수(荀首)의 아들. 지무자(知武子). 가장 세력이 강했으나 교만으로 결국 망하였다. 지씨(智氏)의 군주. 예양(豫讓)이 이를 위해 탄탄칠신(吞炭漆身)의 고사를 남겼다.

지양자智襄子 진(晉)나라 지백(智伯)의 후손.

진공晉公 진(晉)나라 임금. 삼진(三晉)으로 분리되기 전의 임금.

진서파秦西巴 노(魯)나라 맹손씨(孟孫氏)의 가신(家臣).

진성자陳成子 제(齊)나라 대부(大夫)인 진성항(陳成恒). 제(齊)나라 한공(閒公)을 살해하였다. 《사기》에는 전상(田常)이라 하였는데, 이름을 상(常)이라 한 것은 한(漢)나라 문제(文帝)의 이름인 유항(劉恒)의 항(恒)을 피하고자 한 것이다.

진시황(秦始皇) ⇒ 시황제(始皇帝)

진자陳子 진(陳)나라 출신의 책사, 혹은 성(姓)이 진씨(陳氏)인 어떤 인물.

진환자陳桓子 사적은 자세히 알 수 없다. 전무우(田無宇)라는 인물로 보인다.

징서徵舒 진(陳)나라의 영공(靈公)을 마방(馬房)에서 쏘아죽였다.

창당倉唐 조(趙)나라 출신으로서 위(魏)나라 문후(文侯)의 태자인 격(擊)을 섬겼다.

척환脊環 《맹자(孟子)》에는 척환(瘠環)으로 실려 있다.

천로天老 황제(黃帝)의 신하.

초거椒擧 오거(伍擧)를 말한다. 오자서(伍子胥)의 선대이며, 오참(伍參)의 아들.

초요씨僬僥氏 서남쪽의 인종으로서 키가 아주 작다.

촉과燭過 진(晉)나라에서 행인(行人) 벼슬을 지냈다.

촉룡觸龍 걸(桀)의 유신(諛臣).

촉목蠋沐 탕(湯)임금 때의 악인(惡人).

촉추燭雛 ⇒ 안촉추顏燭趨

최저崔杼 제(齊)나라 대부(大夫)로 장공(莊公)을 시해하고 경공(景公)을 세웠다. 뒤에 경봉(慶封)에게 다시 피살되었다. 최자(崔子)·최무자(崔武子)로도 불린다. 태사(太史. 사관)가 『崔杼弑其君』이라 쓰자 이를 죽였다. 그 동생이 다시 똑같이 기록하여 죽음을 당하였다. 죽음을 무릅쓴 바른 역사 기록의 고사와 관련 있는 인물.

추연鄒衍 전국시대 제(齊)나라의 음양오행가. 호(號)는 담천연(談天衍). 음양학설(陰陽學說)로 널리 알려져 있으며, 《사기(史記)》 맹순열전(孟荀列傳)에 그의 학술 주장이 실려 있다. 연(燕)의 소왕(昭

王)이 갈석궁(碣石宮)을 지어 그에게 사사(師事)했다. 종시오덕(終始五德)의 설(說)을 주창했다. 종시오덕설은 왕조(王朝)의 흥망을 그 고유의 덕(德)인 토(土)·목(木)·금(金)·화(火)·수(水)의 오행(五行)의 순차적 극복으로 설명하려는 것으로, 한대(漢代)의 참위학(讖緯學)의 기초가 되었다. 《사기》에는 추연(騶衍)이라 적었다. 《한서(漢書)》에는 《추자(鄒子)》 49편과 《추자시종(鄒子始終)》 56편이 있다고 하였다.

축융祝融 화신(火神)의 이름. 전욱(顓頊)의 아들로 이름은 중려(重黎).

춘신군春申君 전국시대 사공자(四公子)의 하나. 초(楚)나라의 재상(宰相) 황헐(黃歇)의 봉호(封號). 20여 년간 재상으로 있었고, 문하(門下)에 식객(食客)이 3천여 명이나 있었다 한다.

《춘추春秋》 공자가 쓴 중국 최초의 기전체 역사서. 유교 5경(五經) 가운데 하나이다. 《춘추》라는 이름은 〈춘하추동〉을 줄인 것으로, 사건의 발생을 연대별과 계절별로 구분하던 고대의 관습에서 유래했다. 이 책은 공자가 B.C. 722년부터 죽기 직전인 B.C. 479년까지 그의 모국인 노(魯)나라의 12제후가 다스렸던 시기의 주요사건들을 기록한 것이다. 개략적이기는 하나 완전히 월별로 씌여 있다. 공자는 타락한 제후에게는 존칭을 생략하는 등 자구(字句)를 미묘하게 사용하여 각 사건에 대한 도덕적 평가를 내리고 있다. 한대(漢代)의 대유학자 동중서(董仲舒)는 《춘추》에 담겨 있는 깊은 뜻을 찾아내고자 연구한 후대의 학자 가운데 한 사람이다. 그는 여기에 기록된 일식·낙성(落星)·가뭄 등과 같은 자연의 이변들은 제후들이 천명을 어기면 어떤 일이 생기는가를 알려주기 위하여 씌어졌다고 주장했다. 유학자들이 이 책을 비롯한 다른 유교경전들을 공식적으로 해석하기 시작한 이래, 이 책은 조정에 유교의 이상을 강요하는 수단이 되었다. 《춘추》가 알려지기 시작한 것은 출생연도·활동시기·이름 등이 확실하게 알려지지 않은 어떤 학자(左丘明)으로 추정됨)가 쓴 주석서 《좌씨전(左氏傳)》 때문이다. 이밖에도 저자의 이름을 딴 주석서 《공양전(公羊傳)》·《곡량전(穀梁傳)》도 《춘추》를 세상에 알리는 데 기여했다. 이 세 주석서는 모두 유교의 13경에 포함된다.

치이자피鴟夷子皮 춘추 말기 월(越)나라의 명신 범여(范蠡)가 월나라를 떠나 도(陶) 땅으로 가면서 그 이름을 치이자피(鴟夷子皮)로 바꾸었다. ⇒ **범여**范蠡

치자緇疵 《전국책(戰國策)》에는 치자(郗疵)로 실려 있다.

칠조마인漆雕馬人 춘추시대 노(魯)나라의 현인. 장문중(臧文仲)·장무중(臧武仲)·장용(臧容)을 섬김.

탕湯 B.C. 18세기경에 활동한 중국의 황제. 성탕(成湯)·태을(太乙)이라고도 한다. 하(夏: B.C. 22~19/18세기)나라를 멸망시키고 상(商), 즉 은(殷: B.C. 18~12세기) 나라를 세웠다. 역사상 실제 인물인 탕은 신분이 높은 가문의 후예였던 것으로 보인다. 전설에 의하면, 신화적 인물인 황제(皇帝)의 후예라고 한다. 탕은 거북 등딱지에 쓰인 예언대로 하나라의 포악한 군주 걸(桀)에 대항하여 군대를 일으켰다고도 한다. 온후하고 관대한 왕으로 칭송받는 그는 가뭄이 들자 자신을 희생제물로 바치는 제사를 올렸다고 한다. 그러나 제사가 끝나기도 전에 비가 내렸고, 탕은 목숨을 건졌다. 그는 대개 9척(2.7미터) 장신, 흰 얼굴에 구레나룻을 기르고, 뾰족한 머리와 6마디의 팔을 가지고 있으며, 몸의 한쪽이 다른 쪽보다 훨씬 큰 모습으로 묘사된다.

태갑太甲 상탕(商湯)의 장손자로 상(商)나라 4대 임금. 이윤(伊尹)에 의해 임금 자리에 올랐으나, 방탕하여 동(桐) 땅으로 쫓겨나 근신한 다음 다시 나라를 다스렸다.

태공太公(태공망) 중국 주(周)나라의 신하. 본명은 여상(呂尙). 강태공(姜太公)이라고도 한다. 은(殷)나라를 격파하고 제(齊)나라의 후(侯)로 봉해졌다. 태공망이라는 명칭은, 주나라 문왕(文王)이 웨이수이 강〔渭水〕에서 낚시질을 하고 있던 여상을 만나 선군(先君)인 태공(太公)이 오랫동안 바라던〔望〕 어진 인물이라고 여긴 데서 유래했다고 한다. 대체로 태공망은 주나라와 대대로 혼인관계를 맺어온 강씨(姜氏) 부족의 대표로서 주나라의 군대를 지휘한 인물로 추측되고 있다. 중국에서는 병법을 세운 시조로 여겨져《태공육도(太公六韜)》등의 병법관계 서적이 그의 이름으로 나와 있다. 낚시꾼을 강태공이라고 부르는 것도 태공망에서 유래한다.

태무太戊 상(商, 즉 殷)나라 임금의 이름. 옹기(雍己)의 동생으로 임
금이 되었으나, 이미 은(殷)나라가 기울 때였다. 이척(伊陟)·무함
(巫咸)·신호(臣扈) 등을 차례로 등용하여 은(殷)나라 왕실을 부흥
시켰다. 재위 75년.

태사太姒 문왕(文王)의 아내로 무왕(武王)·주공(周公)·소공(召公)
을 낳았다.

태왕太王 태공(太公)이라고도 하며, 문왕(文王)의 조부. 고공단보(古
公亶父). 성덕이 있었으며 그 왕위를 문왕(文王)에게 이을 뜻을 비
치자, 고공(古公)의 세 아들 중 태백(泰伯)과 우중(虞仲)이 도망 가
고 막내인 계역(季歷)을 통해 창(昌)에게 이어지도록 하였다. 뒤에
높여 태왕(太王)·태공(太公)이라 추존하였고, 그가 기다리던 인물
이라는 뜻으로 여상(呂尚)을 태공망(太公望)이라 일컬었다.

태임太任 태임(太妊)으로도 쓰며, 계역(季歷)의 아내로 문왕(文王)을
낳았다.

태전泰顚 주(周)나라 문왕(文王)의 신하.《서경》군석(君奭)에는 태전
(太顚)이라 실려 있다.

태희太姬 대희(大姬)로도 쓴다.

택명澤鳴 춘추시대 진(晉)나라의 대부(大夫).

팽조彭祖 요(堯)임금의 신하로서 은(殷)나라 말년까지 8백 세를 살
았다 한다.

편작扁鵲 《사기(史記)》에 전기가 실려 있는 중국 주대(周代)의 명의
(名醫). 성은 진(秦). 이름은 월인(越人). 발해군(渤海郡) 사람이다.
제자와 함께 여러 나라를 다니면서 진료했으며, 편작이라는 이름은
조(趙)나라에 갔을 때 지어진 것이라고 한다. 그는 광범위한 종류
의 병을 침·약초 등으로 치료했으며, 맥박에 의한 진단에 탁월했
다고 한다. 《사기》에는 조간자(趙簡子)가 의식을 잃었을 때 소생하
리라고 알아맞힌 이야기, 괵(虢)의 태자가 시궐(尸厥)이라는 병에
걸려 거의 죽은 것으로 여겨졌을 때 침석(鍼石)·위법(熨法) 등을
사용하여 치유시킨 이야기, 제(齊)나라 환공(桓公)의 안색만을 보고
도 병의 소재를 알아냈다는 이야기 등이 기재되어 있다.

평공平公〔晉〕 춘추시대의 진(晉)나라 임금. 재위 26년(B.C. 557~

532). 도공(悼公)의 아들. 이름은 표(彪).

평왕平王〔楚〕 춘추 후기의 초(楚)나라 임금. 재위 13년(B.C. 528~
516). 태자(太子) 건(建)의 결혼문제로 오자서(伍子胥)의 아버지와
형을 죽였다. 도망 간 오자서가 오(吳)나라 군대를 이끌고 쳐들어와
서, 이미 죽은 평왕平王의 무덤을 파헤쳐 그 해골을 채찍질하였다.

평원군平原君 전국시대 사공자(四公子)의 하나. 조(趙)나라 무령왕
(武靈王)의 아들로 이름은 승(勝). 평원(平原)에 봉군(封君)되었으므
로 호를 평원군이라 하였다. 문객(門客)을 좋아하여 문하(門下)에 3
천 식객을 거느렸으며, 많은 고사를 남겼다.

포문자鮑文子 제(齊)나라의 대부(大夫).

포백령지鮑白令之 포백(鮑白)은 성(姓), 영지(令之)는 이름. 진(秦)나
라 시황(始皇)의 신하.

포숙鮑叔(鮑叔牙) 춘추시대 제(齊)나라의 소백(小白. 桓公)을 모셨으
며, 규(糾)를 모셨던 친구 관중(管仲)을 추천하여 환공(桓公)이 패자
가 되게 한 인물. 숙아(叔牙). 관포지교(管鮑之交)의 고사를 남겼다.

포장鮑莊 자세히 알 수 없다.

포차蒲且 고대의 명사수(名射手).

포초鮑焦 주(周)나라 때의 은사(隱士).

표豹 위(衛)나라의 어느 대부(大夫)의 이름.

풍간자馮簡子 정(鄭)나라의 대부(大夫). 필공(畢公)의 후손.

필힐佛肸 진(晉)나라의 대부로 춘추시대 조간자(趙簡子)의 가신(家
臣). 조간자의 관할인 중모(中牟)의 읍재(邑宰)였다.

하후승夏侯勝 태자(太子)의 태부(太傅). 자는 장공(長公). 서한(西漢)
때 상서학(尙書學)의 대가. 선제(宣帝) 때 박사(博士)에 올랐다.

한갈자韓褐子 자세한 사적은 미상.

한강자韓康子 진(晉)나라 육경(六卿)의 하나. 한무자(韓武子)의 후손.
후에 한(韓)을 세웠다.

한궐韓厥 ⇒ 한헌자韓獻子

한단자양邯鄲子陽 한단(邯鄲)은 원래 지명(地名)이나, 춘추시대 진
(晉)나라 대부(大夫)인 조천(趙穿)의 후대가 그곳에 봉을 받아 따로
성씨를 분립(分立)하였다. 노(魯)나라 정공(定公) 때에 위후(衛侯)의

공격을 받았고, 다시 그후 조앙(趙鞅)에 의해 피살된 인물. 이름은
오(午).

한선자韓宣子 춘추시대 진(晉)나라 육경(六卿)의 하나. 한기(韓起). 그
후손이 뒤에 한(韓)나라를 세웠다.

한신韓信 한(漢)나라 회음(淮陰) 출신으로 고조(高祖)의 공신(功臣).
장량(張良, 留侯)·소하(蕭何)와 더불어 한흥삼걸(漢興三傑)로 불리
었다. 고조의 대장(大將)으로서 조(趙)·연(燕)·제(齊) 등의 나라를
차례로 공략하여 천하통일의 기초를 확립, 제왕(帝王)으로 피봉(被
封)되었으나, 뒤에 초왕(楚王)·회음후(淮陰侯)로 봉해졌으며, 마침
내 여후(呂后)와 소하(蕭何)의 모계(謀計)로 잡혀 모반죄(謀叛罪)로
써 삼족(三族)이 모두 멸족(滅族)되었다.

한자韓子 위(魏)나라 신하.

한평자韓平子 춘추 말기 진(晉)나라 육경(六卿)의 하나.

한헌자韓獻子 한궐(韓厥). 진(晉)나라 육경(六卿)의 하나로 한만(韓萬)
의 현손(玄孫). 대대로 한(韓) 땅에 살아 성씨로 삼았다. 뒤에 한(韓)
나라를 세웠다. 시호는 헌(獻).

합려闔閭(闔廬) 춘추 말기 오(吳)나라의 군주. 재위 19년(B.C. 514～
496). 월왕(越王) 구천(勾踐)과의 싸움 및 오자서(伍子胥)와의 관계
로 유명하다. 공자(公子) 광(光), 즉 제번(諸樊)의 아들로 오자서(伍
子胥)의 계책으로 요(僚)를 죽이고 왕이 되었다.

항우項羽 중국 진(秦)나라 말엽의 무장(武將). 이름은 적(籍). 자는
우(羽). 기원전 209년 유방(劉邦)과 같이 진나라를 쳐서 멸하고, 스
스로 서초(西楚)의 패왕(覇王)이 됨. 그후 유방과 5년간 싸우다가
해하(垓下)에서 패하고 오강(烏江)에서 자살함.

항적項籍 ⇒ 항우項羽

해양解揚 곽(霍) 땅 출신. 자(字)는 자호(子虎). 곽호(霍虎)로도 불렸다.

허유許由 요(堯)임금이 왕위를 물려 주려 하였으나 받지 않고, 도리
어 자기의 귀가 더러워졌다고 하여 영천(潁川)의 물에 귀를 씻고
기산(箕山)에 들어가서 숨었다고 한다.

헌공獻公〔晉〕 춘추시대 진(晉)나라의 19대 임금. 재위 26년(B.C. 676
～651). 무공(武公)의 아들. 헌공(獻公)의 아들로 태자(太子) 신생

(申生. 어머니는 齊姜)·이오(夷吾 나중에 惠公이 됨. 어머니는 狐氏)·중이(重耳. 나중에 文公이 됨. 어머니는 狐氏)·해제(奚齊. 어머니는 驪姬)·탁자(卓子. 어머니는 驪姬의 여동생) 등이 있어 권력 다툼으로 나라가 기울어졌다.

헌왕獻王(河間) 한(漢)나라 경제(景帝, 劉啓. 재위 B.C. 156~150년)의 아들. 유덕(劉德). 하간(河間)의 헌왕(獻王)으로 책봉되었다. 문장(文章)을 좋아하여 선진 고서를 많이 모았다.

혁革 초(楚)나라 문왕(文王)의 아들.

현장弦章 제(齊)나라 환공(桓公)의 신하. 제(齊)나라 경공(景公)의 신하.

형공자고荊公子高 섭공자고(葉公子高)인 심제량(沈諸梁)을 가리킨다.

혜공惠公〔晉〕 이름은 이오(夷吾). 헌공(獻公)의 서자(庶子). 진(晉)나라 문공(文公) 중이(重耳)의 이모제(異母弟).

혜공惠公〔周〕 은공(隱公)의 아버지. 재위 46년(B.C. 768~723).

혜시惠施(惠子) 전국시대 공손룡(公孫龍)과 더불어 명가(名家)의 대표적인 인물로 장자(莊子)와 친하였으며, 위(魏)나라 혜왕(惠王)의 상(相)을 지내기도 하였다.《장자(莊子)》천하편(天下篇)에 그의 학술 이론이 실려 있다. 송(宋)나라 사람.

혜왕惠王〔周〕 주(周)나라 장왕(莊王)의 손자이며, 희왕(釐王)의 아들. 이름은 낭(閬), 혹은 양(涼). 재위 25년(B.C. 676~652).

혜왕惠王〔秦〕 진(秦)나라 효공(孝公)의 아들. 이름은 사(駟). 혜문왕(惠文王)으로도 불렸다. 재위 27년(B.C. 337~311).

혜자惠子 ⇒ 혜시惠施

호虎 숭(崇)나라의 후(侯).

호건胡建 자(字)는 자맹(子孟).

호돌狐突 자(字)는 백행(伯行). 진(晉)나라의 대부(大夫). 문공(文公) 중이(重耳)의 외조부이자, 태자(太子) 신생(申生)의 스승.

홀忽 정(鄭)나라 장공(莊公)의 태자(太子). 뒤에 고거미(高渠彌)에게 죽음을 당하였다.

화류驊騮 고대(古代)의 명마(名馬).

화원華元 화독(華督)의 증손으로 송(宋)나라의 우사(右師)가 되었다.

화주華舟 제(齊)나라의 대부(大夫).《맹자》에는 화주(華周),《한서》에는 화주(華州), 《좌전》에는 화환(華還)으로 실려 있다.

환공桓公[宋]　송(宋)나라의 임금. 양공(襄公)의 아버지. 재위 31년 (B.C. 681~651).

환공桓公[鄭]　춘추시대 정(鄭)나라의 군주. 재위 36년(B.C. 806 ~771). 이름은 우(友). 주(周)나라 여왕(厲王)의 소자(少子)이며, 선왕(宣王)의 서제(庶弟)로 정(鄭)에 봉해졌다. 희우(姬友). 선왕(宣王)이 그를 정(鄭) 땅에 봉하여 시호가 환공(桓公)이다.

환공桓公[齊]　중국 춘추시대 제(齊)나라의 군주(B.C. 685~643 재위). 성은 강(姜). 이름은 소백(小白). 제 양공(襄公)의 동생이다. 양공 치세에 정국이 어지럽자, 소백은 화를 피하기 위해 거(莒. 지금의 산둥 성[山東省] 쥐 현[莒縣])로 도망 갔다가 양공이 피살된 후 돌아와 정권을 잡았다. 관중(管仲)을 등용하여 개혁을 진행하고, 존왕양이(尊王攘夷. 왕을 받들고 오랑캐를 물리침)를 호소했으며, 연(燕)나라를 도와 산융(山戎)을 정벌했다. 형(邢. 지금의 싱타이[邢臺])과 위(衛. 지금의 치 현[淇縣])의 두 나라를 도왔고, 오랑캐의 중원 침략을 막았다. 중원의 제후들과 연합하여 초(楚)나라를 공격한 뒤, 소릉(召陵)에서 맹약을 맺었다. 또한 동주(東周) 왕실의 내란을 안정시켰다. 여러 차례 제후들간의 동맹을 체결하여 맹주로서의 위신을 세워 춘추시대의 첫번째 패왕이 되었다.

환두驩兜　요임금 때의 공공(共工)·삼묘(三苗)·곤(鯀)과 더불어 사흉(四凶)의 하나. 공공(共工)과 결탁하여 나쁜 짓을 하였으므로 순(舜)임금이 그를 숭산(崇山)에 내쫓았다 함.

환사마桓司馬　고대의 어떤 장군.

황제黃帝　고대 중국의 전설상의 제왕. 이름은 헌원(軒轅). 문명을 발전시켰으며 도교의 시조로 추앙받고 있다. B.C. 2704년경에 태어나 B.C. 2697년 제왕이 되었다고 전해진다. 통치기간중 목조건물·수레·배·활·화살·문자를 만들어냈고, 자신이 직접 지금의 산시[山西] 지방에 있는 어떤 곳에서 야만족을 물리친 것으로 전해진다. 이 승리로 황허 강[黃河] 평원 전역에 걸쳐 그의 지도력을 확립할 수 있었다. 또한 몇몇 전설들에 의하면, 그는 통치기구와 동전의 사용법을 도입했다고 전해진다. 그의 아내는 비단을 발명해서 여인

들에게 누에를 치고 비단실을 뽑는 방법을 가르쳐준 것으로 유명
하다. 몇몇 고대 사료에 의하면, 황제는 그의 통치 기간이 황금시대
로 불릴 정도로 지혜의 화신으로 알려져 있다. 그는 꿈에서 백성들
이 자연의 법칙에 따라 조화롭고 미덕을 갖춘 생활을 하는 이상적
인 왕국을 보았는데, 이것은 도교의 믿음과 일치하는 것이었다. 잠
에서 깨어난 황제는 백성들 사이에 질서와 번영을 유지하기 위해
자신의 왕국에 이러한 덕을 심으려고 했다. 그는 죽어서 신이 되었
다고 믿어졌다.

회공懷公 성은 규(嬀). 이름은 유(柳). 뒤에 오(吳)나라에 의해 죽었
다. 재위 4년(B.C. 505~502).

회록回祿 화신(火神)의 이름.

효경황제孝景皇帝 한(漢)나라의 경제(景帝). 이름은 유계(劉啓). 재위
16년(B.C. 156~141).

효무황제孝武皇帝 무제(武帝). 유철(劉徹). 재위 54년(B.C. 140~87).
서한(西漢) 중흥(中興)의 큰 인물.

효선황제孝宣皇帝 전한(前漢)의 제8대 황제인 선제(宣帝). 본시(本
始)·지절(地節)·원강(元康)·신작(神爵)·오봉(五鳳)·감로(甘露)
등의 연호(年號)를 썼다. 본명은 유병기(劉病己). 유순(劉詢). 재위
25년(B.C. 73~49). 소제(昭帝)의 후계자였던 태자가 그의 부친 상
중에 무례하게 행동하였다는 이유로 폐해지자, 그를 대신하여 선제
가 제위에 올랐다. 선제는 바로 이전의 두 황제 치세기간에 만연했
던 부정부패를 없애는 데 주력했다. 전한은 그의 통치기간중 가장
번영을 누렸다. 2세기 이상 중국을 위협하던 중국 북서변경의 흉노
족조차도 그의 치세 동안에는 침략을 중단할 수밖에 없었다. 그가
죽은 뒤 아들 원제(元帝)가 제위를 계승하였다.

효소황제孝昭皇帝 한(漢)나라 소제(昭帝). 이름은 유불릉(劉弗陵). 무
제(武帝)의 아들. 재위 13년.

효왕孝王〔梁〕 유무(劉武). 문장을 좋아하여, 그 아래에 매승(枚乘)이
있었다.

후생侯生 통일 전 한(韓)나라 출신의 방사(方士).

후직后稷 주(周)나라의 시조. 요(堯)임금 때의 농관(農官). 이름은 기

(棄). 중국 신화에 나오는 기장의 왕. 풍요로운 수확을 베푼다고 한
다. 중국인들은 지나간 일에 감사하고, 또 앞으로도 계속 자비를 베
풀어 주기를 기대하여 그에게 제물을 바쳤다. 전설에 의하면, 아이
를 낳지 못하던 그의 어머니가 어떤 신(神)의 발자국을 따라 걷다가
기적적으로 그를 잉태했다고 한다. 그는 숲속에서 새와 동물 들의
보호를 받으며 자랐고, 선사시대 농업을 관장하는 관리로 활동했다.
후대 국가인 하(夏: B.C. 22~18세기)와 주(周:B.C. 600~255)의
통치자들은 그에게 제물을 바치고 자신의 조상으로 삼았다.

훈육勳育 험윤(玁狁)으로도 쓰며, 한대(漢代)에는 흉노(匈奴)로 불리
던 고대 북방의 이민족. 흔히 적(狄)으로도 쓰고, 훈육(獯鬻)으로도
쓴다.

훤훤喧 주(周)나라 평왕(平王)의 태재(太宰).

혼분황釁盆黃 초(楚)나라 출신으로 진(晉)나라에서 활동한 인물.

희공僖公〔魯〕 노(魯)나라 군주. 재위 33년(B.C. 659~627).

희공僖公〔鄭〕 정(鄭)나라 군주. 이공(釐公)을 말하는 듯하다. 재위 5
년(B.C. 570~566).

희부기僖負羈 조(曹)나라의 대부.

희왕釐王 동주(東周) 때의 임금. 희호제(姬胡齊). 재위 5년(B.C.
681~677).

희하釐何 주(周)나라 선왕(宣王)의 대부(大夫).

유 향(劉 向)

중국 전한(前漢) 때의 경학자(B.C. 77-6). 광록대부
(光祿大夫)를 지낼 때 여러 전적을 교열하여《별록(別
錄)》20권을 완성하였다. 이 책은 중국에서 가장 오래
된 서적해제서이다. 그의 작품은 대부분 유실되었으
며, 현존하는 것으로는《홍범오행전(洪範五行傳)》《신
서(新序)》《설원(說苑)》《열녀전(列女傳)》등이 있다.

임동석(林東錫)

1949년 경북 영주 출생. 서울교대, 국제대, 건국대대
학원 졸업. 우전(雨田) 신호열(辛鎬烈) 선생에게 한문
을 배움. 국립대만사범대학 박사반 졸업. 중화민국 국
가문학박사. 현재 건국대 중문과 교수. 저서로는《조선
역학고(朝鮮譯學考)》《중국학술강론(中國學術綱論)》이
있으며, 역주로서는《전국책(戰國策)》《세설신어(世說
新語)》《설원(說苑)》《안자춘추(晏子春秋)》《수신기(搜
神記)》《한시외전(韓詩外傳)》등 다수가 있다.

한글고전총서 3

설원(說苑)·하권

초판발행 : 1997년 11월 25일

지은이 : 劉 向
옮긴이 : 林東錫
펴낸이 : 辛成大
펴낸곳 : 東文選
제10-64호, 78. 12. 16 등록
서울 용산구 문배동 40-21
전화 : 719-4015

총편집 : 韓仁淑
편집 : 金炅姬·朴蓮美

© 1997, 林東錫, Printed in Seoul, Korea

ISBN 89-8038-203-0 04140
ISBN 89-8038-200-6 04140(세트)